DROIT DES PERSONNES
ET DE LA FAMILLE

Thierry GARÉ
Agrégé des Facultés de droit
Professeur à l'Université des sciences sociales de Toulouse

DROIT DES PERSONNES ET DE LA FAMILLE

3e édition

Montchrestien

COLLECTION FOCUS DROIT

Marie-Anne COHENDET : *Droit constitutionnel,* 3e éd., 2004.
Henry-Michel CRUCIS : *Finances publiques,* 2003.
Maryse DEGUERGUE : *Procédure administrative contentieuse,* 2003.
Gabriel ECKERT : *Droit public des affaires,* 2001.
Thierry GARÉ : *Droit des personnes et de la famille,* 3e éd., 2004.
Christophe GUETTIER : *Droit administratif,* 3e éd., 2004.
Emmanuel JEULAND : *Droit des obligations,* 2e éd. 2001.
Didier KRAJESKI : *Droit des assurances,* 2004.
François-Xavier LUCAS : *Droit commercial,* 2e éd., 2000.
Christophe RADÉ : *Droit du travail,* 3e éd., 2004.

DANGER
LE PHOTOCOPILLAGE TUE LE LIVRE

31, rue Falguière, 75741 Paris Cedex 15
ISBN : 2-7076-1216-2

« Il paroît bien étrange que les Loix Civiles, dont l'usage est si nécessaire, soient si peu connuës, et que n'étant presque toutes que des règles de l'équité, dont la connoissance nous est naturelle, l'étude qui devroît en être facile et agréable soit si difficile et épineuse... ».

Domat (1625-1696)
Préface aux *Loix Civiles*
dans leur ordre naturel.

Abréviations

Adde .... Ajouter
aff. .... affaire
AJDA .... *Actualité juridique : droit administratif*
ALD .... *Actualité législative Dalloz*
art. préc. .... article précité
Ass. plén. .... Assemblée plénière de la Cour de cassation
Bull. .... *Bulletin des arrêts de la Cour de cassation (chambres civiles)*
Bull. crim. .... *Bulletin des arrêts de la Cour de cassation (chambre criminelle)*
c. .... contre
C. civ. .... Code civil
C. constit. .... Conseil constitutionnel
CASF .... Code de l'action sociale et des familles
CGI .... Code général des impôts
C. Nap. .... Code Napoléon de 1804
C. pén. .... Code pénal
C. sécu. soc. .... Code de la sécurité sociale
C. trav. .... Code du travail
Cass. soc. .... Cour de cassation (chambre sociale)
CE .... Conseil d'État
chr. .... Chronique
CIEC .... Commission internationale de l'état civil
Civ. .... Cour de cassation (chambres civiles)
Coll. .... collection
comp. .... comparer
Conv. EDH .... Convention européenne de sauvegarde des droits de l'homme et des libertés fondamentales
Cour EDH .... Cour européenne des droits de l'homme
CPH .... Conseil de prud'hommes
Crim. .... Cour de cassation (chambre criminelle)
CSP .... Code de la santé publique
D. .... recueil *Dalloz*
dir. .... sous la direction de
Dr. fam. .... Revue *Droit de la famille*
Dr. pén. .... Revue *Droit pénal*
Gaz. Pal. .... *Gazette du Palais*
ibid. .... *ibidem* (au même endroit)
in .... dans l'ouvrage

IR .... Partie « informations rapides » du recueil *Dalloz*
JO .... *Journal officiel de la République française*
JAF .... Juge aux affaires familiales
JCP .... *Jurisclasseur périodique* (ou *Semaine juridique*), édition générale
Juriscl. .... Jurisclasseur
L. .... Loi
Nouv. C. proc. civ. Nouveau Code de procédure civile
ONC .... ordonnance de non-conciliation
op. cit. .... dans l'ouvrage cité
PACS .... Pacte civil de solidarité
réd. .... rédaction
Rép. civ. .... *Répertoire Dalloz de droit civil*
Req. .... Cour de cassation (chambre des requêtes)
RJPF .... *Revue juridique personnes famille*
RRJ .... *Revue de la recherche juridique* (droit prospectif)
RTD civ. .... *Revue trimestrielle de droit civil*
RTD sanit. et soc. ... Revue trimestrielle de droit sanitaire et social
som. .... sommaire
TGI .... Tribunal de grande instance
TI .... Tribunal d'instance
Trib. enf. .... Tribunal pour enfants
V° .... *verbo* (mot)

Abandon

Définition

En matière familiale, le terme d'abandon est susceptible de plusieurs acceptions.

L'abandon d'enfant est le fait, pour les parents, de délaisser un enfant soit en un lieu solitaire — l'abandon est alors sanctionné — soit en le remettant à une institution chargée de prendre soin de lui — l'abandon est alors toléré et organisé par la loi.

L'abandon de famille est le fait, pour le père ou la mère, soit de compromettre la santé, la sécurité ou la moralité de leurs enfants — on parle d'abandon moral de famille —, soit de ne pas verser une pension alimentaire à laquelle il ou elle a été condamné — on parle alors d'abandon pécuniaire de famille. L'abandon de famille est un délit.

Régime juridique

◆ L'abandon toléré par la loi

Trois situations peuvent se présenter, dans lesquelles l'abandon est toléré et organisé par la loi.

◇ Lorsque l'enfant a une filiation établie, et lorsque ses parents se désintéressent de lui depuis plus d'un an, le tribunal de grande instance peut déclarer l'enfant abandonné (art. 350 C. civ.), ce qui aura comme conséquence de permettre, par la suite, son adoption. L'abandon suppose ici que les parents n'aient pas entretenu avec leur enfant les relations nécessaires au maintien des liens affectifs. Cette condition est, bien entendu, appréciée souverainement par les juges du fond, qui disposent d'un important pouvoir d'appréciation. En outre, bien que cette condition ne figure pas dans l'article 350, la jurisprudence considère que le désintérêt des père et mère doit être volontaire. Ainsi, l'enfant ne peut pas être déclaré judiciairement abandonné si les carences des parents sont justifiées par des considérations extérieures (pour difficultés de santé, V. Paris, 6 janvier 1977, *JCP* 1977, II, 18762). Mais cette condition est contestée par certains auteurs (V. notamment A. Bénabent, *Droit civil, La famille,* 11ᵉ éd., Litec, 2003, n° 602 et les références citées), qui font valoir qu'elle n'est pas respectueuse de l'intérêt de l'enfant : n'étant pas déclaré judiciairement abandonné, l'enfant ne pourra être adopté. Il restera donc dans une institution, alors que ses parents continueront le plus souvent à ne pas s'occuper de lui. Quoiqu'il en soit, l'abandon peut ne pas être prononcé lorsqu'un membre de la famille demande à s'occuper de l'enfant (Civ. 1re, 24 mars 1987, *D.* 1988, p. 153, note M.-E. Roujou de Boubée ; *JCP*

1988, II, 21076, note P. Salvage-Gerest). Et, même lorsque les conditions posées par le texte sont réunies, le juge doit encore prendre en compte l'intérêt de l'enfant. Ainsi, il pourrait fort bien rejeter la demande sur ce fondement, à condition, bien sûr, de motiver sa décision (Civ. 1re, 6 janvier 1981, *D.* 1981, p. 495, note P. Raynaud).

◊ Lorsque l'enfant a une filiation établie, les parents peuvent décider de le remettre à l'Aide sociale à l'enfance. Ils signeront alors un procès-verbal d'abandon dont les mentions devront être remplies de leur main : on souhaite, par là, attirer l'attention des père et mère sur la gravité de l'acte qu'ils accomplissent et vérifier la liberté, la réalité et le sérieux de leur consentement. Les parents pourront rétracter leur consentement pendant deux mois.

◊ L'enfant peut aussi être abandonné dès sa naissance, sans que sa filiation ait jamais été établie. Il en est ainsi notamment en cas d'accouchement sous X.

Dans toutes ces hypothèses, l'enfant est recueilli par l'Aide sociale à l'enfance. Il est admis en qualité de pupille de l'Etat à titre provisoire pendant deux mois — ce délai correspond au délai de rétractation des parents. A l'expiration de ce délai, l'enfant est admis en qualité de pupille de l'État à titre définitif, et il pourra être placé en vue de son adoption. Tout placement met, en principe, obstacle à la restitution de l'enfant à ses parents par le sang (art. 352 C. civ.).

◆ L'abandon réprouvé par la loi

Lorsque l'enfant abandonné n'est pas remis à une institution chargée de prendre soin de lui (on parle alors d'exposition), cet abandon est pénalement sanctionné. Ainsi, l'article 227-1 du Code pénal punit-il le délaissement d'un mineur de quinze ans (c'est-à-dire de moins de quinze ans) « *sauf si les circonstances du délaissement ont permis d'assurer la santé et la sécurité* » de l'enfant. Le message du législateur est donc clair, qui incite les parents qui envisagent l'abandon à remettre leur enfant à une institution plutôt que de l'abandonner sur un pas de porte, dans une poubelle ou une décharge publique. Les peines sont très sévères : sept ans d'emprisonnement et 100 000 € d'amende. L'abandon peut même être qualifié crime lorsqu'il a entraîné la mort de l'enfant. La peine est alors la réclusion criminelle à perpétuité (art. 227-2 C. pén.).

Données historiques

A Rome, le *pater familias* pouvait exposer ses enfants. Ce droit disparaîtra cependant au Bas-Empire chrétien. Dans l'Ancien Régime, l'exposition des enfants est pratiquée, surtout lors des crises économiques — le conte du Petit Poucet n'est pas une pure invention — et pour les enfants malformés. Mais le droit canonique réprouve l'exposition. Il en fait un cas de perte de la puissance paternelle. De son côté, au XVIIe siècle, Saint Vincent de Paul crée l'ordre des Filles de la Charité, ainsi qu'à Paris, l'Hôpital des enfants trouvés. A l'entrée des couvents sont installés des tours : il s'agit de tourniquets qui permettent aux mères de laisser leur enfant sans perdre leur anonymat. C'est le Code pénal de 1810 qui incriminera, semble-t-il pour la première fois, l'abandon d'enfant.

Données doctrinales et jurisprudentielles

L'abandon est assurément un acte humainement discutable. En outre, lorsqu'il est anonyme, il remet en cause le droit pour l'enfant de connaître ses parents et d'accéder à ses origines biologiques. Au demeurant, il est sans doute préférable pour l'enfant rejeté par ses parents d'être abandonné, plutôt que d'être maltraité ou torturé. Et mieux vaut que l'abandon puisse intervenir dès le très jeune âge car, d'une part, l'enfant n'aura pas de souvenirs de ses parents par le sang et, d'autre part, ses chances d'être adopté seront plus grandes.

Bibliographie sommaire : C. NEIRINCK, La protection de la personne de l'enfant contre ses parents, LGDJ, 1984, n° 107 et s. ; Y. PATUREAU, « Le désintérêt de l'enfant judiciairement abandonné », D. 1978, chr., p. 167 ; J. RUBELLIN-DEVICHI, « Droits de la mère et droits de l'enfant : réflexions sur les formes de l'abandon », RTD civ. 1991, p. 695 ; F. DREIFFUS-NETTER, « Le désir d'enfant face au droit pénal », Rev. sc. crim. 1986, p. 275 et s. Adde le numéro spécial de la revue Autrement, Abandon et adoption, n° 96, février 1988, et notamment les articles d'I. MAURY (p. 20 et s.) et d'A. Laury (p. 28 et s.).

Renvois : *Adoption, Autorité parentale.*

Absence

Définition

L'absence est la situation de la personne qui a cessé de paraître à son domicile sans que l'on ait de ses nouvelles. Cette situation est caractérisée par une incertitude sur l'existence de l'absent : il n'y a pas de preuve de son décès, car son corps n'a pas été retrouvé, mais l'absence de nouvelles engendre un doute sur son existence.

L'absence doit être distinguée de la disparition et de la non-présence. La non-présence est le fait de ne pas se trouver là où l'on est censé être (par exemple : il n'est pas présent en cours de droit civil ; il est non-présent, mais il n'y a pas de doute sur son existence). La disparition est la situation de la personne qui a disparu dans des circonstances mettant sa vie en danger. Alors que le décès de l'absent n'est pas immédiatement probable, le décès du disparu est très hautement vraisemblable, en raison des circonstances dangereuses de sa disparition. Cette idée explique la différence de leur régime juridique.

Régime juridique

Le régime juridique de l'absence est divisé en deux périodes distinctes, puisque le décès de l'absent n'est pas probable dès les dernières nouvelles. La première période, dite de présomption d'absence, correspond à une présomption de survie. L'absent est considéré comme étant encore en vie, et des mesures sont prises pour la gestion de ses biens et la protection de son patrimoine (art. 112 et s. C. civ.). La période de présomption d'absence dure dix ans lorsque les proches ont fait constater l'absence par le juge, donnant ainsi à celui-ci le pouvoir d'ordonner des mesures de protection des intérêts de l'absent. Elle dure vingt ans dans les autres cas.

A l'expiration de cette période de dix ou vingt ans, il est possible d'obtenir du tribunal de grande instance un jugement déclaratif d'absence qui a tous les effets que le décès aurait eus si la mort de l'absent avait été prouvée (dissolution du mariage, ouverture de la succession...). On entre alors dans la seconde période, celle de l'absence déclarée.

En cas de retour de l'absent, ou lorsque son existence est prouvée, il est possible de demander l'annulation du jugement déclaratif d'absence (art. 129 C. civ.). L'absent retrouve alors ses biens dans l'état où ils se trouvent ; il a droit aux biens acquis avec les revenus ou le prix de vente de ses biens, mais son mariage reste dissous pour éviter d'éventuelles situations de bigamie.

Données historiques

A toutes les époques s'est manifestée la nécessité de protéger les intérêts de l'absent, du moins lorsque le motif de l'absence était considéré comme légitime. Ainsi, à Rome, l'absent dont les motifs étaient reconnus valables pouvait-il, à son retour, faire annuler par le prêteur les droits acquis par les tiers à son détriment. De même, le Moyen-Âge protégeait-il celui qui s'était absenté pour une cause pieuse (pèlerinage, croisades...). La protection des biens de l'absent durait parfois très longtemps. Ainsi le Parlement de Paris avait-il admis, à la fin de l'Ancien Régime, une présomption de durée de vie maximale de cent ans : cent ans après sa naissance, l'absent cessait d'être présumé vivant et ses biens pouvaient être partagés entre ses héritiers. Le Code de 1804 institua à son tour un système tellement protecteur des intérêts de l'absent qu'il en devenait paralysant. L'absent était présumé vivant tant que la preuve de son décès n'avait pas été rapportée. Ce système, porteur d'inconvénients importants — les biens de l'absent étaient difficilement aliénables ; le conjoint de l'absent ne pouvait pas se remarier —, n'était plus très réaliste dans une société comme la nôtre, qui connaît un développement considérable des moyens de communication. Ceux-ci permettent, en effet, de lever beaucoup plus vite que par le passé le doute sur l'existence de la personne absente. Une réforme s'imposait donc qui, menée sous l'égide de Jean Foyer, aboutit à la loi du 28 décembre 1977.

Données doctrinales et jurisprudentielles

V. Disparition.

Bibliographie sommaire :

Histoire : A. Lefebvre-Teillard, Introduction historique au droit des personnes et de la famille, PUF, Droit fondamental, 1996, n° 47 et s.

Droit positif : A. Breton, « L'absence selon la loi du 28 décembre 1977 : variations sur le thème de l'incertitude », D. 1978, chr., p. 241 ; M. Vivant, « Le régime juridique de la non-présence », RTD civ. 1982, p. 1 et s. ; J.-B. de Saint Affrique, L'absence, préf. J. Carbonnier, Répertoire Defrénois, rééd. 1995.

Renvois : *Disparition, Empêchement à mariage, Existence de la personne, Mort, Présomption de paternité, Répertoire civil.*

Accouchement sous X

Définition

L'accouchement sous X est la possibilité, pour une femme enceinte, d'accoucher dans l'anonymat, c'est-à-dire de garder son identité secrète.

Régime juridique

◆ Conditions

L'accouchement sous X n'est soumis à aucune condition particulière (ni de forme, ni de fond), ce qui est fort discutable en raison de l'ampleur des conséquences qui s'y attachent. Il suffit que la femme demande le secret « de son admission et de son identité » (art. 341-1 C. civ.). De cette absence de conditions, il résulte qu'une femme, même mineure, peut demander à accoucher sous X (en ce sens, Civ. 1re, 5 novembre 1996, *JCP* 1997, II, 22749, note Ardeeff ; *RTD civ.* 1997, p. 98 et s. obs. Hauser ; *Rép. Defrénois* 1997, p. 718, obs. Massip). Et la doctrine donne une solution identique pour le cas de la femme incapable majeure. A tout le moins faut-il exiger que la femme ait un minimum de lucidité pour percevoir les conséquences que la loi attache à sa demande. L'accouchement sous X devrait donc être interdit aux femmes qui ne possèdent pas ou plus une lucidité suffisante.

◆ Conséquences

Le choix, par la femme enceinte, de ne pas révéler son identité emporte plusieurs conséquences importantes.

Sur le plan de l'état civil, l'enfant est déclaré sans indication du nom de la mère. Les mentions de l'acte de naissance de l'enfant, relatives à celle-ci, ne sont pas complétées.

Sur le plan de la filiation, l'enfant né sous X n'a aucune filiation maternelle établie. Et l'article 341-1 du Code civil accorde à la mère une protection supplémentaire puisqu'il interdit l'exercice d'une action en recherche de maternité contre la femme qui a demandé à accoucher sous X. L'accouchement sous X élève donc une fin de non-recevoir à l'action en recherche de maternité naturelle. Ceci dit, la loi du 22 janvier 2002 a créé un organisme (le Conseil national pour l'accès aux origines personnelles) chargé de recueillir les demandes des enfants en recherche de leurs origines et de retrouver la mère de naissance. Si la mère refuse de lever le secret, son identité n'est pas communiquée à l'enfant. Inversement, si la mère accepte de lever la demande de secret, des retrouvailles sont possibles, mais l'établissement du lien de filiation demeure interdit (sur ce dispositif, V. M.-C. Le Boursicot, « Consécration du droit à la connaissance de ses origines », *RJPF* 2002-3/11 et 10/29).

Concrètement, l'enfant né sous X, qui est un enfant sans filiation, est pris en charge par l'Aide sociale à l'enfance (ASE) et admis en qualité de pupille de l'État à titre provisoire pendant deux mois. Durant ce délai, les père (V. *infra*, données doctrinales et jurisprudentielles) et mère biologiques de l'enfant peuvent demander sa restitution sans aucune formalité (art. L. 224-6 du CASF). Après l'expiration du délai de deux mois, l'enfant est admis à titre définitif en qualité de Pupille de l'État et placé en vue de son adoption.

Données historiques

Pour lutter contre les infanticides et les abandons (*V. ce mot*) sauvages, la possibilité pour la femme d'accoucher dans le secret est organisée en France, à partir du XIIIe siècle. A cette époque, il est créé, à l'Hôtel Dieu de Paris, une salle dans laquelle les femmes qui ont conçu hors mariage peuvent accoucher secrètement et abandonner leur enfant. La pratique a, ici comme ailleurs, devancé les textes. Ceux-ci ne semblent légaliser l'accouchement sous X qu'assez tardivement notamment sous la Convention, en 1793. Plus tard, le décret impérial du 19 janvier 1811 officialise — et impose — la pratique des tours : il s'agit de tourniquets, installés à l'entrée des couvents ou des hospices, qui permettent aux mères de laisser leur enfant sans perdre leur anonymat.

Données doctrinales et jurisprudentielles

L'accouchement sous X a été intégré dans le Code civil par la loi du 8 janvier 1993. Auparavant, il figurait dans le Code de la famille et de l'aide sociale (art. 47, devenu l'article L. 222-6 du Code de l'action sociale et des familles). Mais cette consécration n'était qu'indirecte puisque l'article 47 du CFAS traitait, pour l'essentiel, de la prise en charge des conséquences financières de l'accouchement sous X. L'intégration dans le Code civil marque la volonté du législateur de consacrer l'accouchement sous X non plus de façon implicite, par le biais de ses conséquences, mais de façon parfaitement explicite. Pour le doyen Carbonnier (Droit civil, tome 2, La famille, PUF, 21e éd. 2002, § 312) l'intégration de l'accouchement sous X dans le Code civil lui confère une valeur « quasi constitutionnelle ».

Reste que plusieurs difficultés se posent. Sur le plan théorique, l'accouchement sous X est-il compatible avec les engagements internationaux de la France ? Certains sont d'un avis contraire, eu égard, notamment, au droit de l'enfant de connaître ses parents, que consacre l'article 7.1 de la Convention des Nations Unies sur les droits de l'enfant. (V., toutefois, en sens contraire, la démonstration d'I. Ardeeff, thèse citée *infra*). Dans son arrêt Odièvre c/ France, a Cour EDH a considéré que le dispositif français d'accouchement sous X et d'accès aux origines n'était pas contraire à la Convention (Cour EDH, 13 fév. 2003, *JCP* 2003, II, 10049, note Gouttenoire-Cornut et Sudre, *RJPF* 2003, 4-34, obs. Le Boursicot, *adde* Ph. Malaurie, chr. *JCP* 2003, I, 120). Sur le plan pratique : comment concilier le droit pour la mère d'accoucher sous X avec le droit pour le père d'établir son lien de filiation ? Le secret demandé par la mère ne risque-t-il pas d'empêcher toute reconnaissance de l'enfant par son père ? Sur ce point, V. l'abondante littérature suscitée par l'arrêt rendu par la Cour de Riom le 16 décembre 1997 (*Dr. fam.* 1998, n° 150, obs. P. Murat ; *D.* 1998, somm., p. 301, obs. D. Bourgault-Coudevylle ; *JCP* 1998, II, 10147, et nos obs. *Adde* TGI Nancy, 16 mai 2003, *D.* 2003, p. 2910, note Poisson-Drocourt, *JCP* 2003, II, 10036, note Massip, *RJPF* 2003,

11/36 et nos obs., réformé par CA Nancy, 23 fév. 2004, *JCP* 2004, II, 10073, note Garnier, *RJPF* 2004, 4/33, obs. Le Boursicot, RTD civ. 2004, p. 275, obs. Hauser). Cette agitation doctrinale contraste avec le faible nombre d'accouchements sous X : entre 700 et 900 par an... (Rapport Pascal, Groupe de travail sur l'accès des pupilles de l'État à leurs origines, 1996, p. 57).

Bibliographie sommaire :

Histoire : J. Boswell, Au bon cœur des inconnus, les enfants abandonnés de l'Antiquité à la Renaissance, éd. Gallimard, Coll. Bibliothèque des histoires, 1993 ; D. Laplaige, Sans famille à Paris, éd. Centurion, Coll. Païdos-Histoire, 1989.

Droit positif : F. Dreifuss-Netter, « L'accouchement sous X », Mélanges Huet-Weiller, PUS-LGDJ, 1994, p. 99 et s. ; B. Trillat, « L'accouchement anonyme, de l'opprobre à la consécration », Mélanges Huet-Weiller, PUS-LGDJ, 1994, p. 513 et s. ; J. Pousson-Petit, « Le droit à l'anonymat », Mélanges Louis Boyer, Presses de l'Université des sciences sociales de Toulouse, 1996, p. 595 et s. ; J.-C. Saint-Pau, L'anonymat et le droit, Thèse Bordeaux IV, 1998, § 440 et s. ; I. Ardeeff, L'enfant sans filiation, Thèse, Toulouse 1, 1999, § 57 et s. ; B. Mallet-Bricout, Droit d'accès aux origines personnelles : l'embarras de la Cour européenne des droits de l'homme, D. 2003, chr., p. 1240.

Renvois : *Abandon, Droits de l'enfant, Filiation, Ordre public.*

Acte de l'état civil

Définition

L'acte de l'état civil est un acte authentique qui sert à constater, à conserver et à publier les principaux éléments de la vie des personnes physiques : naissance, mariage, décès, notamment. Les actes de l'état civil constituent la preuve officielle de l'état des personnes (*V. ce mot*).

Régime juridique

◆ Rédaction

Les actes de l'état civil sont dressés par l'officier d'état civil, c'est-à-dire par le maire ou, par délégation, l'un de ses adjoints, ou un membre du personnel municipal. Ils sont inscrits sur des registres tenus en double exemplaire, afin d'en assurer une meilleure conservation. Les actes les plus importants sont l'acte de naissance, l'acte de mariage et l'acte de décès. Mais d'autres événements jalonnent la vie des personnes physiques. Ces événements font le plus souvent l'objet d'une mention en marge de l'acte de naissance de l'intéressé. Tel est le cas, notamment, de la reconnaissance d'enfant naturel, du divorce ou de l'adoption.

◆ Publicité

Les tiers peuvent avoir besoin d'accéder aux actes de l'état civil (rédaction d'un contrat, d'un acte notarié...). C'est pourquoi la loi organise une publicité des actes de l'état civil. Si les registres ne peuvent être directement consultés avant cent ans (sauf autorisation écrite du Procureur de la République), des copies ou des extraits peuvent être délivrés aux tiers. A l'exception des actes de décès (dont une copie peut être délivrée à toute personne), la délivrance de copies intégrales, qui reproduisent intégralement le texte de l'acte, est strictement réglementée. Elle est réservée aux parties à l'acte et à leurs représentants légaux notamment. Quant aux extraits, qui ne reproduisent que certaines énonciations de l'acte, ils peuvent être plus facilement délivrés.

◆ Force probante

Elle est celle de tous les actes authentiques : l'acte de l'état civil fait foi jusqu'à inscription de faux, c'est-à-dire jusqu'à ce qu'une procédure spéciale ait prouvé sa fausseté. Pour autant, cette force probante renforcée ne s'attache qu'aux constatations que l'officier d'état civil a pu faire personnellement (date de l'acte, identité de l'officier d'état civil, signature). Les autres mentions n'ont qu'une force probante ordinaire ; elles font seulement foi jusqu'à preuve contraire. Il en est ainsi, notamment, des déclarations reproduites par l'officier d'état civil car, le plus souvent, il n'a pas le pouvoir d'en vérifier l'exactitude.

◆ Véracité

Les actes de l'état civil doivent refléter l'état exact de la personne. Aussi notre droit aménage-t-il des procédures à cette fin. Ainsi, il est possible de demander la rectification d'un acte d'état civil erroné. C'est en principe le Tribunal de grande instance dans le ressort duquel l'acte a été dressé qui est compétent. Et, si la rectification est accordée, celle-ci prend la forme d'une mention marginale sur l'acte rectifié. Mais il existe une procédure simplifiée pour la rectification des erreurs purement matérielles de rédaction (erreur sur le domicile, la profession, ou sur l'orthographe du nom ou d'un prénom). La rectification s'opère alors par voie administrative : c'est le Procureur de la République qui demande à l'officier d'état civil d'effectuer la rectification.

Données historiques

Dès l'Antiquité, la nécessité de dénombrer les individus, de recenser les naissances et les décès est apparue. Ainsi, en Grèce, la situation des personnes était-elle constatée dans des actes authentiques. De même, à Rome, au début de la République, fut organisé un recensement quinquennal qui imposait de déclarer les naissances et les décès survenus au cours des cinq années antérieures.

Cependant, les origines de notre système d'actes de l'état civil se trouvent dans les usages de l'Église catholique. En effet, dès le Ve siècle, le clergé dresse des listes de baptêmes. Pour autant, qu'il s'agisse des baptêmes, des mariages ou des sépultures, la tenue de ces registres n'est ni réglementée, ni uniforme. C'est pourquoi l'ordonnance de Villers-Cotterets, en août 1539, a imposé la tenue de registres où devaient être consignés les décès et les mariages. Pour faciliter la preuve des mariages, le Concile de Trente, en 1563, fit obligation aux curés de tenir, « *dans toute la chrétienté* », des registres de baptême et de mariage. Les registres d'état civil ont ainsi d'abord été tenus par les prêtres pour leur propre compte. Puis, l'ordonnance de Blois, en mai 1579, donna l'ordre aux curés d'apporter aux greffes des justices royales auxquelles ressortissent leurs paroisses, dans les deux mois qui suivent la fin de chaque année, les registres sur lesquels ils consignent les naissances, les mariages et les décès. Pour autant, cette organisation ne pouvait fonctionner correctement que si tous les citoyens étaient catholiques. C'est pourquoi d'importantes difficultés apparurent avec la naissance du protestantisme. Dans un premier temps, les pasteurs protestants tinrent des registres semblables à ceux des prêtres catholiques. Mais ces registres n'avaient pas reçu l'approbation du pouvoir central. Ils n'avaient donc aucune force probante officielle. La difficulté s'aggrava considérablement lorsqu'en 1685, Louis XIV révoqua l'édit de Nantes. Il devint alors impossible aux protestants de prouver leur état civil. Et il fallut attendre un édit de Tolérance de novembre 1787 — soit plus de cent ans — pour que Louis XVI rende aux protestants l'exercice de leur culte, et pour que soit organisé un état civil laïcisé.

Ce mouvement de sécularisation fut parachevé sous la Révolution, par le décret des 20-25 septembre 1792. L'égalité des citoyens impliquait, en effet, que l'on donne à tous les mêmes preuves d'état civil, sans distinction d'appartenance religieuse. Il fut donc décidé de confier la tenue des registres aux municipalités, et de retirer aux registres religieux leur force probante officielle.

Droit comparé

La consultation des documents édités par la Commission internationale de l'État civil (CIEC), et spécialement du Guide pratique international de l'État civil (2e éd., Berger-Levrault, 1990) est très enrichissante.

La CIEC, dont le siège est à Strasbourg, est un organisme intergouvernemental qui compte treize États membres (Allemagne, Autriche, Belgique, Espagne, France, Grèce, Italie, Luxembourg, Pays-Bas, Portugal, Royaume-Uni, Suisse et Turquie) ainsi que plusieurs États observateurs (Croatie, Hongrie, Lituanie, Pologne, Saint-Siège, Suède). La mission de la CIEC est double. Elle doit, d'une part, constituer une documentation législative et jurisprudentielle à jour relatant le droit des divers États membres en matière d'état civil. Outre ce rôle documentaire, la CIEC a d'autre part pour mission d'élaborer des conventions tendant à harmoniser les droits des États membres en matière d'état civil.

Bibliographie sommaire :

Histoire : J. BRISSAUD, Manuel d'histoire du droit privé, éd. De Boccard, Paris, 1935, p. 832 ; F. OLIVIER-MARTIN, Histoire du droit français des origines à la révolution, éd. CNRS, 1992, n° 487 ; P. PETOT, Histoire du droit privé, La famille, Ed. Loysel, 1992, p. 447.

Droit positif : P. RAYNAUD, « L'acte de naissance de l'enfant naturel », Mélanges Marty, Université des sciences sociales de Toulouse, 1978, p. 903 et s. ; C. DUGAS DE LA BOISSONY, L'état civil, PUF, Que sais-je ?, n° 2335 ; Instruction générale relative à l'état civil, éd. Journal officiel, juillet 1999 ; Répertoire civil Dalloz, V° Actes de l'état civil, par H. BOSSE-PLATIÈRE.

Renvois : *État des personnes, État civil, Transsexualisme.*

Actes de la vie courante

Définition

Les actes de la vie courante sont des actes juridiques que la loi ou l'usage autorise les incapables à accomplir eux-mêmes. Cette catégorie d'actes constitue donc une dérogation aux règles de l'incapacité.

Aucun texte ne définit la notion d'acte de la vie courante. Celle-ci est donc appréciée souverainement par les juges du fond, qui considèrent que constituent des actes de la vie courante l'achat de denrées alimentaires, l'achat de fournitures scolaires, de biens de consommation courante, ou même l'achat de livres par correspondance (TI Nîmes, 29 juin 1982, *D.* 1983, p. 13, note Pansier). Avant la loi du 5 juillet 1974, qui a abaissé l'âge de la majorité civile à dix-huit ans, la Cour de cassation avait même admis que la location d'une voiture par un mineur titulaire du permis de conduire était un acte de la vie courante (Civ. 1re, 4 novembre 1970, *D.* 1971, 186 ; *JCP* 1971, 16631). Cette jurisprudence a perdu son utilité aujourd'hui, puisque l'âge de la majorité civile correspond désormais à l'âge auquel on peut obtenir un permis de conduire. En revanche, l'achat d'une voiture d'occasion par un mineur ne constitue pas un acte de la vie courante (Civ. 1re, 9 mai 1972, *Gaz. Pal.* 1972, 2, p. 871). Enfin, s'agissant de l'emprunt d'une somme d'argent modique, la Cour de cassation semble admettre qu'il constitue un acte de la vie courante (Civ. 1re, 21 juin 1977, *Bull.*, I, n° 285).

Régime juridique

L'acte de la vie courante est, le plus souvent, un acte d'administration, cette catégorie incluant (V. *Actes juridiques patrimoniaux*) les actes de disposition de moindre importance. La jurisprudence semble privilégier trois critères : l'acte doit être d'un montant modique, tout mineur peut être appelé à l'accomplir fréquemment, et il doit être autorisé par la coutume. Ces trois critères semblent devoir être appréciés *in abstracto*, c'est-à-dire en fonction du comportement moyen d'un mineur.

Les actes ainsi effectués sont en principe valables, bien qu'ils soient accomplis par un incapable. Pour les enfants mineurs, la théorie des actes de la vie courante présente un grand intérêt pratique puisqu'elle contribue à assouplir le principe d'incapacité, et qu'elle permet ainsi à l'adolescent de faire, peu à peu, l'apprentissage de la capacité sans risque. En effet, si l'affaire tourne à son désavantage, le mineur bénéficiera d'actions en justice protectrices (action en rescision pour lésion ou action en nullité). Pour les majeurs protégés, la théorie des actes de la vie courante permet de conserver à l'incapable une petite part d'autonomie. La théorie des actes de la vie courante est donc une théorie de sagesse et de prudence.

Données doctrinales et jurisprudentielles

La jurisprudence relative aux actes de la vie courante est relativement rare, ce qui est certainement le signe d'un bon fonctionnement de la théorie. Une question tend néanmoins à se poser, qui consiste à savoir si l'activité bancaire croissante des adolescents entre dans la catégorie des actes autorisés par l'usage. Nombre d'établissements bancaires offrent, en effet, aux mineurs des contrats qui leur permettent non seulement de se faire ouvrir un compte en banque, mais encore de le faire fonctionner en utilisant un chéquier, une carte de retraits et, dans certains établissements, une carte de crédit à débit différé.

L'ouverture du compte en banque est analysée par la doctrine comme un acte d'administration. Mais il ne semble pas que l'on puisse y voir un acte de la vie courante, car il y manque le caractère de fréquence : l'ouverture d'un compte en banque n'est pas un acte que l'on accomplit de manière habituelle (V. par ex. Civ. 1re, 12 novembre 1998, *JCP* 1999, II, 10053, et nos obs.). Quant au fonctionnement du compte, certains auteurs admettent qu'il relève des actes de la vie courante (J.-L. Rives-Lange et M. Contamine-Raynaud, *Droit bancaire,* Précis Dalloz, 6e éd. 1995, n° 188), du moins pour les opérations bancaires de faible importance. S'agissant, enfin, de la délivrance d'instruments de paiement (chéquier, carte de crédit...) il est dangereux et douteux d'en faire un acte de la vie courante car cette délivrance engendre un risque patrimonial grave. D'ailleurs, en matière de curatelle, la Cour de cassation a jugé que la délivrance d'une carte de crédit nécessite l'accord du curateur (Civ. 1re, 21 novembre 1984, *D.* 1985, p. 297, note Lucas de Leyssac).

Bibliographie sommaire : V. MONTANIER, « Les actes de la vie courante en matière d'incapacités », JCP 1982, I, 3076 ; F. RIZZO, Les opérations bancaires du mineur non émancipé, RJPF 2000-4/12.

Renvois : *Actes juridiques patrimoniaux, Majorité, Mineur, Tutelle.*

Actes juridiques patrimoniaux

Définition

L'acte juridique est une manifestation de volonté destinée à produire des effets de droit voulus par les parties. Le patrimoine (*V. ce mot*) est, si l'on peut dire, un sac. Selon la théorie classique d'Aubry et Rau, il comprend l'ensemble des droits et des obligations évaluables en argent dont une personne est titulaire. Un acte juridique patrimonial est donc une manifestation de volonté qui porte sur l'un des droits évaluables en argent — on parle de droits patrimoniaux — dont une personne est titulaire. Il existe trois sortes d'actes juridiques patrimoniaux : les actes conservatoires, les actes d'administration et les actes de disposition.

◆ **L'acte conservatoire** est un acte juridique qui tend à assurer la sauvegarde d'un droit. Le meilleur exemple que l'on puisse en donner est le renouvellement de l'inscription d'une hypothèque. L'hypothèque garantit le paiement d'une créance ; elle permet au créancier impayé de faire saisir et vendre l'immeuble hypothéqué et de se payer sur le prix de cette vente. Mais cela n'est possible que si l'hypothèque a été préalablement inscrite à la conservation des hypothèques (art. 2154-1 al. 1 C. civ.). Le renouvellement de l'inscription d'une hypothèque est un acte conservatoire puisqu'il permet de préserver le droit, pour le créancier, de faire saisir et vendre l'immeuble du débiteur. Dans un autre domaine, l'interruption d'une prescription est également un acte conservatoire.

◆ **L'acte d'administration** est, quant à lui, un acte de gestion qui permet de faire fructifier le patrimoine. Par exemple la conclusion d'un bail par le propriétaire d'une chose permet à celui-ci de faire fructifier cette chose qui devient, par l'effet du contrat de bail, productive de loyers.

◆ **L'acte de disposition** est le plus grave des actes juridiques patrimoniaux car il modifie la composition du patrimoine et engendre, pour l'auteur de l'acte, un risque d'appauvrissement. Ainsi, en cas de donation, le donateur transmet ses biens au donataire sans contrepartie. Le patrimoine du donateur se trouve donc appauvri. De même, en cas de vente, le vendeur transmet à l'acheteur son droit de propriété sur la chose vendue. Sans doute reçoit-il, en contrepartie, le prix payé par l'acheteur. Il n'empêche que la vente est bien un acte de disposition car la composition du patrimoine du vendeur se trouve modifiée. En outre, la vente engendre bien un risque d'appauvrissement car le vendeur prend le risque de n'être pas payé par l'acheteur.

A vrai dire, ces catégories ne sont pas totalement étanches. En effet, certains actes de disposition peu graves sont assimilés à des actes d'administration. C'est le cas, par exemple, des ordres d'achat ou de vente donnés dans le cadre de la gestion d'un portefeuille de valeurs mobilières. A l'opposé, certains actes d'administration graves sont assimilés à des actes de disposition. C'est le cas du bail d'immeuble de plus de neuf ans, lorsqu'il emporte, pour le preneur, un droit au renouvellement. Dans cette hypothèse, en effet, le propriétaire ne peut pas, en principe, reprendre l'immeuble à l'expiration de la période de location. Le bail est automatiquement renouvelé, à moins que le locataire décide d'y renoncer. Ce bail est assimilé à un acte de disposition car les droits du propriétaire sont tellement réduits que la valeur de l'immeuble, et donc celle du patrimoine du propriétaire, s'en trouvent considérablement réduites.

Régime juridique

L'acte conservatoire, purement statique, est le moins grave des actes juridiques patrimoniaux. En effet, il n'appauvrit pas le patrimoine de celui qui l'accomplit, mais le protège, d'autant qu'il est souvent effectué sous le double empire de l'urgence et de la nécessité. En conséquence, il n'exige que peu de capacité chez son auteur.

En droit des incapacités, on admet généralement que l'incapable peut accomplir seul les actes conservatoires, car ils ne font courir aucun risque à son patrimoine. Il en est de même de l'acte d'administration, qui peut aussi être accompli par un incapable car, en principe, il n'est pas dangereux patrimonialement.

En revanche, en raison de sa gravité, l'acte de disposition ne peut, en principe, jamais être accompli par un mineur ou un majeur protégé par la loi.

Données historiques

La distinction des actes conservatoires, des actes d'administration et des actes de disposition, même si elle n'a pas été toujours formulée aussi nettement, semble être très ancienne en droit des incapacités. Ainsi, à Rome, un sénatus-consulte de l'Empereur Septime Sévère interdira-t-il au tuteur de vendre les immeubles du mineur sans l'autorisation du magistrat ou du pater familias dans son testament. Et à la fin du Bas-Empire, le tuteur n'aura plus le droit d'aliéner seul que les biens périssables ou de faible valeur. Il est devenu un administrateur.

Bibliographie sommaire :

Histoire : A. Lefebvre-Teillard, Introduction historique au droit des personnes et de la famille, PUF, Droit fondamental, 1996, n° 320 et s.

Droit positif : F. Leduc, L'acte d'administration : nature et fonction, thèse, Bordeaux, 1991.

Renvois : *Administrateur ad hoc, Administration légale, Curatelle, Mineur, Sauvegarde de justice, Tutelle.*

Action à fins de subsides

Définition

L'action à fins de subsides est une action en justice qui permet à un enfant naturel dont la filiation (*V. ce mot*) paternelle n'est pas légalement établie de réclamer des subsides à l'homme qui a eu des relations sexuelles avec sa mère pendant la période légale de conception (V. *date de la conception*).

Régime juridique

◆ Titulaires de l'action

L'action appartient à l'enfant. Durant la minorité de celui-ci, l'action est exercée par la mère, qui agit en tant que représentant légal.

◆ Conditions de l'action

Il faut non seulement que l'enfant n'ait aucune filiation paternelle établie, mais encore :

– que la filiation maternelle soit établie ;

– que la preuve soit rapportée, par tous moyens, que le défendeur a eu des relations sexuelles avec la mère pendant la période légale de la conception. Pour autant, la condamnation du défendeur est impossible lorsqu'il établit, notamment en recourant à une méthode médicale, qu'il ne peut pas être le père de l'enfant (art. 342-4 C. civ.).

◆ Effets de l'action

La condamnation à verser des subsides n'établit aucun lien de filiation ni aucune vocation successorale entre le débiteur des subsides et l'enfant. Le condamné est seulement un débiteur d'aliments. Mais il existe deux différences importantes par rapport à l'obligation alimentaire (*V. ce mot*) familiale. D'une part, les subsides ne sont pas réciproques. D'autre part, l'action pouvant être engagée contre plusieurs hommes à la fois, une condamnation plurale est possible. Dans cette hypothèse, les subsides sont recouvrés par un tiers (Aide sociale à l'enfance, mandataire de justice) qui les reverse ensuite à l'enfant. Ce dispositif, qui fait écran entre le condamné et l'enfant, est destiné à protéger celui-ci en lui masquant les origines de sa conception.

Données historiques

L'action à fins de subsides est une création de la loi du 3 janvier 1972. Le droit antérieur, issu de la loi du 15 juillet 1955, connaissait cependant une action alimentaire réservée aux enfants adultérins — qui ne pouvaient, à l'époque, établir leur lien de filiation. Cette action supposait que la preuve de la paternité soit démontrée en fait. Mais cette paternité n'engendrait aucun effet juridique ; elle n'était pas établie en droit. On peut y voir le signe d'une certaine hypocrisie législative.

Données doctrinales et jurisprudentielles

La question du fondement de l'action est ambiguë. L'action à fins de subsides semble reposer sur une paternité possible du défendeur. D'ailleurs, comme les actions relatives à la filiation, l'action à fins de subsides fait naître certains empêchements à mariage (*V. ce mot*) entre le débiteur et l'enfant (art. 342-7 C. civ.). De même, lorsque la filiation de l'enfant est établie après la condamnation à des subsides, celle-ci cesse d'être exécutée. Mais elle n'est pas vraiment une action de filiation puisque la condamnation à des subsides n'empêche pas l'exercice d'une action en recherche de paternité contre un autre homme. En outre, l'utilisation du terme subsides au lieu du terme aliments montre bien que cette action ne procède pas d'un lien de parenté. Ainsi, le fondement le plus probable est-il sans doute le risque. Celui qu'a pris le défendeur d'être le père de l'enfant. Un risque de paternité en quelque sorte. Quant à la possibilité d'agir contre plusieurs hommes (art. 342-3 C. civ.), elle a été prévue pour le cas de viol collectif ou pour celui des communautés qui, après mai 1968, pratiquaient la communauté des femmes. La loi leur impose la communauté des enfants.

On aurait pu penser que le perfectionnement constant, depuis 1972, des modes scientifiques de preuve du lien de filiation rendrait l'action à fins de subsides désuète. Il ne semble pas que ce soit le cas en pratique, ce qui peut s'expliquer par deux considérations. D'une part, certaines femmes préfèrent utiliser l'action à fins de subsides plutôt que l'action en recherche de paternité, car cela leur permet de conserver pour elles seules les droits sur l'enfant. L'action à fins de subsides ne créant aucun lien de filiation, la mère n'a pas à partager l'autorité parentale, ni à affronter des demandes de droit de visite. D'autre part, depuis que la loi du 8 janvier 1993 a subordonné l'exercice de l'action en recherche de paternité à l'existence de présomptions ou d'indices graves, on peut se demander si la condamnation à verser des subsides ne pourrait pas constituer ces présomptions ou indices.

Ici comme ailleurs (V. les mots *Action en recherche* et *Vérité*) la jurisprudence décide que l'expertise sanguine est de droit (Paris, 22 fév. 2001, *JCP* 2001, II, 10558 et nos obs.) ce qui est le moyen le plus sur de condamner l'action : l'expertise conduit à une certitude, non à un risque de paternité.

Bibliographie sommaire : C. COLOMBET, J. FOYER, D. HUET-WEILLER, C. LABRUSSE-RIOU, La filiation légitime et naturelle, Dalloz, 1977, n° 511 et s. ; M.-C. CATALA DE ROTON, « L'action à fins de subsides et la pratique des tribunaux », RTD civ. 1990, p. 1.

Renvois : *Empêchement à mariage, Obligation alimentaire.*

Action d'état

Définition

L'action d'état est une action en justice qui tend à modifier l'état d'une personne (V. *état des personnes*). Ainsi, l'action qui vise à changer de nom est-elle une action d'état. Il en est de même des actions relatives à la filiation (action en désaveu, action en recherche de paternité naturelle...) ou de l'action en nullité du mariage. Les actions d'état sont classées en deux catégories.

Les actions en réclamation d'état permettent à l'individu de se faire attribuer un état qui ne lui était pas reconnu jusque là. Il en est ainsi, par exemple, de l'action en recherche de paternité. Lorsque cette action aboutit, l'enfant acquiert une filiation paternelle qu'il n'avait pas antérieurement.

Les actions en contestation d'état permettent, en sens inverse, de discuter l'état d'une autre personne. Ainsi, le mari qui a des doutes sur sa paternité peut-il désavouer l'enfant auquel son épouse a donné naissance. De même, le véritable père d'un enfant naturel peut-il contester la reconnaissance qui a été souscrite par un autre homme. Il doit cependant démontrer la non paternité de l'auteur de la reconnaissance.

Régime juridique

En tant qu'elle concerne l'état des personnes, l'action d'état emprunte les caractères principaux de celui-ci. Elle revêt donc quatre caractères spécifiques.

L'action d'état est incessible, ce qui est parfaitement logique puisque l'état de la personne l'est aussi.

L'action d'état est également personnelle, c'est-à-dire qu'elle ne peut être engagée que par l'intéressé, ou par certaines personnes que la loi qualifie à cette fin. Ainsi l'action en désaveu ne peut-elle être exercée que par le mari de la mère. De même, l'action aux fins d'adoption ne peut-elle être engagée que par l'adoptant. Il existe cependant une limite à ce caractère personnel. On admet que l'action d'état peut être exercée par les héritiers, lorsque l'intéressé est décédé en cours d'instance, ou lorsque la mort l'a surpris alors qu'il était encore dans les délais pour engager l'action. Cette limite se fonde sur une fiction : la continuation de la personne du défunt par ses héritiers.

Les actions d'état sont de la compétence exclusive du tribunal de grande instance, cette juridiction étant seule habilitée à connaître des litiges relatifs à l'état des personnes.

Enfin, parce que l'état s'impose à tous, les jugements d'état ont une autorité de chose jugée non pas relative, comme en droit commun de la procédure civile, mais absolue.

Données historiques

L'exercice de certaines actions d'état a, pendant fort longtemps, été interdit. Il en est ainsi, notamment des actions visant à établir la filiation naturelle. Ainsi l'Ancien Régime n'admettait-il l'action en recherche de paternité naturelle que dans des conditions restrictives. Quant au Code de 1804, il l'interdit purement et simplement, à moins d'un enlèvement de la mère pendant la période de la conception de l'enfant (art. 340 C. Napoléon). L'action en changement de nom (V. Nom de famille-changement) a, elle aussi, connu une histoire mouvementée.

Bibliographie sommaire : D. HUET-WEILLER, « Réflexions sur l'indisponibilité des actions relatives à la filiation », D. 1978, chr., p. 233 ; B. BEIGNIER, « L'ordre public et les personnes », in L'ordre public à la fin du XXe siècle, dir. Th. Revet, Dalloz, Thèmes et commentaires, 1996, p. 13 et s., spéc. p. 18 et s.

Renvois : *Action en recherche, État des personnes, Nom, Présomption de paternité, Transsexualisme.*

Action en recherche

Définition

L'action en recherche est une action en justice qui permet à un enfant naturel qui n'a pas de filiation établie — soit à l'égard d'un seul, soit à l'égard de ses deux auteurs — de faire déclarer judiciairement son lien de filiation.

Régime juridique

◆ L'action en recherche de maternité naturelle

L'établissement de la maternité — qu'elle soit légitime ou naturelle — suppose toujours une double démonstration. Il faut prouver que la femme contre laquelle est dirigée l'action en recherche a accouché (preuve de l'accouchement), et démontrer que le demandeur à l'action en recherche est bien le même que l'enfant auquel cette femme a donné naissance (preuve de l'identité de l'enfant). L'accouchement et l'identité de l'enfant étant des faits juridiques, ils devraient être prouvés par tous moyens. Mais, pour pallier le risque d'éventuelles subornations de témoins, la loi du 3 janvier 1972 et la loi du 8 janvier 1993 ont posé en principe que la preuve de la maternité (accouchement et identité) ne peut être rapportée que s'il existe des « présomptions ou indices graves » (art. 341 al. 3 C. civ.). Ces présomptions ou indices sont une condition de recevabilité de la demande.

Une fois l'action recevable, encore faut-il que le demandeur parvienne à démontrer la maternité de la femme contre laquelle il agit. La preuve est libre, et le recours à un examen des sangs ou à toute autre méthode médicale — empreintes génétiques — constitue, bien entendu, un mode de preuve privilégié. Il semble même que les éléments qui ont conduit le juge à déclarer l'action recevable puissent, s'ils sont particulièrement probants, suffire à établir le lien de filiation. D'ailleurs, la Cour de cassation vient de poser fort imprudemment en principe que « l'expertise biologique est de droit en matière de filiation » (Civ. 1re, 28 mars 2000, *JCP* 2000, II, 10409, concl. Petit, note Montsallier-Saint-Mieux ; *RJPF* 2000, n° 5, p. 23, note Hauser ; *RTDciv.* 2000, p. 304, obs. Hauser ; *Dr. fam.* 2000, 72, obs. Murat ; *D.* 2000, p. 731 et nos obs.), Cette décision risque fort de gommer toute différence entre la recevabilité et le bien-fondé de l'action en recherche. Telle est d'ailleurs la position, regrettable, que vient d'adopter la Cour de cassation dans un arrêt encore inédit du 12 mai 2004 (*RJPF* 2004 n° 9 et nos obs.).

L'action en recherche de maternité naturelle est soumise au droit commun des actions relatives à la filiation. Il en résulte qu'elle se prescrit par trente ans (art. 311-7 C. civ.). Le Code prévoit cependant plusieurs fins de non recevoir. L'action est impossible s'agissant d'un enfant incestueux déjà doté d'une filiation paternelle (art. 334-10 C. civ.) ou lorsqu'il s'agit d'un enfant légitime dont la filiation est déjà établie par la possession d'état (art. 334-9 C. civ.). Mais la fin de non recevoir la plus importante concerne l'hypothèse de l'accouchement sous X (*V. ce mot*). La mère, qu'elle soit célibataire ou mariée, peut demander à accoucher anonymement (art. 341-1 C. civ.). Lorsqu'il en est ainsi, aucune action en recherche de maternité ne peut être engagée (art. 341 al. 1 C. civ.).

◆ L'action en recherche de paternité naturelle

Même s'il n'en a pas toujours été ainsi (V. *infra,* données historiques), depuis la loi du 8 janvier 1993, le régime de l'action en recherche de paternité est quasiment aligné sur celui de l'action en recherche de maternité. D'après l'article 340 du Code civil, la preuve de la paternité naturelle ne peut être judiciairement déclarée que s'il existe « des présomptions ou indices graves ». Il s'agit d'éléments qui donnent à penser que le défendeur peut être le père de l'enfant (aveu, lettres missives, expertise sanguine, condamnation à des subsides...).

L'action en recherche de paternité doit, en principe, être engagée dans les deux années qui suivent la naissance de l'enfant. Mais, lorsque les parents ont vécu en concubinage pendant la période légale de conception, l'action peut être exercée dans les deux ans « qui suivent la cessation du concubinage ». De même, si le père prétendu a participé à l'entretien, à l'éducation ou à l'établissement de l'enfant en qualité de père, l'action pourra être engagée dans les « deux années qui suivent la cessation de cette contribution », sans qu'il soit nécessaire que le premier acte de participation soit intervenu dans les deux premières années de la naissance (Civ. 1re, 19 mai 1998, *D.* 1999, p. 54, note Massip ; *JCP* 1999, II, 10020, note Houx). Si l'action n'a pas été intentée pendant la minorité de l'enfant, celui-ci peut encore agir pendant les deux années qui suivent sa majorité (art. 340-4, al. 3). La brièveté de ces délais (deux ans) ne se justifie plus guère aujourd'hui. Elle pénalise injustement l'enfant qui, parce que sa mère n'aura pas pu ou pas voulu agir, devra se passer de père pendant toute sa minorité. Et il aurait sans doute été préférable que la loi du 8 janvier 1993 aligne les délais de prescription sur le droit commun des actions de filiation : trente ans (art. 311-7 C. civ.).

Il existe plusieurs fins de non recevoir à l'action en recherche de paternité. Ainsi cette action est-elle irrecevable lorsque l'enfant est incestueux et qu'il a déjà une filiation maternelle établie (art. 334-10 C. civ.). De même l'action est-elle irrecevable lorsque l'enfant a déjà une filiation naturelle établie (art. 338 C. civ.) ou une filiation légitime établie par le titre de naissance et la possession d'état conforme (art. 322 al. 2 C. civ. V. *interprétation a contrario*).

Enfin, le demandeur doit rapporter la preuve de la paternité de l'homme contre lequel il agit. Cette preuve peut être rapportée par tous moyens, les preuves biologiques ou génétiques ayant une importance particulière. Et si le défendeur refuse, comme il en a le droit, de se prêter aux examens de sangs ou aux analyses génétiques, le juge peut valablement interpréter ce refus comme un aveu tacite de paternité (art. 11 al. 1 Nouv. c. proc. civ.).

Données historiques

L'action en recherche de maternité et l'action en recherche de paternité semblent connaître une évolution historique opposée. Alors que le Code de 1804 avait interdit toute action en recherche de paternité (art. 340 C. Nap.), la recherche de maternité était librement admise, sous réserve de disposer d'un commencement de preuve par écrit, pour être admis à prouver par témoins (art. 341 C. Nap.). La loi du 16 décembre 1912 vint élargir les possibilités d'agir en recherche de paternité en rendant l'action recevable dans cinq cas d'ouverture (les deux premiers s'apparentaient à des sanctions : enlèvement ou viol de la mère, séduction dolosive ; les trois autres reposaient sur l'idée de vraisemblance : aveu, concubinage, participation à l'entretien et à l'éducation de l'enfant). Ce système fut repris, tant pour la maternité que pour la paternité, par la loi du 3 janvier 1972. Mais la loi du 8 janvier 1993 a franchi un pas dans l'évolution : les cas d'ouverture de l'action en recherche de paternité sont supprimés. Dès lors, l'action en recherche de paternité est toujours possible (sous réserve de disposer de présomptions ou d'indices graves). Or, dans le même temps, la loi autorise la mère a échapper à sa maternité en utilisant l'accouchement sous X (*V. ce mot*). L'action en recherche de maternité n'est donc plus toujours possible. Il en résulte une certaine inégalité entre les parents puisque le père n'a pas le droit de tenir sa paternité secrète. Et s'il le fait, en s'abstenant de reconnaître l'enfant, celui-ci pourra toujours engager une action en recherche contre lui.

Données doctrinales et jurisprudentielles

L'inégalité introduite par la loi du 8 janvier 1993 entre le père, qui ne peut tenir sa paternité secrète, et la mère, qui peut décider d'accoucher sous X, a été justement dénoncée par la doctrine. Reste que l'accouchement sous X paraît difficilement discutable dans son principe, car il se justifie par la volonté du législateur de lutter contre les infanticides et d'offrir aux femmes qui ne souhaitent pas assumer leur enfant une alternative à l'interruption de grossesse. Sans doute interdit-il à l'enfant de connaître sa mère biologique, mais au moins cet enfant a-t-il pu naître (il y a environ sept cents accouchements sous X par an). En outre, cet enfant sera rapidement adopté car les nouveau-nés sont peu nombreux sur le « marché » — si l'on ose dire — de l'adoption.

L'affirmation du principe selon lequel l'expertise biologique est de droit en matière de filiation accentue la dérive de notre droit vers le tout biologique, comme si la filiation se réduisait aux gènes...

Bibliographie sommaire : C. Colombet, J. Foyer, D. Huet-Weiller, C. Labrusse-Riou, La filiation légitime et naturelle, Dalloz, 1977, n° 190 et s. ; F. Dreifuss-Netter, « L'accouchement sous X », Mélanges Huet-Weiller, PUS-LGDJ, 1994, p. 99 et s. ; B. Trillat, « L'accouchement anonyme, de l'opprobre à la consécration », Mélanges Huet-Weiller, PUS-LGDJ, 1994, p. 513 et s.

Renvois : *Action à fins de subsides, Action d'état, Interprétations a contrario, Ordre public, Reconnaissance de filiation naturelle.*

Administrateur ad hoc

Définition

L'administrateur ad hoc est une personne désignée par une décision de justice, pour représenter un mineur en cas d'opposition d'intérêt entre ce mineur et son représentant légal (art. 389-3 al. 2 C. civ.). Dans une telle hypothèse, le risque est grand, en effet, que le représentant légal sacrifie les intérêts du mineur pour préserver les siens. La nomination de l'administrateur ad hoc est importante en pratique puisqu'elle permet de renforcer la protection des intérêts du mineur.

Régime juridique

L'administrateur ad hoc est désigné par le juge des tutelles. Il a pour mission de représenter les intérêts du mineur. A cette fin, il remplace le représentant légal — il s'agit le plus souvent des parents ou du tuteur lorsque l'enfant est orphelin — pendant que dure l'opposition d'intérêts. Lorsque celle-ci est tranchée, généralement par le juge, l'administrateur ad hoc cesse sa mission.

Dans la limite de la mission qui lui a été confiée par le juge, l'administrateur ad hoc peut accomplir seul tous les actes qu'un tuteur peut faire sans l'autorisation du conseil de famille, c'est-à-dire les actes conservatoires et les actes d'administration. Il peut aussi engager les actions en justice relatives aux droits patrimoniaux du mineur.

Une difficulté existe pour les infractions pénales commises par les parents sur leur enfant mineur. Dans une telle hypothèse, il est certain que les parents ne porteront pas plainte puisqu'ils sont eux-mêmes les auteurs de l'infraction. C'est pourquoi l'article 87-1 du Code de procédure pénale prévoit, là aussi, la nomination par le juge d'instruction, d'un administrateur ad hoc.

Données historiques

La nomination de l'administrateur ad hoc semble relever d'un principe général de protection de l'enfant. Ainsi Loysel affirmait-il : « Qui garde l'agnel ne doit pas en avoir la pel (la peau) ». On ne peut représenter efficacement et sainement autrui lorsque l'on a des intérêts opposés aux siens. D'Aguesseau préconisait, lui aussi, la désignation d'un représentant pour l'enfant en cas d'opposition d'intérêts avec ses parents.

Bibliographie sommaire : Histoire : A. LEFEBVRE-TEILLARD, Introduction historique au droit des personnes et de la famille, PUF, Droit fondamental, 1996, n° 342. Droit positif : C. Neirinck, « De Charybde en Scylla : l'administrateur ad hoc du mineur », JCP 1991, I, 3496.

Renvois : *Actes juridiques patrimoniaux, Administration légale.*

Administration légale

Définition

L'administration légale est un régime de protection du patrimoine des incapables dont la gestion est confiée à une personne désignée par la loi : l'administrateur légal.

Régime juridique

Il existe deux régimes d'administration légale : l'administration légale pure et simple et l'administration légale sous contrôle judiciaire.

L'administration légale pure et simple s'applique lorsque l'autorité parentale est exercée en commun par les deux parents (art. 389-1 C. civ.). Depuis la loi du 23 décembre 1985, les deux parents sont, dans ce régime, administrateurs légaux. En d'autres termes, chacun dispose du pouvoir d'administrer le patrimoine du mineur. Ceci engendre une difficulté : les parents peuvent-ils agir séparément, ou doivent-ils agir conjointement ? Depuis la loi de 1985, chaque parent a le pouvoir de faire seul les actes conservatoires et les actes d'administration. En revanche, les actes de disposition nécessitent le consentement des deux époux. En cas de désaccord des parents, c'est le juge des tutelles qui autorise l'acte de disposition. Enfin, les actes de disposition les plus graves sont soumis à un régime d'autorisation renforcé. Outre le consentement des deux parents, l'acte ne peut être accompli qu'avec l'autorisation du juge des tutelles. Il en est ainsi notamment de l'emprunt contracté au nom du mineur, de l'apport en société ou de la vente de gré à gré d'un immeuble appartenant au mineur, ou bien encore du partage auquel un mineur est appelé.

L'administration légale s'exerce sous contrôle judiciaire lorsque les parents n'exercent pas l'autorité parentale en commun. Dans ce cas, le parent qui exerce l'autorité parentale est seul administrateur légal. Ce parent peut accomplir seul les actes conservatoires et les actes d'administration. Les actes de disposition doivent être autorisés par le juge des tutelles. La règle s'inspire par cette idée que, faute de contrôle exercé par l'autre parent, il faut imposer un contrôle judiciaire des décisions les plus graves qui seront prises par l'administrateur.

L'administration légale s'achève à la majorité ou à l'émancipation du mineur. Elle prend également fin au décès des deux parents puisqu'il y a alors lieu à l'ouverture d'une tutelle. L'administration légale disparaît, en dernier lieu, lorsque le juge décide d'ouvrir une tutelle, ce qu'il peut faire à tout moment dans l'administration légale sous contrôle judiciaire. En revanche, la tutelle ne peut être ouverte que sur cause grave dans l'administration légale pure et simple (art. 391 C. civ.).

Dans l'administration pure et simple comme dans l'administration sous contrôle judiciaire, il peut arriver que les intérêts de l'enfant entrent en conflit avec les intérêts de son représentant légal. Dans une telle hypothèse, le représentant légal doit faire nommer par le juge des tutelles un administrateur ad hoc (*V. ce mot*) qui représentera l'enfant pour passer l'acte générateur du conflit d'intérêts. Enfin, en contrepartie de la charge qu'il impose aux parents de gérer le patrimoine de leurs enfants, le Code civil leur reconnaît le droit de jouissance légale sur ce patrimoine (*V. jouissance légale*).

Données historiques

Même si l'administration légale est, depuis la loi du 23 décembre 1985, exercée par les deux parents, il n'en a pas toujours été ainsi. En effet, reprenant une tradition historique relativement ancienne, le Code civil de 1804 confiait au père seul l'administration des biens de ses enfants mineurs. La solution s'appuyait d'ailleurs sur une nécessité juridique puisque la femme, en se mariant, devenait incapable. Elle ne pouvait donc prétendre à l'administration légale, ni à aucune autre prérogative d'autorité parentale.

Données doctrinales et jurisprudentielles

L'administration légale est l'un des attributs de l'autorité parentale (*V. ce mot*) dans le domaine des biens. Il en résulte, comme on l'a souligné, qu'elle est exercée par ceux qui exercent l'autorité parentale, et selon les mêmes modalités — administration légale en commun lorsque l'autorité parentale est exercée en commun ; administration légale unilatérale et sous contrôle judiciaire lorsque l'autorité parentale est exercée par un seul parent. Or, depuis la loi du 8 janvier 1993, l'autorité parentale peut être exercée en commun même après divorce ou séparation des parents. Il en est donc de même pour l'administration légale, qui reste pure et simple. La règle n'est pas exempte de reproches, dans la mesure où l'on peut craindre que la séparation des parents n'engendre, en dépit de l'exercice en commun de l'autorité parentale, des conflits relatifs à la gestion du patrimoine du mineur, notamment si ce patrimoine comprend des biens d'une valeur importante. C'est pourquoi, il est permis de se demander si l'exercice en commun de l'autorité parentale n'aurait pas dû être limité aux seules questions personnelles.

Bibliographie sommaire : P. Blondy, G. et M. Morin, La réforme de l'administration légale et de la tutelle, préf. J. Carbonnier, 3e éd. Répertoire Defrénois, 1972.

Renvois : *Actes juridiques patrimoniaux, Administrateur ad hoc, Autorité parentale, Jouissance légale, Mineur, Tutelle.*

Adoption

Définition

L'adoption est la création d'un lien de filiation purement juridique entre deux personnes qui sont biologiquement étrangères l'une à l'autre.

Régime juridique

Il existe deux types d'adoption : l'adoption simple et l'adoption plénière.

◆ **L'adoption simple** ne rompt pas les liens de l'enfant avec sa famille d'origine. L'adopté simple conserve donc sa famille par le sang, et il acquiert un lien de filiation vis-à-vis de l'adoptant. En revanche, vis-à-vis des membres de la famille de l'adoptant, sa situation est ambiguë. Ainsi peut-il hériter des parents de l'adoptant, mais la loi lui refuse la qualité d'héritier réservataire à leur égard (art. 368 C. civ.). L'adopté simple est donc rattaché à deux familles, comme en témoigne le fait qu'il conserve son nom d'origine, auquel il ajoute le nom de l'adoptant.

◆ **L'adoption plénière** produit, quant à elle, des effets infiniment plus complets. L'adopté perd ses liens avec sa famille d'origine, et il s'intègre à la famille de l'adoptant comme s'il était enfant légitime. Il en résulte que l'enfant est soumis à l'autorité parentale de l'adoptant, qu'il porte le nom de l'adoptant — en lieu et place de son nom d'origine — et qu'il entre dans la famille de l'adoptant. C'est-à-dire que la filiation issue de l'adoption plénière produit ses effets bien au-delà du premier degré. L'adopté a pour grands-parents les parents de l'adoptant, pour oncles et tantes les frères et sœurs de l'adoptant... En revanche, il perd ses grands-parents et ses oncles et tantes dans sa famille d'origine, puisqu'il ne conserve plus aucun lien avec elle. Le plus souvent, cette rupture avec la famille d'origine n'est guère gênante dans la mesure où l'enfant n'avait pas de famille (enfant sans filiation), ou a été abandonné par elle (art. 350 C. civ.).

Quel que soit le type d'adoption, celle-ci ne peut être prononcée que si, outre le respect des conditions prévues par le Code (art. 343 à 352 pour l'adoption plénière, art. 360 et 361 pour l'adoption simple), le juge estime qu'elle est conforme à l'intérêt de l'enfant (art. 353 C. civ.).

Données historiques

L'adoption est très fréquente à Rome, où elle sert à perpétuer le culte des ancêtres. Elle disparaît durant l'Ancien Régime, car il ne paraissait guère conforme à la loi de Dieu que les hommes puissent, en quelque sorte, choisir leurs enfants : « la filiation et la parenté ne peuvent se contracter par le seul consentement, mais doivent être faites par l'art et la nature » disait-on à l'époque. L'adoption est rétablie par la loi du 18 janvier 1792, la seule limite étant alors que l'on ne pouvait pas adopter plus de douze enfants ! En réalité, les révolutionnaires voyaient dans l'adoption un moyen de parvenir à l'égalité en favorisant la division des fortunes et le morcellement des propriétés. Le Code de 1804 maintiendra l'adoption, mais en la réglementant plus strictement : l'adoptant doit avoir plus de cinquante ans, il doit être sans enfant et doit pouvoir prouver qu'il s'est occupé de l'enfant qu'il souhaite adopter de façon continue pendant au moins six ans. Ces conditions seront heureusement assouplies par les lois du 11 juillet 1966 et du 5 juillet 1996.

Données doctrinales et jurisprudentielles

La raison d'être de l'adoption n'a jamais été clairement définie par la loi. Idéalement, elle devrait être le moyen de donner une famille à un enfant et un enfant à une famille. En pratique, on s'aperçoit qu'elle peut parfois servir d'autres finalités, telles que la suppression de la réduction des droits successoraux de l'enfant adultérin (avant la loi du 3 déc. 2001 ; l'enfant adultérin adopté plénièrement devient un enfant légitime,il a donc des droits successoraux entiers) ou la création d'une dévolution successorale entre homosexuels : on a vu des arrêts prononçant l'adoption, pour des raisons successorales, d'un enfant majeur par son compagnon du même sexe plus âgé que lui). Ces détournements de l'institution de l'adoption doivent être condamnés.

Dans un arrêt très remarqué du 9 décembre 2003 (*D.* 2004, p. 1998, note Poisson-Drocourt, *Dr. fam.* 2004, n° 17, obs. Murat,

Rép. Defrénois 2004, p. 592, obs. Massip), la première chambre civile de la Cour de cassation a approuvé une cour d'appel d'avoir rejeté la demande d'adoption plénière formée par une femme concernant l'enfant né d'une mère porteuse. La Cour de cassation décide, de manière peut être excessivement rigoriste, que le prononcé d'une adoption dans ces circonstances constituerait un détournement de l'adoption.

Une pression de plus en plus forte s'exerce, depuis l'adoption de la loi sur le PACS, pour que le droit d'adopter soit reconnu aux couples homosexuels. Les partisans de cette solution avancent, comme en matière de mariage (*V. ce mot*) le principe (mal compris) de non-discrimination. En jurisprudence, la Cour EDH a affirmé que « *le droit de pouvoir adopter trouvait sa limite dans l'intérêt des enfants* » susceptibles de l'être (Cour EDH, 26 fév. 2002, *Frette* c/ France, *RJPF* 2002, 4/30, obs. M.-C. Le Boursicot). Quant au Conseil d'Etat (CE, 6 oct. 1996, *D.* 1997, p. 117, note Ph. Malaurie ; 5 juin 2002, *RJPF* 2002-10/30 et nos obs.), il est généralement conduit à confirmer les décisions de refus d'agrément lorsqu'elles sont motivées par le fait que le candidat à l'adoption évolue dans un entourage exclusivement du même sexe. En revanche, si le candidat à l'adoption dispose, dans son entourage ou sa famille, « *d'une image ou d'un référent* » du sexe opposé, la délivrance de l'agrément paraît possible. Enfin, le refus d'agrément ne saurait constituer une discrimination contraire aux articles 8 et 14 de la Convention EDH car, comme l'a bien montré un auteur (M.-C. Le Boursicot, obs. préc.), il ne faut pas confondre la légalité et l'opportunité en matière d'adoption. En légalité, le grief de discrimination ne peut qu'être rejeté dans la mesure où la loi française confère le droit d'adopter à toute personne même célibataire (C. civ., art. 343-1). Encore faut-il que cette personne offre toutes garanties pour l'accueil et l'épanouissement de l'enfant. Il s'agit ici d'une question d'opportunité à laquelle l'article 14 ne peut être appliqué dans la mesure où il sanctionne les discriminations dans la jouissance des droits, non dans leur mise en œuvre.

Droit comparé

L'adoption est interdite en droit musulman. L'origine de cette interdiction se trouve dans le Coran, et notamment dans le verset 4 de la sourate 33 qui dispose : « Dieu n'a pas placé deux cœurs dans la poitrine de l'homme ; il n'a pas fait que vos épouses que vous pouvez répudier soient pour vous comme vos mères, ni que vos enfants adoptifs soient comme vos propres enfants. Ce n'est qu'une parole dans votre bouche, mais Dieu dit la Vérité : c'est lui qui dirige l'homme dans le chemin droit » (*Le Coran*, traduction D. Masson, coll. Folio, vol. 2, p. 514). Il en résulte que la plupart des États musulmans prohibent l'adoption. Ainsi, l'article 46 du Code de la famille algérien prévoit-il : « L'adoption (tabbanni) est interdite par la Sharî'a et la loi ». De même, l'article 83 al. 3 du Code du statut personnel marocain dispose : « L'adoption n'a aucune valeur et n'entraîne aucun des effets de la filiation ». Cette prohibition est source de difficultés lorsqu'il s'agit de prononcer, en France, l'adoption d'un enfant musulman. En effet, on se demande si les autorités du pays d'origine de l'enfant peuvent véritablement émettre un consentement à une institution (l'adoption) que leur droit interdit. Après quelques hésitations, la Cour de cassation semble admettre qu'une telle adoption soit possible (Civ. 1re, 16 décembre 1997, *Rev. droit de la famille*, 1998, n° 61). On doit signaler enfin que l'adoption est admise en Tunisie, depuis la loi n° 58-27 du 4 mars 1958 (*JO* de la République tunisienne du 7 mars 1958).

Bibliographie sommaire :

Histoire : R. Szramkiewicz, Histoire du droit français de la famille, Dalloz, Connaissance du droit, 1995, p. 7 et 106.

Droit positif : P. Raynaud, « Un abus de l'adoption simple : les couples adoptifs », D. 1983, chr., p. 39 ; J. Hauser, « L'adoption à tout faire », D. 1987, chr., p. 205 ; P. Salvage-Gerest, L'adoption, Dalloz, Connaissance du droit, 1997 ; F. Boulanger, « Fraude, simulation ou détournement d'institution en droit de la famille ? », JCP 1993, I, 3665.

Renvois : *Abandon, Acte de l'état civil, Action d'état, Action en recherche, Autorité parentale, Clonage, Conseil de famille, Égalité des filiations, Empêchements à mariage, Filiation, Mineur, Nom de famille-attribution, Nom de famille-changement, Obligation alimentaire, Vérité de la filiation.*

Adultère

Définition

L'adultère est une violation du devoir de fidélité, qui consiste, pour l'un des époux, à avoir des relations sexuelles avec une personne autre que son conjoint.

Régime juridique

L'adultère est une faute, qui peut entraîner le prononcé du divorce (*V. ce mot*) ou de la séparation de corps (*V. ce mot*) aux torts de son auteur. Encore faut-il préciser quels sont les caractères de cette faute et quels en sont les modes de preuve.

◆ Caractères de l'adultère

L'adultère demeure, dans le droit actuel, une faute cause de divorce. Mais la loi de 1975 lui a retiré ses caractères spécifiques : elle n'est plus une infraction pénale ; elle n'est plus une cause péremptoire de divorce ou de séparation de corps.

◊ *L'adultère n'est plus une infraction pénale*

Avant la loi du 11 juillet 1975, l'adultère était une infraction pénale dont les éléments constitutifs et les peines étaient différents selon que l'adultère était le fait de la femme ou celui du mari. L'adultère du mari n'était constitué que par l'entretien d'une concubine « dans la maison conjugale » (art. 339 du Code pénal de 1810). Et il n'était punissable que d'une peine d'amende. L'adultère de l'épouse était, en revanche, plus sévèrement réprimé. Il était constitué plus facilement, puisqu'il suffisait que la femme ait eu des relations extra-conjugales — même en dehors du domicile conjugal — et les peines étaient plus sévères puisqu'à l'amende s'ajoutait une peine d'emprisonnement pouvant aller de trois mois à deux ans.

La loi du 11 juillet 1975 a retiré à l'adultère son caractère d'infraction pénale. Il demeure, cependant, une faute au sens du droit du mariage.

◊ *L'adultère n'est plus une cause péremptoire de divorce*

Avant la réforme de 1975, l'adultère était une cause péremptoire de divorce. Cela signifiait que, lorsque la preuve de l'adultère de l'un des époux était rapportée, le juge n'avait aucun pouvoir d'appréciation. Il était tenu de prononcer le divorce aux torts de l'époux fautif, et au profit de l'époux innocent.

La loi de 1975 a retiré à l'adultère son caractère de cause péremptoire de divorce. Le juge dispose donc d'un pouvoir d'appréciation qui lui permet de rejeter la demande en divorce s'il estime que l'adultère est excusé par le comportement de l'autre conjoint.

◆ Modes de preuve de l'adultère

La dépénalisation de l'adultère par la loi de 1975 a interdit d'utiliser les facilités probatoires de la procédure pénale — dans cette procédure, la charge de la preuve incombe au Ministère public. Il appartient donc, désormais, au demandeur en divorce de rapporter la preuve de l'adultère de son conjoint. S'agissant d'un fait juridique, la preuve de l'adultère peut être faite par tous moyens (indices, témoignages...). Mais le mode de preuve le plus efficace est incontestablement le constat d'huissier. Reste que ce constat porte atteinte à l'intimité de la vie privée du conjoint adultère et de son complice. Il peut également porter atteinte à la règle de l'inviolabilité du domicile privé (*V. domicile*) lorsque le constat est réalisé au domicile de l'amant ou de la maîtresse. C'est pourquoi la Cour de cassation exige que le constat d'adultère soit autorisé par le Président du tribunal de grande instance au moyen d'une ordonnance sur requête. Pour la Cour de cassation, le constat constitue alors une atteinte licite à l'intimité de la vie privée (Civ. 1re, 6 février 1979, Bull., I, n° 47 ; *JCP* 1980, II, 19290, note Lindon).

Données historiques

L'adultère a toujours été réprimé plus ou moins sévèrement selon les époques. Ainsi, l'adultère est-il interdit à Rome. A l'époque franque, le mari peut répudier sa femme pour cause d'adultère. Au Moyen-Âge, il peut même la tuer s'il la surprend en flagrant délit d'adultère. A la fin de l'Ancien Régime, la condition de la femme adultère s'est adoucie. Elle ne peut plus être ni tuée, ni battue, mais le mari peut la faire enfermer dans un couvent pendant deux ans. Et si, à l'expiration de ce délai, il ne consent pas à la reprendre, elle y est laissée sa vie durant. Quant au délit pénal d'adultère, il est supprimé à la Révolution (Code pénal de 1791 et de 1795). Mais il reparaît dans le Code de 1810. Outre son caractère inégalitaire, la répression pénale de l'adultère présente d'autres particularités, notamment au plan de la procédure. Ainsi l'adultère ne pouvait-il être poursuivi que sur plainte préalable du conjoint victime. En outre, lorsqu'il était le fait de la femme, le mari pouvait suspendre l'exécution de la peine d'emprisonnement « en consentant à reprendre sa femme » (art. 337 al. 2 C. pén. de 1810).

Données doctrinales et jurisprudentielles

Les conséquences de l'adultère n'intéressent pas que le droit du mariage. L'adultère produit aussi d'importantes conséquences en droit de la filiation. Ainsi, lorsque l'adultère est commis par une femme mariée, il fausse le jeu de la présomption de paternité (*V. ce mot*), puisque le mari de cette femme se voit attribuer la paternité d'un enfant qui n'est pas de lui. C'est sans doute l'une des justifications de la répression plus sévère de l'adultère au plan pénal avant 1975. Aujourd'hui, en cas d'adultère d'une femme mariée, différentes actions en contestation de la présomption de paternité pourront être engagées.

Après une longue période d'hostilité, la Cour de cassation vient d'inverser sa jurisprudence. Elle considère (Civ. 1re, 3 février 1999, *JCP* 1999, II, 10083, note Billiau et Loiseau) « que n'est pas contraire aux bonnes mœurs la cause de la libéralité dont l'auteur entend maintenir la relation adultère qu'il entretient avec le bénéficiaire ». La Première chambre civile a ainsi validé la libéralité adressée par un homme marié à sa maîtresse.

Cette jurisprudence — éminemment contestable — participe du mouvement législatif et jurisprudentiel qui retire progressivement à l'adultère ses conséquences juridiques : il n'est plus une infraction pénale, plus une cause péremptoire de divorce, plus une cause d'annulation des libéralités adressées à la maîtresse...

On peut comprendre ce mouvement lorsqu'il a pour but d'éviter que les conséquences de l'adultère frappent des tiers innocents (spécialement les enfants, innocents des circonstances de leur naissance V. *Égalité des filiations*). Mais peut-on vraiment l'admettre pour la maîtresse ou pour l'amant complices de l'adultère ?

Bibliographie sommaire :
Histoire : R. Szramkiewicz, Histoire du droit français de la famille, Dalloz, Connaissance du droit, 1995, p. 51 et 99.
Droit positif : Y. Mayaud, L'adultère, RTD civ. 1980, p. 494 ; L. Leveneur, « Une libéralité consentie pour maintenir une relation adultère peut-elle être valable ? », JCP, 1999, I, 152, et la réponse de C. Larroumet, « La libéralité consentie par le concubin adultère », D. 1999, chr., p. 351.

Renvois : *Divorce, Divorce-cas, Domicile, Égalité des filiations, Mariage-effets, Présomption de paternité, Séparation de corps, Vie privée.*

Animal

Régime juridique

Pour les juristes, l'animal est une simple chose, le plus souvent mobilière. L'animal peut devenir un immeuble par destination lorsqu'il est affecté au service et à l'utilité d'un immeuble (solution consacrée par la L. n° 99-55 du 6 janvier 1999, art. 24 et 25). C'est ainsi que dans *Le Chat Botté,* de Charles Perrault, on peut affirmer que le moulin est un immeuble au même titre que l'âne qui tire la charrette chargée de blé puis de farine. Mais les animaux de culture ont été, le plus souvent, remplacés par des machines agricoles. De sorte que l'on peut poser en principe que l'animal est un simple meuble. En tout état de cause, il n'est pas une personne et n'a pas la personnalité juridique. Il en résulte qu'un animal n'est titulaire d'aucun droit, qu'il ne saurait être tenu d'aucune obligation, et qu'il n'a pas de patrimoine.

Pour autant, certains textes protègent les animaux contre les mauvais traitements qui pourraient leur être infligés. Sont ainsi pénalement sanctionnés : la mort donnée volontairement, sans nécessité (art. R-655-1 C. pén.) ou involontairement (art. R-653-1 C. pén.) à un animal ; les mauvais traitements (art. R-654-1 C. pén.) ou les sévices et actes de cruauté envers les animaux (art. 521-1 C. pén.). Toutefois, certaines de ces infractions peuvent se trouver excusées en matière de courses de taureaux ou de combats de coqs, lorsqu'une tradition locale ininterrompue peut être invoquée. Pour les courses de taureaux, par exemple, la jurisprudence retient l'existence d'une tradition locale ininterrompue concernant la pratique de la corrida dans la région bordelaise (Bordeaux 11 juillet 1989, *JCP,* 1989, II, 21344, note Agostini) ou encore dans la région de Tarascon (Crim., 8 juin 1994, *Bull. crim.* n° 225 ; *Dr. pén.,* 1994, comm. n° 235 ; *JCP* 1995, 22483, note E. de Monredon).

Données historiques

L'absence de personnalité juridique des animaux est assurément très ancienne dans les civilisations chrétiennes puisque le premier récit de la création invite l'homme à soumettre la nature, les poissons de la mer comme les oiseaux du ciel : « Dieu dit : "Faisons l'homme à notre image, selon notre ressemblance. Qu'il soit le maître des poissons de la mer, des oiseaux du ciel, des bestiaux, de toutes les bêtes sauvages, et de toutes les bestioles qui vont et viennent sur la terre". Dieu créa l'homme à son image, à l'image de Dieu il le créa, il les créa homme et femme. Dieu les bénit et leur dit : "Soyez féconds et multipliez-vous, remplissez la terre et soumettez-la. Soyez les maîtres des poissons de la mer, des oiseaux du ciel, et de tous les animaux qui vont et viennent sur la terre" » (Genèse, 1, 26-28).

Mais d'autres civilisations comme celles de la Perse ou de l'Inde anciennes accordaient aux animaux une valeur sacrée.

Données doctrinales et jurisprudentielles

Depuis plusieurs années est apparu un mouvement d'idées favorable à une personnification de l'animal. Ainsi l'UNESCO a-t-elle proclamé en 1978 une Déclaration universelle des droits des animaux. En France, certains auteurs souhaitent que l'on reconnaisse aux animaux non pas la même personnalité que celle des êtres humains, mais une personnalité en quelque sorte technique, identique à celle que l'on attribue aux personnes morales (en ce sens, J.-P. Marguénaud, *L'animal en droit privé,* thèse Limoges, 1987, PUF, 1992, préf. C. Lombois). La proposition n'est pas inconcevable intellectuellement, mais on voit mal quelles pourraient être ses justifications pratiques dans la mesure où le droit protège — on l'a déjà dit — les animaux contre les mauvais traitements. Selon les partisans de la reconnaissance de la personnalité animale, cela permettrait de reconnaître à l'animal des droits alimentaires contre son maître en cas d'abandon (J.-P. Marguénaud, thèse préc., p. 411). Ou encore, en cas de décès du maître, l'animal pourrait, par l'intermédiaire d'un représentant humain, demander au donataire ou au légataire du défunt l'exécution de la charge de soins dont était assortie la libéralité (J.-P. Marguénaud, thèse préc., p. 410). Verra-t-on apparaître un jour les avocats des animaux ? Quant au droit de visite sur le chien en cas de divorce qu'ont admis certaines juridictions (Civ. 1re, 8 octobre 1980, *D.* 1981, p. 361, note A. Couret ; *JCP* 1981, II, 19536, concl. Gulphe), il procède d'une assimilation abusive de l'animal à l'enfant.

Bibliographie sommaire : NERSON, « La condition de l'animal au regard du droit », D. 1963, chr., p. 1 ; A.-M. SOHM-BOURGEOIS, « La personnification de l'animal : une tentation à repousser », D. 1990, chr., p. 33 ; J.-P. MARGUÉNAUD, L'animal en droit privé, PUF, 1992, préf. C. Lombois ; J.-P. MARGUÉNAUD, « La personnalité juridique des animaux », D. 1998, chr., p. 205 ; S. ANTOINE, L'animal et le droit des biens, D. 2003, chr., p. 2651.

Renvois : *Clonage, Personnalité juridique.*

Assistance éducative

Définition

L'assistance éducative est une aide apportée aux parents dans l'exercice des prérogatives d'autorité parentale (*V. ce mot*). Il s'agit de faire en sorte, par des mesures appropriées, que les parents exercent leur autorité d'une manière plus conforme à ce qu'exige l'intérêt de l'enfant (*V. ce mot*).

Régime juridique

◆ Domaine

Des mesures d'assistance éducative peuvent être ordonnées lorsque l'enfant est en danger. Tel est le critère principal du recours à l'assistance éducative. D'après l'article 375 du Code civil, ce danger peut concerner soit la santé, la sécurité ou la moralité du mineur, soit les conditions de son éducation, lorsque celles-ci sont gravement compromises. Ces critères sont soumis à l'appréciation souveraine des juges du fond (admettant l'existence d'un danger pour des enfants non scolarisés en raison d'un conflit opposant les parents et les grands-parents, V. Trib. enf. Toulouse, 13 septembre 1988 et 2 février 1989, *D.* 1990, p. 395, et nos obs. ;

admettant également qu'est en danger la mineure enceinte dont les parents refusent d'autoriser l'interruption volontaire de grossesse, V. Trib. enf. d'Evry, 8 novembre. 1982, *D.* 1983, p. 218, note Raynaud ; et en sens contraire : Bordeaux, 4 décembre 1991, *D.* 1993, p. 129, note Dubaele).

◆ Saisine du juge

L'article 375 énumère la liste des personnes qui sont autorisées à saisir le juge des enfants. Il s'agit des père et mère, du Ministère public, de la personne à laquelle l'enfant a été confié et de l'enfant lui-même. Dans les cas les plus graves, le juge peut également se saisir d'office. Cette énumération appelle plusieurs observations :

◇ lorsqu'elle autorise le mineur à agir lui-même, elle déroge au principe de l'incapacité du mineur (*V. ce mot*), qui interdit en principe à un enfant d'engager une procédure judiciaire ;

◇ lorsqu'elle permet au juge de se saisir d'office, elle déroge au principe dispositif selon lequel l'initiative de l'instance appartient aux parties au procès (art. 1er Nouv. C. proc. civ.).

Ces dérogations sont justifiées par le danger dont est victime l'enfant, et par l'urgence qu'il y a à y mettre fin. L'enjeu de la procédure — la protection de l'enfant en danger — excuse ces quelques entorses aux principes généraux des incapacités ou de la procédure civile.

L'énumération de l'article 375 est limitative. Mais on admet — encore un effet de l'urgence et du danger — que les personnes qui ne sont pas visées par le texte peuvent déclencher une mesure d'assistance éducative en adressant un signalement soit au Ministère Public, soit au juge lui-même.

◆ Mesures

Le juge des enfants dispose d'un large éventail de mesures (V. les art. 375-2 et 375-3 C. civ.) qui sont destinées à la fois à protéger l'enfant et à apporter aide et conseil à ses parents. Quelle que soit la mesure choisie, elle ne s'analyse pas — juridiquement — comme une sanction prise contre les père et mère. La preuve en est que le juge doit s'efforcer de recueillir le consentement des parents à la mesure prise (art. 375-1 al. 2 C. civ.) — ce consentement est un gage de réussite de la mesure —, et que les parents ne sont pas privés de l'autorité parentale, dont ils continuent d'exercer les prérogatives qui sont compatibles avec la mesure prise (art. 375-7 C. civ.). Concrètement, tant que l'enfant est maintenu dans sa famille, les droits des parents ne sont pas trop atteints. En revanche, lorsqu'il est nécessaire de placer l'enfant à l'extérieur de sa famille, les parents perdent l'essentiel des prérogatives quotidiennes de l'autorité parentale. Mais la loi leur reconnaît un droit de visite et un droit de correspondance (art. 375-7 al. 2 C. civ.). En tout état de cause, la mesure prise est toujours révisable en fonction de ce qu'exige l'intérêt du mineur (art. 375-6 C. civ.).

Données historiques

L'assistance éducative a remplacé le droit de correction qui permettait autrefois au père de faire incarcérer ses enfants récalcitrants, ou de les faire placer en maison de correction. A vrai dire, l'effet éducatif de ces mesures n'était pas démontré. C'est pourquoi l'ordonnance du 23 décembre 1958 et loi du 4 juin 1970, qui a réformé l'autorité parentale, ont substitué l'assistance éducative au droit de correction.

Données doctrinales et jurisprudentielles

La compétence du juge des enfants en matière d'assistance éducative a suscité des conflits de frontière avec la compétence du juge aux affaires familiales (JAF) en matière de divorce. Il semble que lorsque le juge du divorce a statué sur le sort des enfants, le juge de l'assistance éducative ne peut intervenir que s'il existe un fait nouveau, de nature à entraîner un danger. Mais la solution n'est pas certaine (V. J. Hauser et D. Huet-Weiller, *Traité de droit civil, La famille,* vol. 1, n° 1247).

Bibliographie sommaire : P. RAYNAUD, « La puissance paternelle et l'assistance éducative », Mélanges Savatier, Dalloz, 1965, p. 805 et s. ; F. MACORIG-VENIER, « La notion de danger comme critère de l'action préventive de l'aide sociale à l'enfance », RTD sanit. et soc. 1993, p. 170.

Renvois : *Autorité parentale, Intérêt de l'enfant, Interruption volontaire de grossesse.*

Attributs de la personnalité

Définition

Les attributs de la personnalité sont les prérogatives juridiques qui appartiennent à tout individu du fait de sa naissance. Ces prérogatives, qui visent à préserver les droits primordiaux de la personne, sont multiples au point que la catégorie des attributs de la personnalité risque d'être quasiment illimitée. Ainsi pourrait-on songer à y faire entrer pêle-mêle le droit à la vie, le droit à la santé, le droit à l'intégrité, le droit au respect de la vie privée, le droit d'avoir une vie familiale, la liberté de conscience et de religion, la liberté d'expression, le principe de dignité de la personne humaine... en d'autres termes, tous les droits de l'homme. Devant une telle inflation de la notion, il est de coutume de ne traiter, dans le cadre du droit des personnes, que les prérogatives de droit privé — ce qui exclut les libertés publiques comme la liberté d'aller et de venir, la liberté de conscience, de religion et d'expression — dont dispose toute personne du fait de sa naissance. Sous ce rapport, les principaux attributs de la personnalité sont les droits de l'individu sur son corps (*V. ce mot*), les droits de la personnalité (*V. ce mot*) et, selon certains auteurs, le respect de la présomption d'innocence.

Régime juridique

En dépit de leur variété, les attributs de la personnalité présentent plusieurs caractères communs. Ils sont généraux, ce qui signifie que tout individu en est doté, qu'il soit fort ou faible, riche ou pauvre, célèbre ou inconnu. La règle s'inspire du principe d'égalité civile (*V. ce mot*). Les attributs de la personnalité sont également extrapatrimoniaux, c'est-à-dire qu'ils ne sont pas évaluables en argent. Il en résulte qu'ils sont incessibles et insaisissables. Enfin, les attributs de la personnalité sont absolus, de sorte que leur respect s'impose à tous, aussi bien aux autres individus qu'à l'État.

Données historiques

L'affirmation des droits primordiaux de la personne résulte d'un mouvement récent auquel les horreurs des deux derniers conflits mondiaux — surtout du deuxième — ne sont sans doute pas étrangères. Pour éviter de retomber dans la barbarie, l'homme a éprouvé le besoin de proclamer haut et fort des principes conçus comme universels : Déclaration universelle des droits de l'homme (10 décembre 1948), Convention européenne de sauvegarde des droits de l'homme et des libertés fondamentales (4 novembre 1950), Pacte international relatif aux droits civils et politiques (16 décembre 1966). Encore faut-il ne pas oublier la Déclaration des droits de l'homme de 1789, qui est confirmée par le préambule de la Constitution du 4 octobre 1958.

Données doctrinales et jurisprudentielles

La protection des droits primordiaux de la personne illustre la complémentarité du droit public et du droit privé. Au droit public, il appartient de garantir les citoyens dans leurs libertés et de protéger les attributs de la personnalité contre les atteintes de l'État. Quant au droit privé, il lui revient de faire respecter les attributs de la personnalité dans les relations entre particuliers.

Pour autant, le contenu de ces droits primordiaux de la personne est difficile à fixer. Le Code civil n'en donne aucune définition. Quant à la jurisprudence, elle a tendance à donner à ces droits un contenu générique et évolutif, ce qui ne facilite pas la tâche de l'analyste.

Bibliographie sommaire : R. NERSON, Les droits extra-patrimoniaux, thèse, Lyon, 1939 ; A. DECOCQ, Essai d'une théorie générale des droits sur la personne, préf. Levasseur, LGDJ, 1960 ; B. BEIGNIER, Le droit de la personnalité, PUF, Que sais-je ?, n° 2703.

Renvois : *Droits de la personnalité, Image, Nom de famille-protection, Vie privée.*

Autorité parentale

Définition

Le Code civil ne définit pas l'autorité parentale. Il se borne à en indiquer la finalité. Elle « appartient aux père et mère pour protéger l'enfant dans sa sécurité, sa santé et sa moralité » (art. 371-1 C. civ.). On peut donc proposer la définition suivante : l'autorité parentale est un ensemble de droits et de devoirs que la loi accorde aux parents pour protéger leurs enfants mineurs.

Régime juridique

◆ Les titulaires

Le Code indique clairement que l'autorité parentale appartient aux père et mère de l'enfant. En vérité, il faut distinguer la titularité et l'exercice. Dans la famille légitime, les deux parents sont titulaires de l'autorité parentale et ils l'exercent ensemble (art. 372 al. 1 C. civ.). Il en est de même dans la famille naturelle, lorsque les deux parents ont reconnu l'enfant et lorsqu'ils vivent ensemble (art. 372 al. 2 C. civ.). Mais ce principe d'exercice en commun connaît certaines exceptions dans la famille naturelle. Ainsi, l'autorité est-elle exercée unilatéralement dans plusieurs cas :

◇ lorsque la filiation de l'enfant naturel n'est établie qu'à l'égard d'un seul de ses parents. C'est alors ce parent qui exerce seul l'autorité parentale ;

◇ lorsque, bien que l'enfant ait été reconnu par les deux parents, cette double reconnaissance n'obéit pas aux conditions posées par l'article 372 al. 2 du Code : l'enfant n'a pas été reconnu avant l'âge d'un an, ou les parents ne vivent pas ensemble. L'autorité est alors exercée en entier par la mère, à moins que, d'un commun accord, les parents souscrivent une déclaration d'exercice en commun de l'autorité parentale devant le greffier en chef du tribunal de grande instance (art. 372 al. 3).

Enfin, sur l'enfant adoptif, l'enfant adopté plénièrement (V. *adoption*) est placé dans la même situation qu'un enfant légitime. Il y aura donc exercice en commun si l'adoption a été prononcée au profit de deux époux. Dans le cas contraire, seul l'adoptant exerce l'autorité parentale. Quant à l'adopté simple, bien qu'il conserve ses liens dans sa famille par le sang, il est soumis à l'autorité parentale de l'adoptant.

◆ Les prérogatives

Avant la loi 2002-305 du 4 mars 2002, elles étaient énoncées par l'article 371-2 al. 2 du Code. Dans son empressement pré-électoral, le législateur de 2002 a supprimé l'énoncé de ces prérogatives... Il faut considérer néanmoins que, comme avant la loi, les parents disposent de trois prérogatives : la garde, la surveillance et l'éducation, chacune de ces prérogatives étant aussi un devoir. La loi de 2002 y a ajouté une obligation nouvelle : celle d'associer l'enfant aux décisions qui le concernent.

La notion de garde a, officiellement, été supprimée par la loi Malhuret du 22 juillet 1987. Mais la réalité que le terme traduisait n'a pas disparu. Elle est d'abord un droit : les parents peuvent retenir l'enfant mineur auprès d'eux (art. 371-3 C. civ.). Mais elle est aussi un devoir : les parents qui n'exercent pas leur droit de garde peuvent se voir retirer l'autorité parentale ou même être condamnés pénalement pour manque de direction (art. 227-17 C. pén.).

La surveillance donne le droit aux parents de contrôler les relations de l'enfant avec l'extérieur, de lui interdire certaines fréquentations, d'intercepter sa correspondance, de s'opposer à sa sortie du territoire national. Les parents autorisent également les traitements médicaux et les interventions chirurgicales pratiquées sur l'enfant. Mais la surveillance est aussi un devoir, en direction de l'enfant comme en direction des tiers.

◇ En direction de l'enfant, la surveillance s'analyse en un devoir de protéger le mineur dans sa santé, sa sécurité, et sa moralité. Et en cas de défaillance des parents, il est possible de saisir le juge de l'assistance éducative (*V. ce mot*).

◇ En direction des tiers, les parents doivent faire en sorte que leurs enfants mineurs ne causent pas de préjudice à ceux-ci. Si toutefois tel était le cas, les parents pourraient être tenus de réparer le préjudice causé aux tiers, sur le fondement de l'article 1384 al. 4 du Code civil.

L'éducation est une prérogative que les parents exercent librement. Elle englobe aussi bien les apprentissages quotidiens de la petite enfance, que l'orientation scolaire, religieuse ou artistique. Elle s'étend également aux loisirs, aux activités sportives ou aux voyages. Mais l'éducation est aussi un devoir. Ainsi, les parents ne peuvent-ils — fût-ce en raison de croyances personnelles, philosophiques ou religieuses — faire obstacle à la fréquentation scolaire de leurs enfants mineurs. Ils peuvent même être condamnés à verser à leurs enfants majeurs une pension alimentaire pour les aider à financer leurs études (V. *obligation alimentaire*).

Depuis la loi du 4 mars 2002, les parents doivent associer l'enfant aux décisions qui le concernent "*selon son âge et son degré de maturité*" (art. 371-1 *in fine* C. civ.). Sur cette obligation, V. *infra, données doctrinales et jurisprudentielles.*

Enfin, l'autorité parentale confère aux parents certaines prérogatives sur le patrimoine de l'enfant (V. *administration légale*).

◆ Le contrôle

Il résulte, pour l'essentiel, de l'assistance éducative (*V. ce mot*) ou du retrait de l'autorité parentale (art. 378 et s. C. civ.)

Données historiques

Le droit des relations parents-enfants a considérablement évolué, dans le sens d'un adoucissement des prérogatives d'autorité du père.

◇ *Le droit romain* connaissait une organisation familiale très hiérarchisée. Au sommet de cette hiérarchie se trouvait le pater familias qui exerçait, sur ses enfants et petits-enfants, une puissance quasiment sans limite. Ainsi disposait-il du droit de vie et de mort, du droit de les vendre ou de les exposer (V. abandon), et du droit de les abandonner en réparation du préjudice que ceux-ci avaient pu causer à autrui (abandon noxal). Cette puissance s'exerçait même sur les enfants majeurs, et elle ne disparaissait, en principe, qu'à la mort du pater.

◇ *L'Ancien droit* faisait assez largement place aux principes du droit romain. Mais le droit de vie et de mort du père de famille s'estompe, peu à peu, au profit d'un droit de correction plus limité, qui paraît toutefois encore bien sévère aujourd'hui : « le père peut battre l'enfant, pourvu qu'il ne le blesse pas grièvement (...) ; il peut le tenir enfermé dans une chambre, le faire placer dans un couvent ou dans une prison publique » (J. Brissaud, *Manuel d'histoire du droit privé,* éd. De Boccard, 1935, p. 113). Au fil du temps, le droit de correction ne s'exerça plus qu'avec le concours, puis sous le contrôle, des tribunaux.

◊ *Le Code Napoléon* connaissait quant à lui la puissance paternelle qui était conçue comme un droit quasiment absolu du père. Celui-ci disposait encore d'un droit de correction étendu qui lui permettait, sans avoir de justification à fournir, d'obtenir l'emprisonnement de son enfant pour une durée limitée (art. 376 C. Nap.). Progressivement, les tribunaux utilisèrent leur pouvoir modérateur pour contrôler les motifs du père de sorte que, dans la pratique, le droit de correction n'était plus véritablement absolu (M. Planiol et G. Ripert, *Traité élémentaire de droit civil,* tome 1, LGDJ, 1925, n° 1669, p. 541). C'est finalement la loi du 4 juin 1970, qui a supprimé la puissance paternelle pour la remplacer par l'autorité parentale.

Données doctrinales et jurisprudentielles

Les prérogatives de l'autorité parentale sont construites en un couple indissociable droit-devoir. Chaque droit étant aussi un devoir, aucune prérogative ne peut être exercée de manière absolue. On voit ici que le changement de termes réalisé par la loi de 1970 n'était pas qu'un simple jeu de mots. La puissance devient autorité, c'est-à-dire un pouvoir contrôlé ; et ce qui n'était que paternel devient parental : la mère exerce désormais l'autorité parentale à égalité avec le père. Aussi les auteurs en déduisent-ils que l'autorité parentale est devenue un droit-fonction.

Certains considèrent, aujourd'hui, que le terme d'autorité parentale est dépassé, et qu'il vaudrait mieux adopter l'expression de responsabilité parentale. Il y a beaucoup à craindre que, cette fois-ci, le changement ne soit qu'un simple jeu de mots.

S'agissant de l'obligation d'associer l'enfant aux décisions qui le concernent, le texte est à la fois lacunaire et imprudent. D'une part, l'association suppose que l'âge et le degré de maturité de l'enfant le permettent. Or, le texte ne définit aucun seuil d'âge. Quant au degré de maturité, il est d'une appréciation bien délicate. D'autre part, le texte n'indique pas les domaines dans lesquels l'enfant doit être associé aux décisions prises. Et la simple référence aux « *décisions qui le concernent* » risque d'ouvrir sur une liste bien longue : orientation scolaire, éducation religieuse, loisirs, sports... mais aussi changement de la voiture de la famille, réalisation de travaux dans la chambre des enfants, déménagement, et pourquoi pas divorce ou séparation des parents... Ensuite, le texte n'indique pas quelle est la portée de cette association : l'enfant a-t-il simplement voie consultative (concrètement, les parents continueront de décider seuls) ou a-t-il voie délibérative, ce qui reviendrait à donner à l'enfant le pouvoir de refuser la décision de ses père et mère... Enfin, rien n'est dit de la sanction du défaut d'association (nullité de la décision prise ?, inopposabilité (... !), recours de l'enfant contre la décision de ses parents ? devant quel juge ?...). On voit bien le peu de raison qui s'attache à cette obligation nouvelle et qui témoigne, une nouvelle fois (la constatation a déjà été faite pour la loi du 4 mars 2002 relative au nom de famille), de la stupéfiante tendance du législateur contemporain à créer des règles de droit insuffisamment abouties, qui risquent de susciter des contentieux nourris pour lesquels la loi ne prévoit aucune solution. Signe d'incohérence d'un législateur qui cherche, dans le même temps, à désencombrer les juridicitions...

Bibliographie sommaire :

Histoire : A. Lefebvre-Teillard, Introduction historique au droit des personnes et de la famille, PUF, Droit fondamental, éd. 1996, n° 305 et s. ; R. Szramkiewicz, Histoire du droit français de la famille, Dalloz, Connaissance du droit, 1995, p. 57 et 81 ; J. Poumarède, « Les tribulations de l'autorité paternelle de l'Ancien droit au Code Napoléon », Annales de l'Université des sciences sociales de Toulouse, 1994, p. 15.

Droit positif : F. Terré, « A propos de l'autorité parentale », Archives de philosophie du droit, tome 20, Les réformes du droit de la famille, éd. Sirey, 1975, p. 45 et s. ; A. Sériaux, « Réflexions sur l'autorité parentale en droit français contemporain », RTD civ. 1986, p. 265 ; J. Pousson-Petit, « L'autorité parentale en droit comparé », Les Petites Affiches, 1988, n° 81 ; H. Fulchiron, « L'autorité parentale en cas de décès de l'un des parents », JCP 1990, I, 3462.

Renvois : *Action à fins de subsides, Administration légale, Adoption, Assistance éducative, Conseil de famille, Divorce-effets, Divorce-procédure, Droits de l'enfant, Famille, Filiation, Image, Intérêt de l'enfant, Légitimation, Majorité, Mariage, Mineur, Ordre public, Présomption de paternité, Reconnaissance, Séparation de corps, Séparation de fait.*

Bioéthique

Définition

Le terme bioéthique désigne, d'après le dictionnaire Robert, « *la discipline qui étudie les problèmes moraux soulevés par la recherche biologique, médicale ou génétique* ». Cette étude, et les réflexions auxquelles elle aboutit, ont conduit à l'apparition d'un droit de la bioéthique qui connaît de nos jours d'importants développements.

Régime juridique

Le 29 juillet 1994 ont été promulguées deux lois instituant, en la matière, la première réglementation française. La loi n° 94-653, relative au corps humain, pose le principe de l'extracommercialité du corps. Le corps humain est hors du commerce juridique et il ne peut donc, en principe, faire l'objet de conventions (V. *corps humain*). La loi n° 94-654 concerne, quant à elle, les dons et utilisations d'éléments ou de produits du corps humain, l'assistance médicale à la procréation et le diagnostic prénatal. Ces lois, votées à titre expérimental, ont été révisées par une loi du 6 août 2004 dont les principales dispositions sont les suivantes :

– l'interdiction de la recherche sur les embryons surnuméraires est réaffirmée (art. L. 2151-5 CSP), mais la prohibition est toutefois suspendue pour cinq ans. Dans ce délai, la recherche n'est possible que si elle ne porte pas atteinte à la santé de l'embryon. La position paraît étrange, qui consiste à poser un principe d'interdiction que l'on suspend immédiatement. L'intention du législateur est, en réaffirmant le respect dû à l'embryon humain et l'exigence de conditions strictes posées aux recherches dont il peut faire l'objet, de rendre éthiquement acceptable la conduite de recherches que les chercheurs estiment scientifiquement prometteuses ;

– la loi de juillet 2004 autorise la naissance d'un bébé dit « du double espoir » ou « bébé médicament » : le diagnostic préimplantatoire est, en effet, autorisé pour permettre la naissance d'un enfant à la fois indemne d'une maladie génétique détectée dans sa famille, mais également immunologiquement compatible avec un aîné affecté par cette maladie. Saisi de cette question, le Comité consultatif national d'éthique, divisé, a finalement donné un avis positif à cette extension en précisant que « *permettre qu'un enfant désiré représente de plus un espoir de guérison pour son aîné est un objectif acceptable s'il est second* » ;

– le clonage reproductif est interdit (V. *clonage*) ;

– la loi nouvelle autorise enfin la brevetabilité non pas des gènes humains, qui ne sauraient être commercialisés, mais « *des applications techniques d'une fonction d'un élément du corps* » afin de mettre notre droit en conformité avec la directive européenne de 1998 sur la protection juridique des inventions biotechnologiques (disposition déclarée conforme à la constitution par la décision du Conseil constitutionnel du 29 juillet 2004, accessible sur le site *http ://www.conseil-constitutionnel.fr/decision/2004/2004498/2004498dc.htm*).

Données doctrinales et jurisprudentielles

On sait, depuis Rabelais — et sans doute même avant —, que science sans conscience n'est que ruine de l'âme... Pour autant, la marge de manœuvre des législateurs est étroite. La licence absolue serait en tous points dramatique. Mais l'interdiction défintive n'a guère de sens en la matière car elle n'empêchera pas que d'autres chercheurs (apprentis sorciers ?) dans d'autres États (complaisants ?) se livrent aux recherches que tel ou tel pays a cru devoir interdire. C'est ainsi, par exemple, qu'au mois de février 2004, des chercheurs sud-coréens ont réussi, pour la première fois au monde semble-t-il, à cloner des embryons humains et à en tirer des cellules souches... L'interdiction n'est effective que si elle est à la fois planétaire et respectée... Autre donnée importante : interdire, c'est aussi entraver les progrès de la recherche et de la science et encourager la fuite des cerveaux. Autant de considérations qui doivent conduire le législateur à un exercice périlleux : légiférer sans enfermer, légaliser sans excès.

Bibliographie sommaire : C. JACQUINOT, « Les droits du génome humain », Gaz. Pal. du 2 janvier 1998, p. 32 ; C. NEIRINCK, « L'embryon humain : une catégorie juridique à dimension variable ? », D. 2003, chr., p. 841 ; www.ccne-ethique.fr (site internet du Comité national d'éthique).

Renvois : *Existence de la personne, Clonage, Corps humain, Individualisation de la personne, Personnalité.*

Capacité

Définition

Le terme capacité est susceptible de deux acceptions distinctes. La capacité de jouissance désigne l'aptitude à être titulaire de droits ou débiteur d'obligations. La capacité d'exercice est l'aptitude à mettre en œuvre soi-même les droits dont on est titulaire. La capacité d'exercice suppose, évidemment, la capacité de jouissance car avant de songer à exercer un droit, encore faut-il en être titulaire.

Régime juridique

La capacité de jouissance est systématiquement reconnue, aujourd'hui, à tout être humain. Par conséquent, dès sa naissance, l'individu peut être titulaire de droits et débiteur d'obligations. Sans doute notre droit connaît-il certaines restrictions à la capacité de jouissance — avant l'âge de quinze ans, une femme ne peut contracter mariage ; avant l'âge de seize ans, un mineur ne peut faire de testament —, mais elles ne sont qu'exceptionnelles. Ces restrictions tiennent en quelque sorte la personnalité en échec, mais seulement dans des limites strictes. Dès lors, on ne saurait concevoir d'incapacité générale de jouissance, car cela reviendrait à admettre qu'une personne n'est titulaire d'aucun droit. Ce serait la négation de la personnalité juridique.

La capacité d'exercice appartient, en principe, à toute personne. Mais il existe des restrictions, qui peuvent être nombreuses pour certaines personnes, à la faculté de mettre en œuvre soi-même les droits dont on est titulaire. Ces restrictions sont justifiées par le souci de protéger ces personnes soit en raison de leur inexpérience (cas des enfants mineurs), soit en raison de la diminution, voire de l'altération grave, de leurs facultés mentales (V. *incapacités*).

Données historiques

L'histoire de la capacité est surtout celle des incapacités, tant la reconnaissance d'une capacité de jouissance à tous les individus a été longue. Notre droit semble évoluer dans deux directions, d'ailleurs complémentaires. La première est la disparition de certaines incapacités. On songe évidemment à l'esclave, mais il y a aussi la femme mariée que son mariage rendait incapable afin de préserver l'autorité du mari. L'article 213 du Code Napoléon prévoyait d'ailleurs « la femme doit obéissance à son mari ». Cette incapacité a été supprimée par la loi du 18 février 1938. La seconde direction est celle de la restriction des incapacités qui subsistent. Le cas de l'enfant mineur est très révélateur de ce mouvement. En effet, en droit positif, les adolescents se voient reconnaître une certaine autonomie grâce, notamment, à la théorie des actes de la vie courante (*V. ce mot. Adde Mineur*).

Données doctrinales et jurisprudentielles

Il serait imprudent de déduire de ce que tous les individus ont la capacité de jouissance le fait que cette capacité serait la même pour tous. En effet, si nous sommes tous aptes à être titulaires de droits, nous ne sommes pas tous aptes à être titulaires des mêmes droits. L'égalité (*V. ce mot*) n'est pas totale, et c'est heureux. Ainsi le médecin est-il incapable de recevoir par donation ou testament de la personne qu'il a soignée pendant sa dernière maladie (art. 909 C. civ.). On veut protéger le patient que son médecin risque d'être tenté de laisser mourir pour recevoir plus vite le legs qui lui a été consenti.

Bibliographie sommaire : G. GOUBEAUX, Traité de droit civil, Les personnes, LGDJ, 1989, n° 15 et s.

Renvois : *Actes juridiques patrimoniaux, Actes de la vie courante, Clonage, Curatelle, Égalité, Majeurs protégés, Répertoire civil, Sauvegarde de justice, Tutelle.*

Clonage

Définition

Le clonage est une technique biologique de reproduction des individus à partir d'une cellule insérée dans un ovule dont le noyau a été retiré. Le clonage permet de créer un nouvel individu — clone — rigoureusement identique au premier.

Régime juridique

L'application de cette technique à la reproduction d'animaux, et spécialement de mammifères (qui ne se souvient de Dolly, la première brebis clonée outre-Manche en 1997 ?), a suscité l'émoi, et engendré des déclarations internationales en faveur de l'interdiction du clonage humain (V. notamment la Déclaration internationale sur le génome humain et les droits de l'homme, adoptée par l'Unesco, le 11 novembre 1997. *Adde* le Rapport de l'office parlementaire d'évaluation des choix technologiques et scientifiques, 18 février 1999 [Sénat, n° 232]). En décembre 2002, la secte Raël annonçait la naissance d'un bébé cloné. Plus sérieusement, en février 2004, des chercheurs sud-coréens ont réussi, pour la première fois au monde, à cloner des embryons humains et à en tirer des cellules souches. Les parlementaires et les gouvernements successifs ont donc cherché à apporter une réponse législative.

Par la loi du 6 août 2004, le législateur a interdit le clonage reproductif (art. 16-4 C. civ.) qui est érigé en crime contre l'espèce humaine justiciable de trente ans de réclusion criminelle et de 7 500 000 € d'amende (art. 214-2 C. pén.). Quant au clonage qualifié de « thérapeutique », la loi nouvelle en a fait un délit puni de sept ans d'emprisonnement et de 100 000 € d'amende (art. 511-18-1 C. pén.).

Données doctrinales et jurisprudentielles

La doctrine ne s'est guère intéressée aux conséquences juridiques d'un éventuel clonage humain. Au premier abord, il n'est pas certain qu'une telle pratique engendrerait, pour l'individu qui en résulterait, des conséquences juridiques graves. Cet individu serait considéré dès sa naissance comme une personne ; il acquerrait dès celle-ci la personnalité juridique ainsi que la capacité de jouissance et d'exercice, dans les termes du droit commun. Après tout, l'identité génétique existe déjà pour les vrais jumeaux, que personne n'oserait soumettre à des règles spécifiques.

Il n'est même pas certain que le clonage perturberait les règles juridiques du droit de la filiation, aussi longtemps du moins que l'on ferait naître le clone humain d'une femme. L'enfant ainsi obtenu serait rattaché à sa mère par les règles ordinaires du droit de la filiation. Et il aurait pour père soit le mari de cette femme (art. 312 C. civ.) soit l'auteur d'une reconnaissance. La seule difficulté concernerait sans doute la preuve de l'exactitude biologique du lien de filiation, puisque le père n'est pas le géniteur du clone. Mais, après tout, la question est déjà connue en droit de l'adoption où l'on admet qu'une filiation peut parfaitement ne pas être biologique.

Finalement, la principale raison de l'interdiction du clonage humain n'est pas d'ordre juridique, mais d'ordre éthique. Le clonage relève de ces domaines où les progrès de la science rencontrent l'interrogation sur l'identité humaine. Et il faut bien reconnaître que, sur ce plan, le clonage humain est une pratique incompatible avec la dignité de l'homme.

Bibliographie sommaire : C. JACQUINOT, « Les droits du génome humain », Gaz. Pal., 2 janvier 1998, p. 32 ; H. GAUMONT-PRAT, « La révision des lois bioéthique et le clonage », Droit de la famille, 1999, chr. n° 75.

Renvois : *Bioéthique, Existence de la personne, Individualisation de la personne, Personnalité.*

Concubinage

Définition

Le concubinage est l'union de fait — c'est-à-dire dépourvue de célébration officielle — de deux personnes non mariées ensemble.

La loi du 15 novembre 1999 sur le PACS (*V. Pacte civil de solidarité*) a précisé cette définition en l'intégrant au Code civil. Il résulte désormais de l'article 515-8 du Code que « *Le concubinage est une union de fait, caractérisée par une vie commune présentant un caractère de stabilité et de continuité, entre deux personnes, de sexe différent ou de même sexe, qui vivent en couple* ».

Étymologiquement, le terme concubinage vient du latin (*cum cubare :* être couché ensemble). Dès lors, toutes les personnes qui ont des relations sexuelles pourraient être considérées comme vivant en concubinage. Ainsi entendue, la notion comprenait l'aventure d'une nuit, celle d'une heure et même les relations des époux ! L'acception était trop large, et il fallait rechercher des critères du concubinage.

Critères

Avant la loi du 15 novembre 1999, la jurisprudence voyait dans le concubinage quelques constantes :

– une situation de **cohabitation :** il doit exister des relations sexuelles entre les concubins, même s'il n'y a pas cohabitation sous le même toit ;

– une situation de **cohabitation stable :** les relations passagères ne constituent pas un concubinage. Celui-ci suppose une certaine durée ;

– une situation de **cohabitation hétérosexuelle :** pour la jurisprudence, le concubinage est une relation entre personnes de sexe différent. Il n'y a pas de concubinage homosexuel : Cass. soc. 11 juillet 1989, *D.* 1990, p. 582, note Malaurie ; Civ. 3e, 17 décembre 1997, *D.* 1998, p. 111, concl. J.-F. Weber, note J.-L. Aubert ; comp. TGI Belfort, 25 juillet 1995, *JCP* 1996, II, 22724, note C. Paulin, *Petites Affiches*, 1998, n° 26, p. 13, note I. Corpart. Ce dernier arrêt souligne même que le concubinage est une situation « ayant l'apparence du mariage ».

– une situation de **cohabitation exclusive :** la cohabitation alternative d'un homme avec deux femmes différentes n'est pas un concubinage : Crim., 8 janvier 1985, *JCP* 1986, II, 20588, note G. Endréo. De même, la relation d'un homme et d'une femme qui consentent à ce que « l'autre ait en même temps les maîtresses ou les amants qui lui plaisent » n'est pas un concubinage (Montpellier, 8 juin 1982, *D.* 1983, p. 607, note Dhavernas).

La loi du 15 novembre 1999 confirme ces critères, à l'exception du troisième — qui était fort discutable — puisque l'article 515-8 C. civ. prévoit désormais expressément que le concubinage peut être formé de deux personnes de même sexe.

Régime juridique

En tant qu'il constitue une situation de fait, le concubinage n'est pas organisé par le Code civil, qui se contente de le définir. Pour autant, il serait faux de croire que la loi n'attache au concubinage aucune conséquence (la formule de Bonaparte : « *les concubins se désintéressent de la loi, la loi se désintéresse d'eux* » a vécu). L'importance sociale du concubinage conduit en effet la jurisprudence et, parfois, la loi à lui reconnaître certains effets juridiques. Ainsi le droit social appréhende-t-il le concubinage par le biais de la notion de personne à charge. De même, en matière civile, le droit des baux prévoit-il qu'en cas de décès du locataire, le contrat de location est transféré au concubin notoire du locataire.

Aussi bien, sur le plan civil, les relations des concubins sont généralement réglées en application du droit commun. Ainsi, le droit des contrats, le droit de la responsabilité civile, le droit des sociétés, le droit des successions et des libéralités fournissent-ils, tant bien que mal, une structure d'accueil au concubinage.

Données historiques

A Rome, le concubinat était une union de fait, le plus souvent officielle, mais ignorée par le droit. Au Bas-Empire, sous l'influence du christianisme, le concubinat est réglementé : il est interdit aux personnes mariées, la concubine et ses enfants ont des droits successoraux qui varient selon la présence ou l'absence d'enfants légitimes. *Adde* l'article de L. Boyer, « Concubinages et concubinat du Code d'Hammurabi à la fin du XIXe siècle », *in Les concubinages,* tome I, dir. J. Rubellin-Devichi, éd. CNRS, 1986, p. 127 et s.

Données doctrinales et jurisprudentielles

Le concubinage est une situation de fait dont on a coutume de dire qu'elle accède, de plus en plus souvent, à la vie juridique. L'affirmation est juste, surtout dans les situations de crise. Reste que le droit commun laisse aux concubins une liberté quasiment totale, tout en leur permettant, par des manifestations de volonté (contrats, libéralités), de mettre en place une protection quasiment identique à celle des époux (pour les contrats des concubins, V. l'article de L. Mayaux *in Les concubinages,* tome II, dir. J. Rubellin-Devichi, éd. CNRS, 1986, p. 25 et s. ; pour le logement des concubins, V. notre article, Le statut juridique du logement familial, *in* Droit du logement, droits au logement et stratégies familiales, éd. PUL, 1988, p. 21 et s., pour les libéralités, V. Civ. 1re, 3 février 1999, *JCP* 1999, II, 10083, note Billiau et Loiseau qui décide que n'est pas immorale une libéralité consentie par un homme à sa maîtresse). La capacité d'accueil du droit commun est donc assez grande, et l'on peut douter de la nécessité de recourir à des règles spécifiques.

Quant aux critères du concubinage, l'exigence jurisprudentielle d'une cohabitation hétérosexuelle et d'une cohabitation exclusive procédait d'un raisonnement d'imitation du mariage (l'arrêt du 17 décembre 1997, précité, confirme cette analyse). Cette jurisprudence était mauvaise, précisément parce que le concubinage n'est pas le mariage. Il faut respecter le choix de vie des gens. Dès lors, il semble que seule l'exigence d'une cohabitation stable soit justifiée. En outre, cette jurisprudence qui refusait de voir dans le concubinage l'union de deux individus de même sexe a engendré une revendication exacerbée des homosexuels — qui se sentaient repoussés en dehors du droit — en faveur du PACS (V. *Pacte civil de solidarité*). Plutôt que d'instituer ce contrat boiteux, il est permis de se demander si une définition du concubinage incluant les couples homosexuels n'aurait pas pu suffire. D'ailleurs, il n'est pas certain que la définition contenue dans l'article 515-8 du Code apporte grand chose puisqu'elle reprend, pour l'essentiel, les critères dégagés par la jurisprudence, à l'exception de la différence de sexe.

Finalement, la différence profonde entre le mariage et le concubinage semble résider dans le rapport au temps. Les époux se promettent, solennellement et publiquement, de vieillir ensemble. Peut-être la promesse ne sera-t-elle pas tenue, l'avenir seul le dira, mais elle a une force symbolique que l'on ne retrouve pas dans le concubinage qui semble relever d'un consentement — on ne peut pas dire engagement — renouvelé au jour le jour. Quant au PACS, il s'agit, pour l'instant, d'un contrat à but principalement patrimonial (V. *Pacte civil de solidarité*).

Droit comparé

V. l'article de J. Pousson-Petit, « Concubinages : approche comparative des droits européens et américains », *in Les concubinages*, tome I, dir. J. Rubellin-Devichi, éd. CNRS, 1986, p. 165 et s.

Bibliographie sommaire : J. Rubellin-Devichi, « La condition juridique de la famille de fait en France », JCP 1986, I, 3241 ; L. Leveneur, Situations de fait et droit privé, LGDJ, 1990, Bibliothèque de droit privé, tome n° 212, spéc. p. 423 et s. ; G. Henaff, « La communauté de vie du couple en droit français », RTD civ. 1996, p. 550 ; C. Brunetti-Pons (dir.), La notion juridique de couple, éd. Economica, 1998 ; B. Beignier, « A propos du concubinage homosexuel », D. 1998, chr., p. 215.

Renvois : *Action en recherche, Divorce, Mariage-conditions, Pacte civil de solidarité, Prestation compensatoire.*

Conseil de famille

Définition

Le conseil de famille est un organe de la tutelle (*V. ce mot*) des mineurs ou des majeurs protégés par la loi, qui règle les conditions générales de vie de l'incapable, et contrôle la gestion du tuteur, au moins pour les actes les plus graves.

Régime juridique

Le conseil de famille comprend de quatre à six membres choisis par le juge des tutelles parmi les parents ou les alliés de la personne à protéger. Les membres du conseil sont choisis librement. Le juge peut se référer au degré de parenté, mais il tient compte principalement de l'âge, de l'état de santé, des aptitudes à prendre soin des intérêts de l'incapable, et surtout de l'intérêt qu'ils portent à celui-ci. D'après l'article 408 alinéa 2 du Code civil, le juge des tutelles doit s'efforcer d'assurer une représentation égale des deux lignes familiales de l'incapable. Mais il peut aussi appeler à faire partie du conseil de famille des amis ou des voisins de l'incapable ou, plus généralement, toute personne susceptible de s'intéresser à lui. Le critère de la composition de ce conseil est donc principalement l'intérêt de l'enfant, quels que soient, par ailleurs, les liens de parenté, ce qui facilite grandement, en pratique, la composition des conseils de famille.

Le conseil de famille a trois types d'attributions. D'une part, il nomme le tuteur (qui doit être choisi en son sein). A ce titre, il statue sur les causes d'exclusion, de destitution ainsi que sur les excuses présentées par le tuteur qui entend ne pas exercer sa mission.

D'autre part, il veille à l'administration du patrimoine de l'incapable. C'est le conseil de famille qui règle le budget de la tutelle (art. 454 C. civ.) et surveille l'activité du tuteur. Il dispose aussi d'un pouvoir d'autorisation puisque c'est lui qui autorise le tuteur à conclure des actes de disposition sur le patrimoine de l'incapable.

Enfin, en cas de décès des deux parents d'un enfant mineur, le conseil de famille assure la protection de la personne : c'est lui qui autorise le mariage (art. 159 C. civ.) ou l'adoption (art. 348 al. 2 C. civ.). C'est encore lui qui décide d'engager des actions en justice relatives aux droits extra-patrimoniaux de l'enfant. C'est lui, enfin, qui détermine le mode de vie de l'enfant (orientation scolaire, religieuse, artistique, sportive...). Le conseil de famille est, en quelque sorte, le dépositaire de l'autorité parentale.

Les délibérations du conseil de famille sont susceptibles de recours, dans les quinze jours qui suivent la délibération attaquée, devant le tribunal de grande instance.

Renvois : *Curatelle, Intérêt de l'enfant, Tutelle.*

Corps humain

Définition

L'expression « corps humain » n'a pas, dans le langage juridique, un sens différent de celui qui est le sien dans le langage courant. Le corps désigne donc l'organisme humain, par opposition à l'esprit.

En revanche, la nature juridique du corps humain divise les auteurs. Alors que certains proposent de lui appliquer le régime juridique des choses corporelles, la plupart considère que le corps n'est pas une chose ordinaire. D'ailleurs, on admet qu'il ne peut faire l'objet ni d'un droit de propriété, ni d'un contrat de location. Il est donc une chose d'un genre particulier, une chose hors du commerce, une chose sacrée.

En vérité, le corps est intimement lié à la personne, dont il constitue l'enveloppe charnelle. C'est pourquoi il doit être protégé aussi bien du vivant de l'individu, qu'après le décès de celui-ci.

Régime juridique

◆ La protection du corps de la personne vivante

La protection du corps de la personne vivante est une absolue nécessité car toute atteinte au corps est une atteinte à l'individu. Cette idée a conduit la jurisprudence à dégager récemment un nouveau principe général du droit : le principe de dignité de la personne humaine (C. constit., 27 juillet 1994, *D.* 1995, p. 237, note B. Mathieu ; pour les premières applications de ce principe à propos de l'attraction dite de « lancer de nains » CE, 27 octobre 1995, *D.* 1996, p. 177, note Lebreton, et à propos de la publicité de la société Benetton, Paris, 28 mai 1996, *D.* 1996, p. 617, note Edelman). Cette idée a également conduit le législateur à affirmer, en 1994, la primauté de la personne (art. 16 C. civ.) et le droit de tout individu au respect de son corps (art. 16-1 C. civ.). Au-delà de ces principes généraux, le corps est protégé par deux règles particulières : l'inviolabilité et l'indisponibilité.

◇ *L'inviolabilité du corps humain*

La règle de l'inviolabilité du corps humain est énoncée par l'article 16-1 al. 2 du Code civil : « Le corps humain est inviolable ». Elle produit des conséquences tant en droit pénal qu'en droit civil.

Pour ce qui est du droit pénal, le Nouveau Code pénal punit non seulement les atteintes à la vie de la personne (homicides : art. 221-1 et s.), mais aussi les atteintes à l'intégrité de la personne : actes de tortures et de barbarie art. 222-1 et s., les violences (art. 222-7 et s.), les agressions sexuelles (art. 222-22 et s.) et la mise en danger délibérée d'autrui (art. 223-1 et s.).

Pour ce qui est du droit civil, la règle de l'inviolabilité du corps humain a pour conséquence que l'on ne peut contraindre une personne à subir une atteinte à son intégrité, quand bien même cela serait justifié par l'intérêt d'autrui. Les applications de cette règle sont nombreuses :

– l'article 16-11 al. 3 du Code civil interdit, en principe, l'identification d'une personne par ses empreintes génétiques sans le consentement de celle-ci ;

– la jurisprudence considère que les nécessités de la preuve en justice ne permettent pas d'imposer à une partie un prélèvement sanguin, et que le principe de l'inviolabilité du corps humain interdit au juge de recourir à une mesure de coercition (Paris, 24 novembre 1981, *D.* 1982, p. 355, note Massip). Cependant, pour ne pas paralyser le cheminement du procès, l'article 11 al. 1 du Nouveau Code de procédure civile permet au juge d'analyser librement — et donc de considérer comme un aveu — le refus de se prêter à un examen médical (Civ. 2e, 18 janvier 1989, *JCP* 1989, IV, 101). C'est ainsi qu'Yves Montand fut, dans un premier temps, déclaré père d'Aurore Drossart. Les expertises génétiques ont, par la suite, modifié la solution ;

– la jurisprudence considère encore que le principe de l'inviolabilité du corps humain interdit de contraindre la victime d'un préjudice à subir un traitement ou une intervention chirurgicale graves, douloureux ou hasardeux, quand bien même ceux-ci pourraient avoir pour effet d'améliorer son état, et de réduire, en conséquence, le montant de l'indemnité due par le responsable ;

– enfin un chirurgien ne peut, sauf cas d'urgence (art. 16-3 al. 2 C. civ.), opérer une personne sans avoir préalablement recueilli le consentement exprès à l'opération de l'intéressée ou de son représentant légal, s'il s'agit d'un incapable.

◊ *L'indisponibilité du corps humain*

Le corps humain est insusceptible de conventions. Il en résulte que :

– l'aliénation du corps ou de certains de ses éléments est interdite (art. 16-1 et 16-5 C. civ.) ;

– qu'il est impossible de vendre les services de son corps. Ainsi le proxénétisme est-il réprimé pénalement (art. 225-5 et s. C. pén.). De même, c'est sur le fondement du principe de l'indisponibilité du corps humain qu'a été prononcée l'annulation des contrats de mère porteuse (Ass. Plén. 31 mai 1991, *D.* 1991, p. 417, rapport Chartier, note Thouvenin ; JCP 1991, II, 21752 communication J. Bernard, concl. Dontenwille, note Terré ; *RTD civ.* 1991, p. 517, obs. Huet-Weiller).

A titre exceptionnel, certains contrats portant sur le corps humain sont licites, mais ils sont strictement réglementés par la loi. Ainsi, en matière de don d'organe, de don de sang, de don de lait maternel, ou de don de gamètes, la loi impose le consentement du donneur. Elle prévoit en outre que le don est à la fois gratuit et anonyme (art. 16-6 et 16-8 C. civ.).

◆ La protection juridique du cadavre

Elle relève pour l'essentiel du droit pénal qui punit les auteurs d'atteintes à l'intégrité du cadavre (art. 225-17 al. 1), ou de violations ou profanations de tombeaux ou de sépultures (art. 225-17 al. 2). La chambre criminelle de la Cour de cassation décide également qu'est punissable la tentative de meurtre accomplie sur un cadavre (Crim., 16 janvier 1986, aff. Perdereau, *D.* 1986, p. 265, note Mayer et Gazounaud, p. 267, note Pradel ; *JCP* 1987, II, 20774, note Roujou de Boubée ; *Rev. sc. crim.* 1986, p. 839, obs. Vitu et p. 849, obs. Levasseur).

Données doctrinales et jurisprudentielles

Les transplantations d'organes et, plus récemment, de mains posent nécessairement la question du changement de corps. Du point de vue médical, l'adaptation du greffon au corps qui le reçoit suppose l'administration d'un traitement anti-rejet. Juridiquement, la chose est finalement plus simple : dès lors que sont respectées les conditions posées par les lois de 1994 en matière de don ou de prélèvement d'organe (art. L. 1231-1 CSP), l'organe greffé s'intègre au corps du patient et suit le même régime juridique que lui (accessorium sequitur principale ?). La même solution vaut pour les prothèses.

A qui appartiennent le corps du mort et les objets qui l'accompagnent ? La considération du cadavre comme une chose invite à conclure à l'existence d'un droit de propriété. Mais plusieurs obstacles s'élèvent immédiatement : quels seraient les titulaires de ce droit (la famille ? Mais elle n'a pas de personnalité morale, les proches ? Mais selon quelles modalités : indivision, copropriété...) ? ; sans parler des prérogatives du droit de propriété (*usus, fructus, abusus*) dont on ne peut, sauf à tomber sous le coup du droit pénal, concevoir la mise en œuvre. Le droit pénal apporte, précisément, ici un éclairage intéressant. Dans un arrêt du 25 octobre 2000, la chambre criminelle de la Cour de cassation a approuvé la Cour de Montpellier d'avoir condamné pour vol des employés des pompes funèbres qui dépouillaient les défunts après avoir ouvert les tombeaux et les bières. Pour se soustraire aux poursuites, les prévenus soutenaient que les biens qu'ils avaient soustraits (bijoux, dents en or...) étaient des choses abandonnées insusceptibles de vol. Étrangement, la Cour de Montpellier avait écarté l'argument au motif « *que l'inhumation des défunts avec leurs bijoux et leurs prothèses dentaires démontre la volonté de leurs proches de ne pas les déposséder de ces objets* » : une sorte de propriété conservée par le défunt *post mortem.* La Cour de cassation rejette le pourvoi, « *abstraction faite d'un motif erroné mais surabondant relatif à la qualité de propriétaires des défunts* ». En d'autres termes, les biens soustraits n'appartenaient sans doute plus aux défunts, mais ils restaient appropriés. Reste évidemment à savoir par qui... L'arrêt est muet sur ce point. Plusieurs explications peuvent être avancées. La première consiste à admettre qu'en décidant d'ensevelir le défunt avec des bijoux, ses proches ont constitué la collectivité publique — sur le territoire de laquelle se situe le cimetière — dépositaire des biens en cause. La deuxième possibilité consiste à admettre que les bijoux et les dents en or sont rattachés au domaine public. Et que, si vol il y a, c'est au détriment de la collectivité publique sur le domaine de laquelle repose le défunt. Mais si les bijoux et les prothèses dentaires appartiennent au domaine public, ne faut-il pas admettre qu'il en est de même du défunt ? Reste une dernière solution, qui consiste à admettre que les bijoux et autres objets de valeur laissés dans les cercueils sont en indivision entre les héritiers du défunt. La solution s'harmonise parfaitement avec les règles du droit pénal, puisque le vol est punissable lorsqu'il se réalise aux dépens d'une indivision. Elle est également en parfaite cohérence avec celles du droit civil qui considère que la sépulture, bien hors du commerce, devient, au décès de son fondateur, un bien de famille appartenant indivisément aux membres de la famille et à leurs descendants. Le caractère indivis de la sépulture s'étend nécessairement aux objets qui accompagnent les défunts. S'étend-il au défunt lui-même ?

Bibliographie sommaire : X. LABBÉE, La condition juridique du corps humain avant la naissance et après la mort, Presses Universitaires de Lille, 1990 ; J.-P. BAUD, « Le corps, personne par destination », Mélanges Huet-Weiller, PUS-LGDJ, 1994, p. 13 et s. ; J.-C. GALLOUX, « De corpore jus », Les Petites Affiches, n° 149, du 14 décembre 1994 ; D. DUVAL-ARNOULD, Le corps de l'enfant sous le regard du droit, préf. G. Cornu, Bibl. droit privé, Tome 238, LGDJ, 1994.

Renvois : *Attributs de la personnalité, Disparition, Existence de la personne, Interruption volontaire de grossesse, Mort, Ordre public.*

Curatelle

Définition

La curatelle est un régime de protection des majeurs qui, sans être hors d'état d'agir eux-mêmes, ont besoin d'être conseillés dans les actes de la vie civile. La curatelle institue une protection intermédiaire qui se situe à mi-chemin entre la tutelle (*V. ce mot*) et la sauvegarde de justice (*V. ce mot*). C'est un régime de semi-capacité. A la différence de la tutelle, la curatelle n'est pas un régime de représentation. Le tiers qui est adjoint au majeur n'agit pas à la place de celui-ci, mais il le conseille et agit avec lui. On dit que la curatelle est un régime d'assistance.

Régime juridique

Le régime juridique de la curatelle est aligné sur celui de la tutelle, auquel le Code fait de larges renvois. Les deux éléments principaux de ce régime concernent l'organisation de la curatelle et les effets de cette mesure en termes de pouvoirs.

S'agissant de l'organisation de la curatelle, on applique, en principe, les mêmes règles que pour la tutelle (*V. ce mot*). Le curateur est désigné par le juge des tutelles. L'époux est, en principe, curateur de son conjoint à moins que la communauté de vie ait cessé entre eux, ou que le juge en décide autrement. A la différence de la tutelle, il n'y a pas ici de conseil de famille.

S'agissant des effets de la curatelle, le principe selon lequel la curatelle n'est pas un régime de représentation, mais un régime d'assistance, a pour conséquence que le majeur en curatelle conserve d'assez larges pouvoirs. Il peut accomplir seul les actes conservatoires et les actes d'administration et, comme dans la sauvegarde de justice (*V. ce mot*), ces actes pourront faire l'objet d'une action en rescision pour lésion ou en réduction pour excès.

En revanche, les actes de disposition supposent l'assistance du curateur. Celui-ci doit donc être présent à l'acte aux côtés du majeur. Mais, en pratique, on admet la validité d'une autorisation donnée à l'avance, à condition que celle-ci soit écrite et détaillée, sans quoi elle ne révélerait aucun contrôle véritable de la part du curateur.

Pour les actes de disposition, l'idée d'assistance produit cette conséquence que le consentement personnel du majeur est toujours nécessaire. Il en résulte que, dès lors que le majeur refuse d'accomplir l'acte projeté, le curateur ne peut agir seul, même s'il a obtenu l'autorisation du juge des tutelles (Civ. 1re, 24 mai 1989, *Gaz. Pal.* 1990, p. 90, note J. Massip ; Civ. 1re, 10 juillet 1990, *Bull.*, I, n° 193, p. 137 ; *Rép. Defrénois* 1990, I, 1305, obs. J. Massip). L'acte ne peut être passé.

A défaut d'assistance, l'acte est nul de nullité relative. L'action peut être engagée, dans les cinq ans qui suivent la conclusion de l'acte litigieux, par la personne protégée ou par le curateur. Toutefois, à la différence de la tutelle, la nullité n'est pas de droit. Le juge dispose donc d'un pouvoir d'appréciation. En outre, la nullité peut être confirmée (par le majeur assisté du curateur) ou approuvée (le curateur donne alors son consentement postérieurement à l'acte).

Comme dans la tutelle (art. 501 C. civ.), le juge des tutelles peut restituer au majeur une capacité plus large. L'article 511 lui permet, en effet, d'énumérer certains actes que le majeur en curatelle conservera la possibilité de faire seul. Inversement, le juge peut aussi ajouter certains actes à la liste des actes normalement interdits.

La curatelle prend fin de la même manière que la tutelle, c'est-à-dire par le décès du majeur, ou par une décision du juge des tutelles.

Données doctrinales et jurisprudentielles

Concrètement, la curatelle s'adresse à deux catégories bien différentes de majeurs. La première concerne les personnes qui souffrent de troubles mentaux de gravité moyenne et qui disposent encore d'une relative autonomie. C'est ainsi que l'on parlait autrefois des simples d'esprit, des demi-fous. Il serait injuste de les soumettre à un régime aussi radical que la tutelle.

La seconde catégorie de majeurs ne groupe pas, à proprement parler, des aliénés mentaux. Elle s'adresse plutôt à des personnes atteintes de ce que l'on peut appeler des maladies de la volonté (majeurs prodigues, intempérants ou oisifs). Le plus souvent, ces majeurs ne souffrent d'aucune altération de leurs facultés mentales. Mais il est utile de les soumettre au régime de la curatelle pour les protéger contre eux-mêmes et pour protéger leurs proches.

Bibliographie sommaire : G. RAYMOND, « Le droit des incapables majeurs après la réforme du 3 janvier 1968 », RTD sanit. et soc. 1968, p. 261.

Renvois : *Actes de la vie courante, Logement de l'incapable, Majeurs protégés, Malade mental non protégé, Sauvegarde de justice, Tutelle.*

Date de la conception

Notion

C'est la durée de la gestation qui permet de situer approximativement la date de la conception de l'enfant. Faute de preuve certaine, le Code civil recourt à des présomptions : la présomption relative à la durée des grossesses (art. 311 al. 1 C. civ.), et la présomption relative à la date de la conception (art. 311 al. 2 C. civ.).

Régime juridique

◆ La présomption relative à la durée de la grossesse

L'article 311 al. 1 du Code civil présume que la gestation de l'enfant s'étend entre deux limites : cent quatre-vingt jours avant la naissance si la grossesse a été très courte, trois cents jours avant la naissance si la gestation a été très longue. La loi n'a pas retenu seulement la durée moyenne de neuf mois. Elle tient compte des naissances prématurées et des accouchements tardifs.

◆ La présomption relative à la date de la conception

D'après l'article 311 al. 2 du Code civil, l'enfant est réputé avoir été conçu à un moment quelconque de la période de cent vingt et un jours qui s'étend du cent quatre-vingtième au trois centième jour avant la naissance. Cette période de cent vingt et un jours constitue la période légale de conception de l'enfant.

Il est même possible de choisir n'importe quelle date dans cette période de cent vingt et un jours si c'est l'intérêt de l'enfant. Imaginons que le mari décède deux cents soixante jours avant la naissance de l'enfant. Si le défunt laisse une succession bénéficiaire, en vertu de l'adage *infans conceptus* (*V. existence de la personne*), l'enfant a intérêt à faire valoir qu'il a été conçu avant le décès du mari de sa mère, c'est-à-dire plus de deux cents soixante jours avant la naissance. Il pourra ainsi prendre part à la succession. En revanche, si la succession est déficitaire, l'enfant a intérêt à faire valoir qu'il a été conçu après le décès du mari de sa mère, afin de ne pas être tenu des dettes successorales.

Ces deux présomptions sont susceptibles de preuve contraire.

Données historiques

La durée des grossesses retenue par le Code a une origine très ancienne puisqu'elle semble remonter à Hippocrate. Elle a été reprise par le Code de 1804 et confirmée par les experts consultés lors de la réforme du droit de la filiation en 1972.

Données doctrinales et jurisprudentielles

Il peut paraître étonnant que le progrès considérable des sciences médicales et biologiques ne permette toujours pas de fixer avec certitude la date de la conception. Pourtant, quand bien même cela serait possible, il n'est pas certain que les présomptions du Code civil devraient être abrogées. En effet, elles conserveraient leur utilité pour le *plerumque fit* — c'est à dire le cas général —, la preuve par expertise biologique étant réservée aux procès relatifs à la filiation.

Bibliographie sommaire :

Histoire : A. LEFEBVRE-TEILLARD, Introduction historique au droit des personnes et de la famille, PUF, Droit fondamental, éd. 1996, n° 169.

Droit positif : G. CORNU et C. LABRUSSE (dir.), Droit de la filiation et progrès scientifiques, Economica, 1982 ; J. HAUSER, La filiation, Coll. Connaissance du droit, Dalloz, 1996, p. 11 et s. et p. 66 ; A. LECA, « La genèse médicale et juridique de l'article 311 al. 1. du Code civil », Revue Droit prospectif, 1994, n° 1, p. 139.

Renvois : *Action à fins de subsides, Existence de la personne, Filiation, Présomption de paternité.*

Disparition

Définition

La disparition est la situation de la personne dont on a perdu la trace dans des circonstances mettant sa vie en danger, mais dont le corps n'a pas été retrouvé. Comme l'absence (*V. ce mot)*, la disparition est caractérisée par une incertitude sur l'existence de la personne. Mais, à la différence de l'absence, le décès du disparu est immédiatement probable, en raison des circonstances dans lesquelles s'est produite la disparition.

Régime juridique

A la différence de l'absence, il n'y a pas ici de présomption de survie, le décès du disparu étant immédiatement probable. Il est donc possible d'obtenir sans délai du tribunal de grande instance un jugement déclaratif de disparition (art. 88 al. 1 C. civ.) qui a tous les effets que le décès aurait eus si la mort du disparu avait été prouvée (dissolution du mariage, ouverture de la succession...). Si le tribunal considère que le décès n'est pas suffisamment vraisemblable, il peut ordonner un supplément d'information (art. 90 al. 2 C. civ.).

En cas de retour du disparu, ou lorsque son existence est prouvée, il est possible de demander l'annulation du jugement déclaratif de disparition (art. 92 al. 1 C. civ.). Le disparu retrouve alors ses biens dans l'état où ils se trouvent ; il a droit aux biens acquis avec les revenus ou le prix de vente de ses biens, mais son mariage reste dissous pour éviter d'éventuelles situations de bigamie.

Données historiques

La disparition était initialement confondue avec l'absence. Mais il s'agissait d'une absence particulière, puisqu'elle était entourée de circonstances dangereuses (guerre, naufrage). Ainsi, dès le XIVe siècle, Bartole estimait qu'elle pouvait conduire dans des délais réduits à une présomption de mort du disparu. Les troubles de la période révolutionnaire et les guerres napoléoniennes conduisirent à reprendre cette idée pour les militaires (loi du 13 janvier 1817) ou pour les victimes de catastrophes minières (loi du 3 janvier 1813). D'autres textes spécifiques sont intervenus par la suite pour les victimes de catastrophes maritimes (loi du 8 janvier 1893) ou de catastrophes aériennes (loi du 31 mai 1924). La disparition est actuellement régie par une ordonnance du 23 août 1958.

Données doctrinales et jurisprudentielles

La disparition semble correspondre à deux situations de fait bien distinctes. A côté de la disparition accidentelle, qui est celle à laquelle on pense le plus spontanément, et qu'illustrent parfaitement la disparition en mer ou lors d'un tremblement de terre, il existe des hypothèses de disparition volontaire dans lesquelles, selon la formule consacrée, un individu part sans laisser d'adresse. Devant l'ampleur du phénomène — qui avait même semblé justifier, naguère, la création d'une émission de télévision dont le but était de rechercher les personnes disparues —, les autorités de police ont mis sur pied un *Service de recherches dans l'intérêt des familles.*

Pourtant, il est permis de se demander si l'un des droits de la personne ne serait pas de disparaître. Ce droit pourrait apparaître comme un prolongement de la liberté individuelle. L'activité du *Service de recherches dans l'intérêt des familles* semble confirmer cette hypothèse puisque, lorsque ses recherches aboutissent, le Service ne contraint pas l'individu à reprendre contact avec ceux qui l'ont fait rechercher. Bien entendu ce droit, cruel pour l'entourage, ne peut être reconnu qu'aux personnes majeures et lucides. Le cas des enfants mineurs et celui des malades mentaux justifie des règles particulières.

Renvois : *Absence, Existence de la personne, Mort.*

Divorce

Définition

Le divorce est la dissolution du mariage (*V. ce mot)* du vivant des époux. Il s'oppose aux dissolutions à cause de mort (décès, jugement déclaratif d'absence ou de disparition) et au simple relâchement du lien matrimonial (séparation de corps : *V. ce mot).*

Régime juridique

Le Code civil connaît trois types de divorce : le divorce pour faute, le divorce pour rupture de la vie commune, et le divorce par consentement mutuel. Le divorce pour faute est la sanction de l'inexécution par les époux des obligations qui naissent du mariage. Le divorce pour rupture de la vie commune peut être prononcé soit en cas de séparation de fait prolongée, soit en cas d'altération mentale de l'un des conjoints. Quant au divorce par consentement mutuel, il connaît, lui aussi, deux formes : le divorce sur demande conjointe, et le divorce sur demande acceptée. La loi du 11 juillet 1975 a donc organisé trois types et, au total, cinq cas de divorce. Chaque cas fait l'objet d'un régime juridique spécifique. Mais il existe, à tous les cas de divorce, quelques principes communs, que nous évoquerons ici :

◊ quel que soit le cas, le divorce prend la forme d'une procédure judiciaire ; il est soumis à un juge unique : le juge aux affaires familiales ;

◊ même lorsqu'il n'est pas demandé par consentement mutuel, le divorce fait place aux accords de volonté des époux, notamment en matière de partage des biens et — ce qui est infiniment plus important — s'agissant du sort des enfants ;

◊ les conséquences sont les mêmes quel que soit le cas de divorce. En vérité, ce principe ne se vérifie qu'à l'égard des enfants. En effet, dans les rapports des époux entre eux, le cas de divorce peut infléchir certains des effets normaux du divorce (en matière de pension alimentaire et de prestation compensatoire, notamment).

L'architecture ci-dessus a été sensiblement modifée par la loi n° 2004-439 du 26 mai 2004 dont les dispositions entreront en vigueur le 1er janvier 2005. S'agissant des cas de divorce, la loi nouvelle supprime le divorce pour rupture de la vie commune qui est remplacé par le divorce pour « altération définitive du lien conjugal ». Quant au divorce sur requête conjointe, il devient le « divorce par consentement mutuel », le divorce sur demande acceptée devenant, quant à lui, le « divorce pour acceptation du principe de la rupture du mariage ». Quant aux trois principes communs à tous les cas de divorce, ils sont renforcés par le texte nouveau.

Données historiques

Le divorce est courant à Rome, soit par répudiation, soit d'un commun accord et, selon R. Szramkiewicz, il ne fait l'objet d'aucune réprobation morale. Il disparaîtra lentement par la suite, sous l'influence de la religion catholique, attachée à l'indissolubilité du mariage conçu comme un sacrement. Ainsi, à l'époque franque, les divorces sont-ils rares. Mais le mari conserve la possibilité de répudier une femme adultère ou empoisonneuse. Le Concile de Trente interdira le divorce en 1563. C'est le droit révolutionnaire qui le rétablira (loi du 20 septembre 1792), et ce de façon très large : admission d'un divorce pour incompatibilité d'humeur. Cette libéralisation se traduisit par une augmentation considérable du nombre des divorces. Le Code de 1804 fit œuvre de transaction. Il conserve le principe du divorce, mais complique sensiblement la procédure (il faut l'autorisation des père et mère et cinq comparutions des époux devant le juge). Le divorce sera supprimé en 1816, lors de la Restauration, à l'initiative de Louis de Bonald. Et il restera interdit — même après le départ des rois de France — jusqu'en 1884. La loi Naquet, du 27 juillet 1884 rétablit le divorce sanction, mais non le divorce par consentement mutuel. La loi de 1884 sera réformée par la loi du 11 juillet 1975, qui a, à son tour, été retouchée par la loi du 26 mai 2004.

Données doctrinales et jurisprudentielles

La question d'un divorce sans juge est régulièrement soulevée (V. par exemple les propositions de réforme de la sociologue I. Théry, *Couple, filiation, et parenté aujourd'hui,* éd. O. Jacob, La Documentation française, juin 1998, p. 113, qui opte pour un divorce « administratif »). Certains y voient même une incitation au mariage : les gens se marieraient moins en raison de la complexité et de la lenteur de la procédure de divorce. Le divorce sans juge, devrait donc susciter un regain de faveur pour le mariage. Ce raisonnement témoigne d'une méconnaissance des réalités. En effet, la rupture du concubinage est souvent plus difficile et plus conflictuelle que la rupture du mariage, précisément parce qu'en matière de concubinage, il n'y a pas de règles qui organisent la séparation. La procédure de divorce est donc, de ce point de vue, un avantage. Quant au divorce administratif, devant un fonctionnaire ou un officier d'état civil, il ne réglera pas le problème de la lenteur des procédures de divorces. En effet, il ne peut concerner que les époux qui sont d'accord sur tout — mais alors pourquoi divorcent-ils ? — et qui n'ont ni enfants, ni patrimoine à partager.

Concrètement, ce serait un divorce pour les couples jeunes, qui sont restés mariés très peu de temps. Or tel n'est pas le cas de la majorité des couples qui se séparent. Le divorce administratif fait donc figure de fausse bonne idée. Et si l'on veut remédier à la lenteur des procédures de divorce, le meilleur remède consiste sans doute à recruter des magistrats supplémentaires.

La suppression du divorce pour faute est, également, envisagée de manière récurrente. L'Assemblée nationale a même adopté, en première lecture, le 10 octobre 2001, une proposition de loi déposée au nom du groupe socialiste par M. Colcombet, visant à supprimer le divorce pour faute. Cette proposition de loi n'a pas eu de suite, et la loi du 26 mai 2004 a, quant à elle, choisi de maintenir le divorce pour faute. Il faut s'en féliciter. D'une part, sur un plan strictement juridique, l'absence de sanction affaiblit la règle. Et l'on pouvait craindre que la suppression pure et simple du divorce pour faute ne sonne le glas du caractère obligatoire des effets du mariage. D'autre part, nombre de nos concitoyens demeurent attachés à ce type de divorce et considèrent qu'il est légitime, notamment quand elle est grave, que la faute soit officiellement constatée et sanctionnée. Reste que, pour ne pas envenimer à l'excès les procédures de divorce, la loi nouvelle tente de détourner les époux de la procédure fondée sur la faute en leur offrant des procédures concurrentes aux conditions assouplies (divorce acceptation et divorce altération) et en dissociant les conséquences financières du divorce de l'attribution des torts, notamment en matière de prestation compensatoire.

La question de l'effet en France des répudiations intervenues à l'étranger suscite un contentieux de plus en plus important. Il arrive fréquemment, en effet, que pour échapper à une procédure de divorce introduite en France, un époux invoque une décision de répudiation intervenue dans l'état d'origine du couple. Par plusieurs arrêts en date du 17 février 2004, la Cour de cassation a rappelé que la répudiation intervenue sans respecter les droits de l'épouse est contraire à l'ordre public, spécialement « au principe d'égalité des époux lors de la dissolution du mariage » (V. la chronique de M.-C. Meyzeaud-Garaud, *RJPF* 2004-5/11, *adde* P. Courbe, « Le rejet des répudiations musulmanes », *D.* 2004, chr., 815 et les obs. de J.-P. Marguénaud, *RTD civ.* 2004, p. 367).

Droit comparé

V. notamment l'article de M.-T. Meulders-Klein, « La problématique du divorce dans les législations de l'Europe occidentale », *RID comp.* 1989, p. 7. *Adde* J. Pousson-Petit, « Chronique de droit néerlandais et luxembourgeois », *Dr. fam.* 2004, n° 2.

Bibliographie sommaire :

Histoire : R. Szramkiewicz, Histoire du droit français de la famille, Dalloz, Connaissance du droit, 1995, p. 8, 46, 75, 79, 103 et 135.

Droit positif : J. Carbonnier, « La question du divorce, mémoire à consulter », D. 1975, chr., p. 115. ; J.-M. Jacquet, « Le rôle de la cause dans le nouveau droit français du divorce », RTD civ. 1984, p. 615 et s. ; J. Massip, La réforme du divorce, 2e éd., Répertoire Defrénois, 1986 ; J.-J. Lemouland, « La loi du 26 mai 2004 relative au divorce », D. 2004, chr., p. 1825 ; Th. Garé, « La réforme du divorce, entre innovations et droit constant », RJPF 2004-6/12 et 7•8/12.

Renvois : *Acte de l'état civil, Autorité parentale, Adultère, Assistance éducative, Divorce-cas, Divorce-procédure, Divorce-effets, Domicile, Empêchement à mariage, Intérêt de l'enfant, Logement familial, Mariage, Mariage-effets, Nom, Obligation alimentaire, Présomption de paternité, Prestation compensatoire, Séparation de corps, Séparation de fait, Vie familiale.*

Divorce : cas

Régime juridique

La loi de 1975 organise cinq cas de divorce qui correspondent à des situations de fait différentes. L'autonomie de ces cas connaît cependant quelques dérogations.

◆ L'autonomie des cas de divorce

Par autonomie, il faut comprendre que chaque cas de divorce constitue en quelque sorte une voie spécifique. Le passage d'une voie à l'autre est donc, en principe, interdit. *Le divorce sur requête conjointe* qui devient le « *divorce par consentement mutuel* » dans la loi du 26 mai 2004 concerne les époux qui, dès le début de la procédure, sont d'accord non seulement sur le principe de leur divorce, mais aussi sur les conséquences de celui-ci. Leur accord doit donc être à la fois initial et total. L'accord sur le principe apparaît dans le fait que les deux époux saisissent ensemble le juge du divorce, au moyen d'une requête conjointe. Ils peuvent même n'avoir qu'un seul avocat. Quant à l'accord sur les conséquences, il prend la forme d'une convention par laquelle les époux règlent eux-mêmes les effets de leur divorce. Ils doivent présenter au juge une convention définitive de divorce, qui règle toutes les conséquences de leur séparation (*V. divorce conséquences*). Et le juge donnera force obligatoire à cette convention, par une décision d'homologation. A propos de ce divorce, le Doyen Carbonnier parle de « *vrai divorce par consentement mutuel* », parce que ce divorce repose entièrement sur le consentement des époux.

◊ *Le divorce sur demande acceptée*, qui s'appellera désormais le *divorce acceptation* n'est pas un véritable divorce par consentement mutuel. En effet, le consentement des époux n'est ni initial, ni total. Le consentement n'est pas initial car, au début de l'instance, un seul époux souhaite divorcer. Il assigne — il n'est pas question ici de requête conjointe — son conjoint devant le juge et tentera de lui faire admettre la nécessité du divorce. S'il y parvient, le divorce pourra être prononcé, car il y a un accord des époux sur le principe du divorce. Quant aux conséquences, elles sont réglées par le juge. Il n'y a pas ici de convention.

◊ *Le divorce pour séparation de fait prolongée* peut être demandé lorsque les époux vivent séparés de fait depuis plus de six ans. Aucun consentement mutuel n'est ici requis. Ce divorce, parfois appelé divorce-remède, tire les conséquences d'une situation concrète : le mariage n'est plus vécu, en fait, par les conjoints. Il doit pouvoir être dénoué en droit. Ainsi, lorsque l'un des conjoints abandonne le domicile conjugal, il pourra, au bout de six années, demander le divorce pour séparation de fait prolongée. Reste qu'il s'expose à ce qu'un divorce soit prononcé à ses torts. La loi du 26 mai 2004 a remplacé le divorce pour rupture de la vie commune par le divorce pour « *altération définitive du lien conjugal* » et ramené la durée de séparation à deux ans.

◊ *Le divorce pour altération prolongée des facultés mentales* peut être prononcé lorsque les facultés de l'un des conjoints sont, depuis six années, si gravement altérées, qu'aucune communauté de vie ne subsiste plus entre les époux. Ce divorce s'appuie, lui aussi, sur le constat d'une situation objective : la maladie mentale de l'un des conjoints est si grave qu'elle ne permet plus aucun échange intellectuel ou affectif entre les époux. Dans ce contexte, la loi autorise le prononcé du divorce sans qu'aucune séparation de fait soit nécessaire. La loi du 26 mai 2004 a supprimé, sans la remplacer, cette forme de divorce.

◊ *Le divorce pour faute* sanctionne, quant à lui, la violation par les époux des obligations du mariage (*V. ce mot*). La faute invoquée doit être imputable à l'autre époux, et elle doit constituer une violation grave, ou renouvelée, des devoirs et obligations du mariage. La faute doit, enfin, rendre le maintien de la vie commune intolérable.

◆ Les dérogations à l'autonomie des cas de divorce

Tels que nous les avons présentés, les cas de divorce sont, en principe, autonomes. Mais il existe plusieurs exceptions à ce cloisonnement. D'une part, l'article 1076 al. 1 du Nouveau Code de procédure civile autorise l'époux qui a présenté une demande en divorce à lui substituer, en tout état de cause et même pour la première fois devant la cour d'appel, une demande en séparation de corps. D'autre part, par faveur pour le divorce par consentement mutuel, l'article 246 du Code civil (réd. L. 11 juillet 1975) autorise les époux qui ont engagé une procédure de divorce sur une autre cause que la requête conjointe à abandonner cette procédure et à présenter au juge une convention réglant les conséquences définitives de leur divorce. Enfin, l'article 297 al. 1 du Code civil (réd. L. 11 juillet 1975) autorise le défendeur à une demande en divorce à présenter une demande reconventionnelle en séparation de corps. Inversement, le même texte autorise le défendeur à une demande en séparation de corps à présenter une demande reconventionnelle en divorce. Le cloisonnement des cas et des procédures de divorce n'est donc pas absolu.

La loi du 26 mai 2004 a élargi encore les possibilités de modifier, en cours de procédure, le fondement de la demande en divorce. Elle modifie les règles applicables tant à la passerelle qu'à la demande reconventionnelle.

S'agissant de la passerelle, l'article 247 nouveau autorise la passerelle d'une procédure contentieuse vers une procédure par consentement mutuel. Et l'article 247-1 instaure une nouvelle passerelle, au sein même des procédures contentieuses, en faveur du divorce acceptation. Les nouvelles passerelles peuvent être mises en œuvre « *à tout moment de la procédure* ». Enfin, l'article 33 de la loi institue une passerelle provisoire entre les dispositions de la loi ancienne et celles de la loi nouvelle. D'après ce texte, relatif aux dispositions transitoires, il est possible de passer d'une procédure de divorce pour faute ou pour rupture de la vie commune, introduites sous l'empire du droit actuel, à une procédure pour altération définitive du lien conjugal.

S'agissant des demandes reconventionnelles, l'article 247-2 nouveau réglemente la demande reconventionnelle pour faute formée dans le cadre d'une instance introduite pour altération définitive du lien conjugal. Le texte prévoit que la demande reconventionnelle pour faute formée par le défendeur au divorce altération, permet au demandeur initial d'invoquer les fautes de son conjoint. L'intégralité du débat portera donc sur les torts respectifs des époux. Et la procédure aboutira soit à un divorce aux torts exclusifs de l'un, soit à un divorce aux torts partagés. Reste une difficulté : en cas de rejet de la demande reconventionnelle pour faute, le divorce peut-il encore être prononcé pour altération définitive du lien conjugal ? L'affirmative n'est pas certaine. En effet, en cas de demande reconventionnelle, le demandeur initial peut invoquer les fautes de son conjoint « *pour modifier le fondement de sa demande* » (C. civ., art. 247-2 nouveau). Ne faut-il pas en déduire qu'en acceptant de se placer sur le terrain de la faute, le demandeur initial a modifié le fondement de sa demande et renoncé à la demande fondée sur l'altération définitive du lien conjugal ? Si une telle interprétation devait prévaloir, la loi nouvelle aurait pour résultat d'augmenter le risque de double débouté, ce qui n'est pas précisément de nature à accélérer les procédures, but pourtant affiché par la loi de 2004...

Données doctrinales et jurisprudentielles

◆ Devoir de cohabitation

La jurisprudence a parfois à connaître d'affaires dans lesquelles, après une longue période de séparation de fait — parfois plusieurs années —, l'un des époux assigne son conjoint en divorce pour faute au motif qu'il ne respecte pas le devoir de cohabitation. En droit, on devrait admettre que le divorce doit être prononcé soit pour rupture de la vie commune, soit pour faute, le cas échéant aux torts partagés des époux puisqu'ils sont tous les deux fautifs. Pourtant, quelques arrêts ont retenu une solution contraire en s'appuyant sur le cloisonnement des cas de divorce. Le raisonnement est à peu près le suivant : la séparation de fait ayant duré, d'un commun accord, pendant plusieurs années, les époux ne peuvent divorcer que d'un commun accord. Et ils doivent utiliser la voie du divorce par consentement mutuel (Aix-en-Provence, 15 septembre 1982, *D.* 1984, p. 267, note C. Atias et A. Sériaux ; Bordeaux, 19 novembre 1996, *Rev. droit de la famille* 1997, n° 60 ; *RTD civ.* 1997, p. 403, obs. J. Hauser ; *D.* 1997, p. 525, et nos obs.). Cette analyse est abusive pour au moins deux raisons. D'une part, comme on l'a montré plus haut, le cloisonnement des cas de divorce n'est pas total ; d'autre part, cette jurisprudence revient à valider les pactes de séparation amiables, contrairement à l'avis de la majorité des auteurs.

◆ Devoir de fidélité

L'adultère commis pendant la procédure de divorce. L'hypothèse est la suivante : une instance en divorce a été engagée. Les époux ont été autorisés à résider séparément et sont en attente du jugement définitif. Et, l'un des conjoints rencontre un tiers avec lequel il a des relations sexuelles. Est-ce un manquement au devoir de fidélité ? La question n'est pas dépourvue d'intérêts pratiques : l'autre époux peut se désister de l'instance en cours et engager une procédure pour faute afin d'obtenir le divorce aux torts exclusifs de son conjoint. La réponse n'est pas d'une grande clarté.

D'un côté, l'article 260 du Code civil dispose que « *la décision qui prononce le divorce dissout le mariage à la date à laquelle elle prend force de chose jugée* ». Et la Cour de cassation en a déduit que « *l'introduction d'une procédure de divorce ou de séparation de corps ne confère nullement aux époux, encore dans les liens du mariage une immunité privant de leurs effets normaux* » les faits dont les conjoints peuvent se rendre coupables après l'ordonnance de non-conciliation (Cass. 2e civ., 3 mai 1995, *Bull.*, II, n° 130, *D.* 1996, somm., p. 64, obs. E. Blary-Clément ; 6 mars 1996, *Bull.*, II, n° 60 ; 23 sept. 1999, *Bull.*, II, n° 141, *Dr. fam.* 1999, n° 139, obs. H. Lécuyer, *RTD civ.* 2000, p. 91, obs. Hauser ; 15 juin 2000, *Dr. fam.* 2000, n° 111, obs. H. Lécuyer).

D'un autre côté, certaines décisions (TGI Nantes, 9 nov. 1982, *D.* 1985, IR, p. 150, obs. J.-C. Groslière ; CA Chambéry, 29 mai 1984, *JCP* 1985, II, 20347, note R. L. ; CA Bourges, 9 mars 1999, *JCP* 2000, IV, 2251) ont cru pouvoir affirmer, avec le soutien de la Cour de cassation, qu'en raison de la longueur de certaines procédures de divorce, l'adultère commis postérieurement à l'ordonnance de non-conciliation pouvait perdre son caractère de faute, le devoir de fidélité étant alors « *nécessairement moins contraignant* » (Cass. 2e civ., 29 avril 1994, *Bull.*, II, n° 123, *RTD civ.* 1994, p. 571, obs. J. Hauser ; Cass. 2e civ., 23 mai 2002, *RJPF* 2002, 10/17 et nos obs.).

Et la position de la Cour de cassation est fluctuante : dans un arrêt du 7 mai 2003 (*RJPF* 2003, 9/21 et nos obs.) elle a considéré comme fautif l'adultère du mari commis neuf mois après l'ordonnance de non-conciliation (pas d'excuse car la procédure n'est pas longue). Mais dans un autre arrêt du 30 mars 2004 (*RJPF* 2004, 7•8/21 et nos obs.) portant sur des faits identiques, la première chambre civile a jugé que « *le comportement du mari n'était pas fautif au sens de l'article 242 du Code civil* »...

Bibliographie sommaire : J.-M. JACQUET, « Le rôle de la cause dans le nouveau droit français du divorce », RTD civ. 1984, p. 615 et s. ; J.-J. LEMOULAND, « La loi du 26 mai 2004 relative au divorce », D. 2004, chr., p. 1825 ; Th. GARÉ, « La réforme du divorce, entre innovations et droit constant », RJPF 2004-6/12 et 7•8/12. C. PHILIPPE, « Quel avenir pour la fidélité ? », Dr. fam. 2003, n° 5, p. 17.

Renvois : *Adultère, Assistance éducative, Divorce, Divorce-procédure, Divorce-effets, Mariage-effets, Séparation de fait.*

Divorce : effets

Définition

Par effets du divorce, on entend les conséquences qui résultent de la dissolution du mariage, tant dans les rapports entre époux, que dans les rapports entre les parents divorcés et leurs enfants.

Régime juridique

◆ Les effets du divorce entre les époux

◇ *Les effets personnels du divorce entre les époux* sont relativement simples. D'une part, à la suite du divorce, chaque époux reprend l'usage de son nom. Il en résulte que la femme divorcée, lorsqu'elle utilisait le nom de son mari pendant le mariage, est tenue de reprendre l'usage de son nom de famille. Mais il existe des exceptions (*V. nom de famille*).

D'autre part, le divorce fait disparaître les devoirs personnels du mariage (*V. mariage-effets*). Il en résulte que les époux ne sont plus tenus ni du devoir de fidélité, ni du devoir d'assistance ni du devoir de communauté de vie. Mais ces devoirs ne disparaissent que lorsque la décision qui prononce le divorce a acquis force de chose jugée (art. 260 C. civ.). Il en résulte que tous les devoirs du mariage sont maintenus pendant l'instance en divorce (pour le cas de l'adultère, V. *divorce-cas*), à l'exception toutefois du devoir de cohabitation lorsque le juge a, au titre des mesures provisoires (*V. divorce-procédure*), autorisé les époux à résider séparément.

◇ *Les effets patrimoniaux du divorce entre les époux* sont infiniment plus complexes. Le divorce entraîne, tout d'abord, la liquidation du régime matrimonial. Il produit également des effets sur les donations ou les avantages matrimoniaux que les époux s'étaient consentis (art. 265 et s. C. civ.). En outre, lorsque le prononcé du divorce engendre une disparité financière entre les époux, celui qui a les revenus les plus importants peut être condamné à verser à son conjoint une prestation compensatoire (*V. ce mot*).

◆ Les effets du divorce à l'égard des enfants

◇ *Sur le plan personnel* le divorce ne modifie pas le lien de filiation. En revanche, il altère les règles applicables en matière d'autorité parentale et de résidence de l'enfant. Après divorce, l'autorité parentale reste, en principe, exercée en commun (art. 373-2 C. civ.). La résidence de l'enfant peut être fixée chez l'un de ses parents (ce qui est le cas le plus fréquent) : le parent auquel l'enfant n'a pas été confié dispose d'un droit de visite et d'hébergement (sauf motifs graves : art. 373-2-1 al. 2 C. civ.)et d'un droit de surveillance de l'éducation dispensée par le parent gardien. La résidence peut aussi être fixée en alternance soit pendant la durée de l'instance, soit même après celle-ci (art. 373-2-9 C. civ.).

◇ *Sur le plan patrimonial* le divorce ne fait disparaître ni la vocation successorale, ni l'obligation d'entretien, qui sont des effets de la filiation, non du mariage. L'époux auquel les enfants n'ont pas été confiés, demeure tenu de participer à leur entretien. Cette participation prend la forme d'une pension alimentaire (*V. obligation alimentaire*) versée à l'autre époux pour les enfants.

Données doctrinales et jurisprudentielles

La loi de 1884 (loi Naquet) liait le sort des enfants au profit du divorce. Il en résultait que seul l'époux innocent pouvait se voir confier la garde, et l'époux coupable ne pouvait pas l'obtenir. La loi de 1975 a renversé le critère d'organisation du sort des enfants : ce ne sont plus les torts, mais c'est l'intérêt de l'enfant (*V. ce mot*) qui est pris en compte (art. 287 C. civ.). L'objectif est incontestablement louable : il s'agit de confier l'enfant à celui de ses deux parents qui est le mieux à même de prendre soin de lui. Mais il engendre bien des difficultés lorsqu'il s'agit de discerner l'intérêt de l'enfant (V. *intérêt de l'enfant*).

Bibliographie sommaire : J. CARBONNIER, Droit civil, Tome 2, La famille, PUF, coll. Thémis, 21e éd. 2002, n° 158 et s. ; J. HAUSER et D. HUET-WEILLER, Traité de droit civil, La famille, vol. 2, Dissolution, 1re éd. LGDJ, 1991, n° 391 et s. ; J.J. LEMOULAND, « La résidence alternée dix-huit mois plus tard », RJPF 2003, 9/11.

Renvois : *Autorité parentale, Assistance éducative, Divorce-cas, Divorce-procédure, Domicile, Intérêt de l'enfant, Logement familial, Nom, Obligation alimentaire, Présomption de paternité, Prestation compensatoire, Séparation de corps, Séparation de fait, Vie familiale.*

Divorce : procédure

Définition

Par procédure de divorce, on entend l'ensemble des actes qu'il faut accomplir, et l'ensemble des délais qu'il faut observer pour parvenir à une décision définitive de divorce.

Principales étapes de la procédure

Il ne s'agit pas d'étudier ici le détail de la procédure, mais seulement d'indiquer les règles générales, qui sont communes à tous les types de divorce.

◆ La compétence juridictionnelle

D'après l'article 228 du Code civil, le divorce est de la compétence du juge aux affaires familiales (JAF), qui est un juge du tribunal de grande instance. Le JAF prononce le divorce, quelle que soit sa cause — il peut cependant renvoyer l'affaire au tribunal de grande instance (TGI) statuant en collégialité, ce renvoi étant de droit à la demande des parties —. Il est également compétent pour statuer, après divorce, sur l'exercice de l'autorité parentale ou la modification de la pension alimentaire.

◆ Le déroulement de l'instance

La requête en divorce est présentée au JAF qui fixe, par ordonnance, la date de la tentative de conciliation. A jour fixé, le JAF entend les époux séparément, puis ensemble. Si les époux se réconcilient — ce qui est rare en pratique — le juge dresse un procès-verbal de conciliation qui met fin à la procédure. Si la tentative de conciliation échoue, le juge rend une ordonnance de non-conciliation (ONC) par laquelle il autorise les parties à poursuivre la procédure et ordonne généralement des mesures provisoires qui s'appliqueront pendant l'instance en divorce (résidence séparée des époux, résidence des enfants, autorité parentale, pensions alimentaires, droit de visite, notamment). Après l'ONC, l'époux demandeur dispose d'un délai de trois mois pour ressaisir le JAF par voie d'assignation. S'il ne respecte pas ce délai, l'autre époux peut assigner en divorce dans un nouveau délai de trois mois. A défaut, les mesures provisoires deviennent caduques et les époux doivent soit reprendre la vie commune, soit recommencer la procédure de divorce depuis le début.

◆ Le jugement

Lorsqu'il a été ressaisi dans les délais, le juge statue sur la demande en divorce au vu des arguments et des preuves présentés par les parties. S'il rejette la demande en divorce, les époux doivent reprendre la vie commune, à moins que le juge ne les en dispense (art. 258 C. civ. : *V. séparation de fait)*. S'il prononce le divorce, il doit en régler les effets tant personnels que patrimoniaux sauf dans le cas du divorce par consentement mutuel où le juge homologue la convention définitive par laquelle les époux ont décidé eux-mêmes des conséquences de leur divorce. Dans les autres cas de divorce, la loi incite les époux à conclure, dès l'ONC, des conventions de règlement des conséquences, notamment patrimoniales, de leur séparation (art. 252-3 et 268 C. civ.).

◆ Les voies de recours

En principe, toute décision de divorce est susceptible d'appel, à l'exception de la décision de divorce par consentement mutuel lorsque le juge a prononcé le divorce et homologué la convention (art. 1102 Nouv. C. proc. civ.). On considère, en effet, dans cette hypothèse, que les époux n'ont pas d'intérêt à interjeter appel puisqu'ils ont obtenu ce qu'ils souhaitaient (prononcé du divorce et homologation de la convention). En revanche, un pourvoi en cassation peut être formé dans les quinze jours. A la différence du droit commun, ce pourvoi est suspensif. En effet, l'exécution de la décision de divorce serait difficilement réparable si, quelques mois plus tard, la Cour de cassation cassait l'arrêt d'appel. Les délais d'appel et du pourvoi sont également suspensifs, pour la même raison. Aussi, pour ne pas pénaliser trop longtemps les parties, la loi de 1975 les autorise à acquiescer au jugement qui a prononcé le divorce.

Données doctrinales et jurisprudentielles

Le droit des preuves suscite un important contentieux en matière de divorce pour faute. Outre la question des constats d'adultère (*V. ce mot*), la jurisprudence est souvent confrontée à la difficulté de savoir si la preuve des griefs peut être rapportée par le journal intime ou par la correspondance privée de l'un des époux. La jurisprudence a fixé quelques règles en la matière, dont la teneur a été reprise par la loi du 26 mai 2004 portant réforme du divorce. D'une part, l'article 259 al. 2 dispose que « *les descendants ne peuvent jamais être entendus sur les griefs invoqués par les époux* ». La règle est destinée à ne pas envenimer la procédure judiciaire et à préserver les enfants du débat sur la cause de divorce. D'autre part, interdiction est faite aux époux de verser aux débats tout élément de preuve (lettres, journal intime, photographies, e-mails...) lorsqu'il a été obtenu par violence ou par fraude.

Bibliographie sommaire : G. CORNU, Droit civil, La famille, Précis Domat, 8e éd. Montchrestien, 2003, n° 394 et s.

Renvois : *Autorité parentale, Domicile, Logement familial, Obligation alimentaire.*

Domicile

Définition

La notion de domicile est susceptible de deux acceptions différentes. Dans le langage courant, le mot domicile est souvent synonyme de résidence. Il désigne le lieu d'habitation effective de la personne. Or, en droit, le terme domicile a un sens bien différent. Il est un mode de rattachement juridique d'une personne à un lieu. Et, d'après l'article 102 du Code civil, ce lieu est l'endroit où la personne a « *son principal établissement* ». En droit, le domicile est donc une localisation juridique, alors que, seule la résidence désigne le lieu de l'habitation effective.

Le plus souvent, la personne réside dans le lieu où la loi la localise (domicile et résidence se superposent donc). Mais cette coïncidence n'est pas nécessaire. En tant que localisation purement juridique, le domicile peut être partiellement fictif. Il en est ainsi des professions libérales ou des officiers publics qui sont généralement domiciliés au lieu où ils exercent leurs fonctions, alors qu'ils résident le plus souvent dans un endroit différent.

Domicile et résidence doivent également être distingués de l'habitation, terme qui désigne un lieu de séjour temporaire. Tel est le cas, par exemple, d'une chambre d'hôtel ou d'hôpital.

Régime juridique

◆ Les critères de détermination du domicile

Ils sont au nombre de deux et résultent soit de la volonté individuelle soit de la loi.

◇ *Le domicile volontaire*

La liberté du domicile, qui est un prolongement de la liberté d'aller et de venir, confère à chacun le droit de choisir librement son domicile, et d'en changer.

Encore faut-il localiser géographiquement le domicile et savoir en quel endroit la personne a fixé son principal établissement. Deux conditions sont exigées : un élément matériel (*corpus*), et un élément intentionnel (*animus*).

• L'**élément matériel** résulte de l'occupation effective d'un lieu déterminé. Cette occupation peut procéder soit de l'installation des affaires personnelles de l'individu — la personne y fixe sa résidence qui coïncidera alors avec son domicile —, soit de l'installation d'affaires professionnelles. En tout état de cause, un site Internet ne constitue pas un domicile, faute d'habitation effective (TGI Paris, 14 août 1996, *D.* 1996, p. 490, note Gautier).

• L'**élément intentionnel** reflète la volonté de l'individu de séjourner durablement dans le lieu considéré. La preuve de cette volonté peut être rapportée par tous moyens. Ainsi, pourront être retenus divers indices tels que :

– la déclaration de changement de domicile faite à la mairie (art. 104 C. civ.) ;

– le témoignage des proches de l'intéressé ;

– une demande d'abonnement téléphonique ou auprès du service des eaux ou de l'électricité ;

– l'inscription de l'intéressé sur les listes électorales ;

– le paiement de certains impôts...

En revanche, le transfert forcé de la résidence d'une personne n'emporte pas transfert du domicile de celle-ci. C'est ce qu'a décidé la Cour de Poitiers dans l'affaire de la succession de Maréchal Pétain (Poitiers, 11 janvier 1967, *Gaz. Pal.* 1967, 1, p. 71, note Barbier).

◊ *Le domicile légal*

Le domicile légal est un domicile déterminé d'office par la loi. Les personnes qui ont un domicile légal n'ont pas la possibilité d'établir leur domicile ailleurs car le domicile légal est impératif. Mais ces personnes sont libres de fixer leur résidence où bon leur semble.

Les principaux domiciles légaux sont :

– le domicile d'origine (art. 108-2 C. civ.), qui est le domicile de l'enfant qui vient de naître jusqu'à sa majorité ;

– le domicile des domestiques, qui sont impérativement domiciliés chez leur employeur (109 C. civ.) ;

– le domicile du majeur en tutelle, qui est domicilié chez son tuteur (108-3 C. civ.) ;

– le domicile de fonctions (art. 107 C. civ.), qui est celui des personnes qui sont investies de fonctions irrévocables, « *conférées à vie* », (magistrats du siège, officiers ministériels : notaires, avoués, huissiers) ;

– le domicile d'attache (102 al. 2 C. civ.), qui est celui que sont tenus de choisir les bateliers dans l'une des communes de leur parcours. Les forains sont, quant à eux, rattachés à une commune de leur choix.

◆ Les caractères du domicile

Le domicile est, tout d'abord, **nécessaire**. Cela signifie que toute personne a obligatoirement un domicile. La règle se justifie par des raisons de police, l'État devant absolument pouvoir localiser les individus qui se trouvent sur son territoire. Mais elle s'inspire aussi de considérations liées à la sécurité juridique : l'individu pouvant nouer des relations juridiques avec les tiers, il est indispensable que ceux-ci puissent localiser géographiquement leur cocontractant.

Le domicile est ensuite **unique**. Toute personne n'a qu'un seul domicile, alors qu'elle peut avoir plusieurs résidences. L'exigence d'unicité se justifie essentiellement par le souci de faciliter l'identification de la personne : celle-ci ne peut être rattachée qu'à un seul lieu. Mais la règle produit d'importants inconvénients pratiques, qui ont conduit à admettre une multiplication des domiciles spéciaux. Les exemples les plus importants concernent la *jurisprudence dite « des gares principales »* et *l'élection de domicile.* D'après la ***jurisprudence dite « des gares principales »*** la Cour de cassation admet qu'une entreprise peut être assignée non seulement au lieu de son siège social — c'est-à-dire le plus souvent à Paris — mais encore au lieu de sa succursale, lorsque celle-ci est importante. La règle permet de désencombrer les juridictions parisiennes. ***L'élection de domicile*** (art. 111 C. civ.) est le choix d'un domicile différent du domicile ordinaire, pour les suites relatives à un acte déterminé. Ainsi, lors de la rédaction d'un acte authentique, les parties élisent-elles domicile en l'étude du notaire chargé du dossier. De même, lors d'un procès, le choix d'un avocat entraîne-t-il élection de domicile au cabinet de celui-ci. L'intérêt de l'élection de domicile est de centraliser dans un même lieu tous les documents et tous les courriers relatifs à l'acte ou au procès. Mais il ne s'agit que d'un domicile limité, en ce sens que, pour les autres actes de la vie civile, chaque partie conserve son domicile propre.

Le domicile est enfin **inviolable**. D'après l'article 226-4 du Code pénal, l'introduction ou le maintien dans le domicile d'une personne contre la volonté de celle-ci est puni d'un emprisonnement de un an et de 15 000 € d'amende. Ce texte protège l'intimité de l'individu contre les intrusions injustifiées des tiers ou des autorités publiques. Il en résulte que les mesures qui portent atteinte à cette intimité sont soumises à un régime particulier. Tel est le cas des perquisitions, des visites domiciliaires ou encore des constats d'adultère *(V. ce mot)*.

Données historiques

Avant la réforme du divorce réalisée par la loi du 11 juillet 1975, la femme mariée était légalement domiciliée chez son mari. Il y avait là sans doute un vestige de l'ancienne incapacité de la femme mariée, pourtant supprimée en 1938. Ainsi deux époux peuvent avoir des domiciles distincts, notamment lorsqu'ils exercent leur profession dans deux endroits différents. Mais, parce qu'ils sont mariés, ils doivent avoir une résidence commune (art. 108 et 215 C. civ. : *V. mariage-effets)*.

Données doctrinales et jurisprudentielles

La détermination du domicile a de nombreux intérêts pratiques. Outre qu'elle permet le rattachement d'une personne à un lieu, elle permet de déterminer :

– la compétence territoriale des juridictions, qui revient au tribunal dans le ressort duquel se trouve le domicile du défendeur (art. 42 et 43 Nouv. C. proc. civ.). Il existe cependant quelques exceptions au profit de la résidence (V. l'art. 1070 Nouv. C. proc. civ.) ;

– la loi applicable à un rapport juridique. Il en est ainsi, par exemple, en matière de divorce puisque la loi française est applicable dès lors que les deux époux sont domiciliés en France, même s'ils sont de nationalité étrangère (art. 310 C. civ.) ;

– le lieu de signification des actes de procédure. Celle-ci se réalise en principe au domicile de la personne à laquelle l'acte est signifié (art. 655 Nouv. C. proc. civ.) ;

– le lieu d'exigibilité de certains paiements. Ainsi, les dettes sont en principe quérables, c'est-à-dire que le créancier doit aller chercher son paiement au domicile du débiteur (art. 1247 al. 3 C. civ.). Mais cette règle connaît quelques exceptions, notamment en matière alimentaire (art. 1247 al. 2 C. civ.) : la dette d'aliments est portable car on ne peut exiger du créancier, qui par hypothèse est dans le besoin, qu'il aille chercher son paiement.

Bibliographie sommaire :

Histoire : A. LEFEBVRE-TEILLARD, Introduction historique au droit des personnes et de la famille, PUF, Droit fondamental, 1996, n° 55 et s.

Droit positif : A. MARTIN-SERF, « Du domicile à la résidence », RTD civ. 1978, p. 535 ; F. GISSEROT, « Le nouveau domicile de la femme mariée », RTD civ. 1979, p. 724.

Renvois : *Absence, Adultère, Divorce-cas, Individualisation de la personne, Logement de la famille, Mariage-effets, Obligation alimentaire.*

Droits de l'enfant

Notion

Les droits de l'enfant sont des droits essentiels qui sont reconnus à tout enfant, et sont destinés non seulement à le protéger (droit à la vie, interdiction du travail des enfants, interdiction des mauvais traitements, de l'exploitation sexuelle) mais encore à atténuer son incapacité (droit à la parole) et, plus largement, à favoriser son autonomie (liberté d'expression, liberté d'association). Il s'agit en quelque sorte des droits de l'homme appliqués à l'enfant.

Régime juridique

Les droits de l'enfant font l'objet d'une Convention internationale (la Convention internationale sur les droits de l'enfant — CIDE —) qui a été adoptée par l'Assemblée des Nations Unies, le 20 novembre 1989. Cette Convention a été ratifiée par la France et y est entrée en vigueur en octobre 1990.

◆ Les principaux droits reconnus aux enfants

Parmi les principaux droits que la Convention accorde aux enfants, on trouve le droit à la vie (art. 6), le droit pour l'enfant de connaître, dans la mesure du possible, ses parents et d'être élevé par eux (art. 7) et le droit d'exprimer son opinion dans toute question ou procédure le concernant (art. 12). Ces textes semblent entrer en conflit avec le droit français interne. En effet, s'agissant de l'article 6, on s'est demandé si ce texte ne s'opposait pas à l'interruption volontaire de grossesse. La réponse qui semble majoritairement admise en doctrine consiste à affirmer que l'article 6, qui utilise le terme « enfant », ne concerne ni l'embryon ni le fœtus. L'interruption de la grossesse ne serait donc pas contraire à la CIDE.

S'agissant de l'article 7, on s'est demandé si le droit pour l'enfant de connaître ses parents ne condamnait pas les dispositions par lesquelles le droit français organise un secret du lien de filiation (accouchement sous X (*V. ce mot)* ; remise anonyme de l'enfant à l'Aide sociale à l'enfance ; adoption plénière ; don anonyme de gamètes). Là encore, la réponse semble négative. En effet, l'article 7 contient une réserve. L'enfant ne peut connaître ses parents que « *dans la mesure du possible* ». Ainsi peut-on faire valoir qu'en cas d'accouchement sous X (*V. ce mot)*, il n'est pas possible de faire accéder l'enfant à ses origines biologiques. Mais la solution est contestée par un important courant doctrinal (par ex. C. Neirinck, « Le droit, pour l'enfant, de connaître ses origines », *in Le droit, la médecine et l'être humain,* Presses universitaires d'Aix-Marseille, 1996, p. 29 et s.).

S'agissant de l'article 12, le législateur français est intervenu par la loi du 8 janvier 1993 pour donner à l'enfant capable de discernement le droit d'être entendu dans toute procédure le concernant (art. 388-1 C. civ.). Pour autant, ce texte ne donne à l'enfant que le droit de demander à être entendu, de sorte que l'article 12 de la CIDE n'est pas tout à fait respecté. Au demeurant, il n'est pas certain que les textes internationaux méritent systématiquement de prévaloir sur le droit interne.

◆ La mise en œuvre des droits reconnus aux enfants

En dépit des dispositions de l'article 55 de la Constitution du 4 octobre 1958, et contrairement au Conseil d'État (V. notamment Cons. d'Et., 29 juillet 1994, *AJDA* 1994, p. 841, concl. Denis-Liton, *RTD sanit. et soc.* 1995, p. 167, obs. F. Monéger ; Cons. d'Ét. 10 mars 1995, *D.* 1995, p. 617, note Y. Benhamou), la Cour de cassation a refusé l'application directe de cette Convention devant les juridictions de l'ordre judiciaire (Civ. 1re, 10 mars 1993, *D.* 1993, p. 361, note J. Massip ; *JCP* 1993, I, 3688, n° 4, obs. J. Rubellin-Devichi ; *Rev. crit. DIP* 1993, p. 449, note P. Lagarde ; *RTD civ.* 1993, p. 341, obs. J. Hauser ; Civ. 1re, 15 juillet 1993 *D.* 1994, p. 191, note J. Massip ; *JCP* 1994, I, 3729, n° 1, obs. J. Rubellin-Devichi ; *JCP* 1994, II, 22219, note Benhamou ; *RTD civ.* 1993, p. 814, obs. J. Hauser). Dès lors, les dispositions de la Convention n'acquerront leur force en droit interne que lorsqu'elles y auront été transposées par des lois particulières. Tel a été, notamment, l'objet de la loi du 8 janvier 1993.

Enfin, une Convention européenne sur l'exercice des droits des enfants a été signée à Strasbourg le 25 janvier 1996, qui reconnaît à l'enfant certains droits procéduraux destinés à lui permettre d'exercer ses droits substantiels.

Données historiques

L'affirmation des droits de l'enfant s'inscrit dans le droit fil de l'évolution historique. Le mouvement d'affaiblissement des prérogatives d'autorité du père (*V. autorité parentale)* semble trouver un prolongement supplémentaire dans la proclamation de droits pour l'enfant. En schématisant, on pourrait donc dire que l'enfant a été successivement l'objet de la puissance sans borne de son père (droit romain et ancien droit), puis l'objet de la protection de ses parents dont les prérogatives sont centrées sur son intérêt (situation actuelle), pour devenir un sujet, une personne à part entière, dont les droits sont proclamés et reconnus (CIDE).

Cette présentation est, cependant, quelque peu trompeuse. D'une part, la personnalité de l'enfant a été, fort heureusement, reconnue bien avant 1989. Par exemple, l'infanticide était déjà réprimé en 1556 à la suite d'un édit du roi Henri II (V. J.-M. Carbasse, *Introduction historique au droit pénal,* PUF, Droit fondamental, 1990, n° 163). D'autre part, il ne faut pas oublier que l'enfant mineur est soumis à une incapacité générale d'exercice (*V. Mineur),* ce qui limite considérablement la portée des droits qui lui sont octroyés.

Données doctrinales et jurisprudentielles

La mode des droits de l'enfant, qu'a connue notre pays ces dernières années, paraît révélatrice d'un double mouvement. D'un côté, elle est le signe d'une société pédocentrique qui attache à l'enfant une importance extrême, en même temps qu'elle reflète une certaine impatience de capacité des adolescents. De l'autre, elle témoigne d'un certain irréalisme dans la mesure où il n'est pas sûr que l'enfant ait toujours à gagner à être considéré comme un adulte en réduction, titulaire de droits subjectifs. Le premier droit de l'enfant n'est-il pas d'être considéré comme un enfant ?

Bibliographie sommaire : F. LAROCHE-GISSEROT, Les droits de l'enfant, Connaissance du droit, Dalloz, éd. 2003 ; F. DEKEUWER-DÉFOSSEZ, Les droits de l'enfant, PUF, Que sais-je ?, n° 852.

Renvois : *Abandon, Autorité parentale, Droits de l'homme, Intérêt de l'enfant, Interruption volontaire de grossesse, Mineur, Ordre public.*

Droits de l'homme

Définition

Les droits de l'homme sont les droits fondamentaux qui appartiennent à tout individu du fait de sa naissance, et qui sont à la fois antérieurs et supérieurs à l'État. En conséquence, ces droits s'imposent à tout État, qui doit s'efforcer d'en assurer le respect et l'effectivité sur son propre territoire.

Sources

Les sources des droits de l'homme sont multiples, ce qui s'explique par le fait que la notion est conçue dans une optique universelle. Depuis la Déclaration des droits de l'homme et du citoyen du 26 août 1789, de nombreux textes internationaux sont venus affirmer l'existence des droits de l'homme. Faute de pouvoir les citer tous, on se bornera à présenter les principaux :

– la *Déclaration universelle des droits de l'homme,* adoptée par l'Assemblée générale des Nations Unies le 10 décembre 1948. Cette Déclaration universelle a été complétée par deux pactes internationaux, adoptés par l'Assemblée générale des Nations Unies le 16 décembre 1966 : le Pacte international relatif aux droits civils et politiques, et le Pacte international relatif aux droits économiques, sociaux et culturels ;

– la *Convention européenne des droits de l'homme* (dont l'intitulé exact est : Convention européenne de sauvegarde des droits de l'homme et des libertés fondamentales) adoptée à Rome le 4 novembre 1950. Cette Convention a elle-même été modifiée par plusieurs protocoles additionnels ;

– la *Déclaration américaine des droits et devoirs de l'homme,* du 30 avril 1948 ;

– la *Charte africaine des droits de l'homme et des peuples,* adoptée par les États membres de l'OUA (Organisation de l'Unité Africaine) le 28 juin 1981 ;

– la *Convention sur les droits de l'enfant,* adoptée par l'Assemblée générale des Nations Unies le 20 novembre 1989.

Régime juridique

Deux questions doivent, principalement, être abordées : quels sont les droits garantis ? Comment sont garantis ces droits ?

◆ **Les droits garantis** semblent pouvoir être rangés en deux catégories. Il y a d'une part des droits intangibles, c'est-à-dire des droits essentiels, qui ne sont susceptibles d'aucune dérogation, pas même en situation de guerre ou de crise. Et d'autre part des droits relatifs, qui peuvent, dans certains cas, faire l'objet de limitations ou d'exceptions.

Les principaux droits intangibles sont le droit à la vie, le droit de n'être pas soumis à la torture ou à des traitements inhumains ou dégradants, le droit de n'être tenu ni en esclavage ni en servitude, et le droit de bénéficier du principe de la légalité des délits et des peines.

Quant aux droits relatifs, ils comprennent principalement le droit à la liberté de pensée, de conscience et de religion, le droit à la liberté d'expression, le droit à la liberté de réunion, d'association, le droit à la liberté syndicale et le droit de circuler librement.

Il faut signaler enfin que, pour la jouissance des droits ainsi reconnus, est interdite toute discrimination fondée notamment sur le sexe, la race, la couleur, la langue, la religion, les opinions politiques ou toutes autres opinions, l'origine nationale ou sociale, l'appartenance à une minorité, la fortune, la naissance, ou toute autre situation.

◆ **La garantie des droits** est une condition essentielle d'effectivité. En effet, il n'aurait servi à rien de proclamer les droits fondamentaux de l'homme si, dans le même temps, aucun mécanisme n'avait été mis en place pour contrôler le respect, par les États, des droits proclamés. Traditionnellement, ce contrôle intervient à deux niveaux : au plan interne et au plan international.

◇ *Le contrôle interne* est effectué par les juridictions de chaque État. Ainsi, en France, le respect des droits de l'homme est-il assuré par la Cour de cassation et par le Conseil d'État, sur le fondement de la Convention européenne des droits de l'homme et du Pacte international relatif aux droits civils et politiques.

◇ *Le contrôle international* s'exerce le plus souvent au moyen d'un organe (comité des droits de l'homme, comité des droits de l'enfant) chargé de suivre l'application du texte international par les différents États signataires. Pour autant, cet organe est, le plus souvent, dépourvu de pouvoirs de contrainte, de sorte que ses conclusions ne s'imposent pas aux États. C'est pourquoi, la forme la plus performante de contrôle international est incontestablement l'institution d'une juridiction chargée de sanctionner les violations des droits de l'homme. Tel est le système retenu par la

Convention européenne des droits de l'homme dont l'article 19 dispose : « *Afin d'assurer le respect des engagements résultant pour les Hautes Parties Contractantes de la présente Convention, il est institué : a. une Commission européenne des droits de l'homme [...] ; b. une Cour européenne des droits de l'homme* ». Cette Cour, dont le siège est à Strasbourg, est saisie de plus en plus fréquemment, surtout depuis que la France a accepté, en 1981, la possibilité pour les citoyens français de saisir directement cette juridiction (droit de recours individuel).

Initialement, la Commission européenne des droits de l'homme vérifiait la recevabilité de la demande. Elle devait tenter de parvenir à un règlement amiable de l'affaire. En cas d'échec, elle assurait l'instruction de la demande. A cette fin, elle établissait les faits et formulait un avis sur l'éventualité d'une violation des droits de l'homme. Une réforme est toutefois intervenue qui prévoit la suppression de la Commission à compter du 1er novembre 1998. Les requêtes sont adressées directement à la Cour.

La Cour exerce des pouvoirs juridictionnels, c'est-à-dire qu'elle a le pouvoir de condamner tel ou tel État, s'il lui apparaît que la législation de cet État ne respecte pas les dispositions de la Convention. Il faut souligner cependant que ces condamnations n'ont qu'une forme pécuniaire, c'est-à-dire que lorsque l'État condamné a indemnisé la victime de la violation des droits de l'homme, il ne peut être contraint de modifier sa législation. Il s'expose, simplement, à de nouvelles condamnations dans l'avenir.

Données historiques

Un certain chauvinisme attribue volontiers au génie français la paternité des droits de l'homme. On peut faire valoir, en effet, que ces droits ont été proclamés solennellement par la Déclaration des droits de l'homme et du citoyen du 26 août 1789. A vrai dire, la paternité française n'est pas totalement assurée puisque d'autres textes avaient déjà affirmé l'existence des droits de l'homme avant 1789. Il en est ainsi, notamment, de la Déclaration des droits de l'État de Virginie, de 1776. Il semble finalement que l'idée de droits de l'homme soit apparue à peu près au même moment en France et aux États-Unis.

Données doctrinales et jurisprudentielles

On a beaucoup discuté du caractère universel des droits de l'homme. Ces droits sont-ils valables pour tous les pays du Monde, quelle que soit leur histoire, leur organisation politique, leur religion, leur culture ? Ou ne sont-ils finalement que le fruit de la perception occidentale de l'homme, ce qui les condamnerait à ne concerner que les pays qui s'inscrivent dans une tradition à la fois individualiste et judéo-chrétienne ? N'y a-t-il pas quelque orgueil à vouloir imposer à tous les États notre conception de l'homme et de ses droits ? L'argument détient sans doute une part de vérité, mais il est aussi très souvent avancé par des États qui ne respectent pas les droits fondamentaux de la personne. Selon les dirigeants de ces États, les droits de l'homme ne seraient pas transposables chez eux, car il faudrait, en quelque sorte, respecter leur caractère propre, c'est-à-dire leur spécificité de dictatures...

Tels qu'ils figurent dans les différents instruments internationaux qui assurent leur protection, les droits de l'homme font, de nos jours, l'objet d'une sollicitation parfois abusive qui risque d'affaiblir, à terme, leur efficacité. L'exemple de la tenue vestimentaire sur le lieu de travail, qui a donné lieu à l'arrêt de la Cour de cassation du 28 mai 2003 (*RJPF* 2003, 9/12, obs. Bossu) est parfaitement significatif de ce phénomène. Un salarié est licencié pour être venu travailler, plusieurs jours de suite et malgré les observations de ses supérieurs hiérarchiques, en bermuda. Devant la Cour de cassaton il soutient que la liberté de se vêtir est une liberté fondamentale et que les juges du fond, qui ont validé son licenciement, ont porté atteinte à cette liberté. La Cour de cassation rejette le pourvoi en affirmant : 1°) que « la liberté de se vêtir à sa guise au temps et au lieu du travail n'entre pas dans la catégorie des libertés fondamentales » et 2°) que l'employeur ne peut imposer à un salarié des contraintes vestimentaires « qui ne seraient pas justifiées par la nature de la tâche à accomplir et proportionnées au but recherché ». Fallait-il vraiment plaider que la liberté de se vêtir est un droit de l'homme ? S'agissant du voile islamique, la jurisprudence décide que lorsque le port du voile est susceptible d'entraver l'activité de l'entreprise (notamment parce que celle qui le porte est au contact de la clientèle) le refus de l'intéressée de se présenter non voilée, avec un simple bonnet dégageant les oreilles par exemple, constitue une faute cause de licenciement (CPH Lyon, 16 janvier 2004, *Juris-Data* 2004, n° 238320, *Cahiers Prud'homaux,* 2004, n° 3, p. 30).

Bibliographie sommaire : F. SUDRE, Droit international et européen des droits de l'homme, PUF, coll. Droit fondamental, 6e éd. 2003 ; J. ROBERT et H. OBERDORFF, Libertés fondamentales et droits de l'homme, 4e éd. Montchrestien, 2004 ; J.-P. MARGUÉNAUD, La Cour européenne des droits de l'homme, Connaissance du droit, Dalloz, 2e éd., 2002 ; P. WACHSMANN, Les droits de l'homme, Connaissance du droit, Dalloz, éd. 2000. Adde, pour une contestation de la notion même de droits de l'homme : M. VILLEY, Le droit et les droits de l'homme, PUF, 2e éd. 1990 ; S. JAHEL, « Chari'a et convention européenne des droits de l'homme », Mélanges Decocq, Litec, 2004, p. 355 et s. ; G. MAHMASSANI, « Les droits de l'homme dans le système juridique musulman », Mélanges Decocq, Litec, 2004, p. 417 et s.

Renvois : *Attributs de la personnalité, Clonage, Droits de l'enfant, Égalité civile, Image, Interruption volontaire de grossesse, Liberté matrimoniale, Naissance, Transsexualisme, Vie familiale.*

Droits de la personnalité

Définition

Les droits de la personnalité constituent une catégorie particulière de droits, qui sont reconnus à toute personne physique, c'est-à-dire à tout être humain, du fait de sa naissance et qui ont pour finalité de protéger l'individu dans son existence physique, psychologique et sociale.

Les principaux droits de la personnalité sont le droit au respect de la vie privée (*V. ce mot*), le droit à l'image (*V. ce mot*), le droit à la voix (*V. ce mot*) et le droit à l'honneur (*V. ce mot*).

Régime juridique

◆ Traits communs aux différents droits de la personnalité

Par-delà leur diversité, les différents droits de la personnalité présentent plusieurs constantes. Tout d'abord, ils sont généraux, ce qui signifie que toute personne en est titulaire. D'ailleurs, la jurisprudence rappelle souvent que les artistes du spectacle, les personnages publics, les sportifs, ou encore les hommes politiques continuent d'être titulaires du droit à la protection de leur personnalité. Les droits de la personnalité sont, ensuite, extra-patrimoniaux, ce qui signifie qu'ils ne sont pas évaluables en argent. On en déduit qu'ils sont incessibles, insaisissables, et absolus. En dépit de ce caractère extra-patrimonial, la violation des droits de la personnalité donne naissance, au profit du titulaire du droit violé, à un droit patrimonial : la créance d'indemnisation. Mais c'est déjà aborder la question de la sanction des atteintes aux droits de la personnalité.

◆ La sanction des atteintes à la personnalité

La sanction des atteintes à la personnalité fait l'objet d'un régime complexe, dans lequel se mêlent dispositions légales et solutions jurisprudentielles. Pour simplifier, on peut dire que la victime d'une atteinte à sa personnalité peut obtenir des dommages et intérêts pour réparer le préjudice que lui a causé cette atteinte. Le fondement de cette action a longtemps été l'article 1382 du Code civil (le demandeur doit donc prouver une faute, un préjudice et un lien de causalité). Mais, en matière d'atteinte à la vie privée, la jurisprudence semble aujourd'hui s'écarter de l'article 1382 et admettre, sur le fondement de l'article 9 du Code civil, que la seule constatation de l'atteinte à la vie privée ouvre droit à réparation sans que la démonstration d'un préjudice particulier soit faite (Civ. 1re, 5 novembre 1996, *D.* 1997, p. 403, note Laulom ; *D.* 1997, somm., p. 289, obs. Jourdain ; *JCP* 1997, II, 20805, note Ravanas ; Civ. 1re, 25 février 1997, *JCP* 1997, II, 22873, note Ravanas). On constate une évolution similaire en matière de droit à l'image (*V. ce mot*) puisque certains arrêts admettent qu'il y a atteinte à l'image dès la captation de celle-ci, indépendamment même de sa reproduction ou de sa diffusion.

Mais une protection efficace de la personnalité implique, en outre, l'existence de sanctions en nature, qui permettent de faire cesser le trouble pour l'avenir. Ces sanctions en nature ont semblé longtemps constituer une spécificité des atteintes à l'intimité de la vie privée. En vertu de l'article 9 al. 2 du Code civil, en cas d'atteinte à l'intimité de la vie privée, le juge peut, en effet, prescrire « *toute mesure propre à faire cesser le trouble* ». Il s'agit notamment de la saisie, mais la pratique démontre que les juges y sont réticents (*contra,* en raison sans doute de la personnalité de l'intéressé, l'affaire du « *Grand secret* » : TGI Paris, ord. référé, 18 janvier 1996, *JCP* 1996, II, 22589, note Derieux). Il s'agit également d'une mesure de séquestre, de l'insertion du dispositif de la décision de condamnation dans plusieurs journaux aux frais de l'auteur de l'atteinte ou de la suppression des passages litigieux. Ces différentes mesures peuvent être ordonnées en référé.

D'après l'article 809 du Nouveau Code de procédure civile, le juge des référés détient le pouvoir de faire cesser « *un trouble manifestement illicite* ». Et la jurisprudence décide que l'article 809 peut être appliqué aux atteintes à la vie privée, même lorsqu'elles ne concernent pas l'intimité de la vie privée (Civ. 1re, 13 avril 1988, *Bull.,* I, n° 97) ou à l'image (Paris, 19 juin 1987, *JCP* 1988, II, 20957, note Auvret). La possibilité d'obtenir des sanctions en nature n'est donc plus réservée aux atteintes à l'intimité de la vie privée. Elle semble désormais faire partie du droit commun des sanctions des atteintes à la personnalité.

Données historiques

Les droits de la personnalité sont une construction prétorienne des juridictions de la société de communication de notre XXe siècle. Le Code de 1804 ignorait les droits de la personnalité. La société de l'époque était essentiellement rurale, et les moyens de communication fort limités. C'est pourquoi le principe de responsabilité du fait personnel contenu dans l'article 1382 du Code civil est longtemps apparu comme une protection suffisante. Mais le développement des moyens de communication joint à celui de la presse ont engendré une multiplication des atteintes à la personnalité, et spécialement des atteintes à la vie privée. Le besoin s'est alors fait sentir, dès la fin du XIXe siècle et au début du XXe, de renforcer les moyens juridiques de lutte contre ces atteintes. L'une des toutes premières décisions est celle du Tribunal civil de la Seine en 1858 (aff. Rachel, *D.* 1858, III, p. 62) dans laquelle la sœur de l'actrice Rachel s'opposait à la publication par le journal *L'Illustration* d'une photographie de l'actrice sur son lit de mort. Pour condamner le magazine, le tribunal relève que « *le droit de s'opposer à cette reproduction est absolu, qu'il a son principe dans le respect que commande la douleur des familles* ». La voie était ainsi ouverte à la protection, jurisprudentielle, de la personnalité.

Données doctrinales et jurisprudentielles

Comme toute construction prétorienne, les droits de la personnalité ont été dégagés au cas par cas par la jurisprudence, par petites touches, d'une manière presqu'impressionniste... Pourtant, le moment est peut-être venu de bâtir une théorie générale de la protection de la personnalité. Ainsi, on pourrait peut-être affirmer que toute personne est titulaire d'un — seul — droit à la protection de sa tranquillité, et que ce droit lui permet de demander réparation des différentes atteintes dont sa tranquillité est susceptible (atteinte à la vie privée, à l'honneur ou à l'image...). Cette théorie s'harmoniserait assez bien avec l'apparition d'une sorte de droit commun des sanctions des atteintes à la personnalité (*V. supra, Régime juridique*).

La théorie des droits de la personnalité, qui a été dégagée pour les personnes physiques, peut-elle être appliquée aux personnes morales ? Si l'on part de l'idée que ces droits sont destinés à protéger la personne dans son individualité physique, psychologique et sociale, il va de soi qu'une réponse négative s'impose. Pourtant, selon certains auteurs, il ne serait pas incongru de reconnaître aux personnes morales certains droits de la personnalité, notamment lorsque les propos ou les agissements des tiers modifient la perception qu'a le public de l'image de la personne morale (atteinte à la considération ou à la présomption d'innocence). Cette proposition ne semble pas être largement admise en droit positif.

Bibliographie sommaire : R. LINDON, Dictionnaire juridique : les droits de la personnalité, Dalloz, 1983 ; R. CABRILLAC, M.-A. FRISON-ROCHE, Th. REVET (dir.), Droits et libertés fondamentaux, 10e éd. Dalloz, 2004 ; B. BEIGNIER, Le droit de la personnalité, PUF, Que sais-je ?, n° 2703, 1re éd. 1992 ; Th. HASSLER et V. LAPP, « Le droit à l'information du public confronté aux droits des victimes », Les Petites Affiches, n° 151, du 17 décembre 1997.

Renvois : *Attributs de la personnalité, Honneur, Image, Vie privée.*

Égalité civile (principe d'–)

Contenu du principe

Le principe d'égalité civile est énoncé par l'article 8 du Code civil « *Tout français jouira des droits civils* ». Et ce texte n'est que l'application, en droit civil, du principe d'égalité posé par l'article 1er de la Déclaration des droits de l'homme et du citoyen du 26 août 1789.

De façon plus précise, l'égalité civile est l'égale aptitude à jouir des droits attribués par la loi civile aux citoyens.

Portée du principe

Tel que l'énonce l'article 8, le principe d'égalité a une portée très générale : il s'applique à *tous* les nationaux français, et concerne *tous* les droits civils. Il interdit donc, en principe, toute discrimination. Pour autant, nous verrons que le principe d'égalité civile connaît encore, aujourd'hui, un grand nombre d'exceptions.

◆ La condamnation des discriminations

La discrimination est une rupture de l'égalité. Ainsi, les articles 225-1 et 225-2 du Code pénal punissent-ils toute discrimination ou toute distinction dans le domaine de la fourniture de biens ou de services, de l'exercice des activités économiques, de l'embauche ou du licenciement, lorsque cette discrimination se fonde sur des critères illégitimes : origine, sexe, situation de famille, état de santé, handicap, mœurs, opinions politiques, activités syndicales, appartenance à une ethnie, une nation, une race ou une religion.

Au plan civil, on pourrait en déduire l'interdiction de toute discrimination lorsqu'elle s'appuie sur les mêmes critères que ceux que la loi pénale déclare illégitimes. Ainsi, l'interdiction des discriminations fondées sur les mœurs pourrait-elle imposer la reconnaissance de l'union homosexuelle. De même, l'interdiction des discriminations fondées sur la situation de famille pourrait-elle justifier la suppression de toute différence entre époux et concubins ou entre enfants légitimes et enfants naturels. A la vérité, rien n'est moins sûr dans la mesure où le principe d'égalité civile connaît certaines exceptions incontournables.

◆ La persistance des exceptions

On admet généralement qu'il n'y a pas d'inégalité à traiter de manière différente des personnes placées dans des situations différentes. C'est ainsi que les étrangers sont soumis, en France, à des conditions d'entrée et de séjour spécifiques, bien évidemment différentes de celles des nationaux. De même, l'établissement de la filiation naturelle ne peut se faire de la même manière que pour la filiation légitime, puisque les situations familiales sont différentes. Il faut bien reconnaître, toutefois, que la portée de l'argument est sensiblement moins forte lorsqu'il s'agit des droits qui résultent de la filiation établie (*V. égalité des filiations*). Enfin, il n'y a pas d'atteinte au principe d'égalité dans le fait de prévoir des règles de capacité juridique qui diffèrent en fonction de la lucidité des différentes personnes physiques. Tel est le cas de notre droit des incapacités, riche en inégalités non seulement entre capables et incapables, mais aussi au sein de la catégorie des incapables — par l'existence de régimes adaptés à chaque type d'incapacité —. Pour reprendre la formule du Doyen Carbonnier, on est alors en présence d'inégalités « *fondées sur des données naturelles ineffaçables : l'âge, l'état mental* » (J. Carbonnier, *Droit civil, Les personnes,* PUF, Coll. Thémis, 21e éd. 2000, n° 89).

Données historiques

Bien que l'idée d'égalité soit l'un des apports marquants du christianisme (en ce sens, A. Lefebvre-Teillard, *Introduction historique au droit des personnes et de la famille,* PUF, Droit fondamental, 1996, n° 27), l'Ancien droit est profondément inégalitaire. En effet, la France de l'Ancien Régime n'était pas conçue comme la réunion de citoyens égaux. La condition de chacun était déterminée par le rôle qu'il jouait dans la société : certains combattaient, d'autres priaient, et d'autres enfin travaillaient. La société se composait donc de plusieurs ensembles de personnes, dénommés « corps » ou « états » dont chacun avait sa fonction et son droit propres. C'est donc la Révolution qui a formulé — plus qu'elle ne l'a inventé — le principe d'égalité.

Données doctrinales et jurisprudentielles

Le principe de l'article 8 du Code civil repose sur le postulat qu'une personne physique quelconque est égale à n'importe quelle autre personne physique. Il s'agit d'une égalité en droit (art. 1er DDH), non d'une égalité en fait. Ainsi tous les hommes sont-ils égaux dans la vocation abstraite à devenir propriétaires non pas dans la part effective de propriété qui leur est attribuée.

Il est difficile d'aller plus loin dans la mesure où la recherche de l'égalité parfaite, concrète, se traduit nécessairement par une remise en cause de la liberté.

Bibliographie sommaire : P. Bouretz, « Égalité et liberté », in « La déclaration de 1789 », Revue Droits, 1988, n° 8, p. 71 ; A. Leca, « Les principes de la révolution dans les droits civil et criminel », in Les principes de 1789, Presses Universitaires d'Aix-Marseille, 1989, p. 113.

Renvois : *Acte de l'état civil, Action en recherche, Adoption, Attributs de la personnalité, Autorité parentale, Capacité, Égalité des filiations, Incapacités, Logement de la famille, Mariage-effets, Nom de famille-attribution, Personnalité juridique, Procréations assistées, Vie privée.*

Égalité des filiations (principe d'–)

Contenu du principe

Le principe d'égalité des filiations prohibe toute discrimination entre les enfants résultant des circonstances de leur naissance. Ainsi tous les enfants doivent-ils pouvoir également établir le lien de filiation qui les rattache à leurs père et mère. De même tous les enfants doivent-ils jouir de droits égaux, quelle que soit la nature de la filiation établie (légitime, naturelle ou adoptive).

Portée du principe

Tous les enfants ont, en théorie, les mêmes droits et les mêmes devoirs, non seulement dans leurs rapports avec leurs parents, mais encore dans leurs rapports avec la famille de leurs parents.

Pourtant, aucun texte du Code civil ne pose un principe général d'égalité des filiations. La technique du Code est différente : il existe des dispositions particulières à chaque type de filiation. Ainsi, l'article 334 posait-il, avant la loi du 3 décembre 2001, le principe d'égalité entre l'enfant légitime et l'enfant naturel. De même, l'article 358 prévoit-il l'assimilation de l'enfant adopté plénièrement avec l'enfant légitime. Quant à l'adopté simple, l'assimilation avec l'enfant légitime est plus limitée puisqu'elle ne concerne que la matière des successions (article 368) et encore sans conférer à l'adopté simple la qualité d'héritier réservataire dans la famille de l'adoptant. Plus qu'un principe d'égalité des filiations, il faut donc plutôt parler d'un effort d'alignement des autres filiations sur la filiation légitime. Un principe d'assimilation en quelque sorte. Ce qui n'équivaut pas à un principe d'égalité, et laisse entrevoir de nombreuses dérogations.

Dérogations au principe

Elles sont nombreuses. Certaines sont justifiées par la différence des situations de fait. Elles paraissent donc à la fois incontournables et excusables. D'autres ne sont justifiées que par un choix législatif, ce qui les rend plus facilement discutables.

◆ Inégalités de situations

Elles concernent principalement l'établissement du lien de filiation. Ainsi, on admet que la filiation naturelle ne peut être établie de la même manière que la filiation légitime, parce que les situations familiales sont différentes. Cette différence de situation explique aussi que la filiation naturelle soit divisible, ou que l'enfant naturel n'ait pas toujours de filiation établie (il en est ainsi, par exemple, lorsque ses parents ne l'ont pas reconnu). Ces inégalités de situation ont des conséquences importantes en matière de nom, d'autorité parentale et de vocation successorale. Ainsi, notre droit a beau proclamer l'égalité de l'enfant naturel avec l'enfant légitime, le principe reste lettre morte lorsque l'enfant naturel n'a été reconnu que par un seul de ses parents : il n'a alors qu'une demi-filiation, une demi-parenté, une demi-part successorale... La situation est encore plus grave lorsque la filiation de l'enfant naturel n'est établie à l'égard d'aucun de ses parents. L'égalité avec l'enfant légitime n'est plus du tout de mise.

◆ Inégalités de choix législatifs

Ces inégalités ne peuvent se justifier par la différence des situations de fait. Elles procèdent d'un choix du législateur. Il en était ainsi de la réduction des droits successoraux de l'enfant adultérin (art. 759 et 760 anc. C. civ.), qui a été supprimée par la loi du 2001-1135 du 3 déc. 2001. Ou de l'impossibilité pour l'enfant incestueux d'établir son double lien de filiation (art. 334-10 C. civ.). Ces inégalités s'expliquent, pour la première, par la protection du mariage, pour la seconde, par la volonté de ne pas faire ressortir l'origine incestueuse de l'enfant. Il s'agit là de choix de politique législative que le législateur pourrait parfaitement modifier.

Données historiques

L'histoire offre plus d'exemples de l'inégalité des enfants que de leur égalité. A Rome, la maternité naturelle produisait, cependant, les mêmes conséquences que la maternité légitime. Et le père naturel pouvait acquérir la puissance paternelle sur son fils, si celui-ci y consentait, grâce à l'abrogation. Mais à partir de l'Empereur chrétien Constantin, deux tendances apparaissent. D'une part, les enfants naturels nés d'une fornication sont considérés comme les enfants du péché. Dès lors, la règle d'égalité entre enfants légitimes et naturels à l'égard de la mère est supprimée. En outre, il est fait interdiction au père de mettre sur un même pied enfant légitime et naturel, grâce à l'abrogation ou l'adoption. D'autre part, les parents, qu'ils soient naturels ou légitimes, ont des obligations envers leurs enfants, tant au point de vue pécuniaire (obligation d'entretien) qu'au point de vue moral (obligation d'éducation). L'obligation alimentaire réciproque sera donc étendue entre ascendants et descendants naturels. Quant au concubinat, il fait naître, sauf en cas d'adultère, un droit aux aliments au profit de la concubine et un droit de succession limité au profit des enfants issus de l'union. Dans le droit franc, les enfants naturels sont exclus de la famille. Ils n'ont aucun droit dans la succession de leur père.

Le droit révolutionnaire proclama l'égalité de tous les enfants, y compris au plan successoral. Mais il rendit en même temps l'établissement de la filiation naturelle plus difficile : la preuve de la paternité naturelle ne pouvait plus résulter que d'une reconnaissance volontaire.

Le Code de 1804 consacre, quant à lui, la supériorité de la filiation légitime comme modèle de référence. Ainsi, alors que l'établissement de la filiation légitime résulte d'une présomption (art. 312 C. civ.), l'établissement de la filiation naturelle suppose la démonstration du double lien de l'enfant avec chacun de ses parents. La filiation naturelle est divisible. En outre, la recherche de paternité est interdite. Le Code prohibe également l'établissement de la filiation adultérine et incestueuse. Et l'inégalité se retrouve dans les droits que procure la filiation établie. Ainsi, l'enfant naturel simple dont la filiation est établie a certes le droit de venir à la succession de ses père et mère mais il n'a pas la qualité de réservataire, ni celle d'héritier saisi. En outre, sa part héréditaire est nettement moindre que celle d'un enfant légitime. Mais la différence la plus flagrante est que la filiation naturelle ne remonte pas, c'est-à-dire que l'établissement de sa filiation rattache l'enfant uniquement à ses père et mère, mais qu'il n'acquiert aucun lien vis-à-vis de la famille de ses parents. Quant aux enfants adultérins et incestueux, ils ne disposent d'aucun droit puisque l'établissement de leur filiation est interdit.

C'est la loi du 3 janvier 1972, portant réforme de la filiation qui, sous l'égide de Jean Carbonnier, franchira un pas décisif — même s'il n'est pas total — en direction de l'égalité.

Données doctrinales et jurisprudentielles

L'égalité du Code civil est conçue par rapport à la filiation légitime qui fait encore, peu ou prou, figure de modèle de référence. Pourtant la ligne de partage entre les filiations est peut-être moins, aujourd'hui, celle qui sépare la filiation légitime de la filiation naturelle — après tout, leurs statuts sont de plus en plus proches — que celle qui distingue les filiations charnelles et les filiations par greffe : greffe affective (adoption) ou médicale (procréation médicalement assistée).

Derrière le principe d'égalité des enfants semble se trouver, selon Monsieur le Doyen Cornu, un principe d'innocence, « *le postulat qu'aucune tare originelle n'entache dans sa personne l'enfant qui naît* ». Un être aussi pur ne peut mériter aucune inégalité. Il n'y a pas d'enfant illégitime, il n'y a que des parents illégitimes. Ce principe d'innocence semble rejoindre ce que le droit pénal nomme le principe de la personnalité de la responsabilité et des peines : l'enfant n'étant pas responsable des circonstances de sa naissance, pourquoi lui appliquer un traitement de défaveur ? Ce raisonnement a conduit la Cour européenne des droits de l'homme à condamner la France pour incompatibilité de la réduction des droits de l'enfant adultérin avec l'article 14 de la Convention (qui prohibe les discriminations) combiné à l'article 1er du protocole additionnel n° 1 (qui garantit à toute personne le respect de ses biens) : Cour EDH, 1er février 2000, *Mazurek, D.* 2000, p. 332, note Thierry. Et, sur le plan interne, elle a conduit le législateur à mettre fin à la réduction des droits successoraux de l'enfant adultérin (L. 3 déc. 2001).

Droit comparé

Plusieurs pays européens ont adopté le principe d'une égalité totale entre enfant légitime et enfant naturel. C'est le cas, notamment, de l'Allemagne, de la Belgique, de l'Italie et de l'Espagne.

Bibliographie sommaire : J. Hauser et D. Huet-Weiller, Traité de droit civil, La famille, vol. 1, « Fondation et vie de la famille », 2e éd. LGDJ, 1993, n° 448 et s. ; J. Massip, « Liberté et égalité dans le droit contemporain de la famille », Rép. Defrénois 1990, p. 149 ; P. Raynaud, Les deux familles, réflexions comparatives sur la famille légitime et la famille naturelle, Mélanges De Juglart, 1986, p. 63 ; G. Cornu, La filiation, Archives de philosophie du droit, tome 20, Les réformes du droit de la famille, éd. Sirey, 1975, p. 29 et s.

Renvois : *Adoption, Adultère, Égalité civile, Légitimation, Obligation alimentaire.*

Empêchement à mariage

Définition

L'empêchement est un obstacle à la célébration du mariage qui tient soit à l'existence d'un lien de parenté ou d'alliance entre les futurs époux, soit au fait que l'un des conjoints est encore dans les liens d'un mariage antérieur non dissous.

Régime juridique

◆ Les différents empêchements à mariage

◇ *L'existence d'un mariage antérieur non dissous*

La polygamie est contraire à l'ordre public français. Dès lors, la célébration du mariage est impossible si l'un des deux candidats au mariage est encore dans les liens d'un mariage non dissous. Au civil, s'il était célébré, le second mariage pourrait être annulé pour cause de bigamie (art. 147 et 184 C. civ.). Au pénal, la bigamie est réprimée par l'article 433-20 du Code pénal. L'époux bigame encourt une peine d'un an d'emprisonnement et de 45 000 € d'amende. Et l'officier d'état civil qui a célébré le second mariage en connaissant l'existence du mariage précédent encourt les mêmes sanctions.

Après la dissolution du mariage (par décès, divorce, jugement déclaratif d'absence ou de disparition) le remariage des époux est possible. Cependant, la femme doit respecter le délai de viduité, c'est-à-dire qu'elle ne peut se remarier moins de trois cents jours après la dissolution du mariage précédent. La règle se justifie par le souci d'éviter une confusion de paternité. En pratique, elle n'est guère contraignante puisque la femme peut se remarier avant l'expiration du délai de viduité si elle produit un certificat médical attestant qu'elle n'est pas enceinte. D'ailleurs, la loi du 26 mai 2004 a supprimé le délai de viduité à compter du 1er janvier 2005.

◇ *La parenté ou l'alliance au degré prohibé*

Cet empêchement traduit la prohibition des unions incestueuses. Dans la famille légitime ou naturelle, le mariage est interdit en ligne directe à l'infini. Il est également interdit en ligne collatérale jusqu'au troisième degré inclusivement (oncle-nièce, tante-neveu). Contrairement à ce que l'on croit souvent, le mariage entre cousins germains est permis, puisqu'ils ne sont parents qu'au quatrième degré. Le mariage est également interdit entre alliés en ligne directe, et à l'infini. En revanche, il n'existe aucun empêchement à mariage en ligne collatérale, de sorte qu'une personne divorcée peut épouser le frère ou la sœur de son ex-conjoint.

On applique les mêmes règles en cas d'adoption plénière, mais les empêchements subsistent à l'égard de la famille d'origine de l'adopté, bien que les liens soient en principe rompus (art. 356 C. civ.). En revanche, en cas d'adoption simple, le mariage demeure interdit dans la famille d'origine de l'adopté, ce qui est logique puisque les liens de sang ne sont pas rompus. Il est aussi interdit entre l'adoptant, l'adopté et ses descendants ; entre l'adopté et le conjoint de l'adoptant ; entre l'adoptant et le conjoint de l'adopté ; entre les enfants adoptifs d'un même individu et entre l'adopté et les enfants de l'adoptant (art. 366 C. civ.). Il faut signaler enfin que le jugement qui condamne un homme à verser des subsides à un enfant crée entre cet homme et cet enfant un empêchement à mariage (*V. action à fins de subsides).*

◆ **Les dispenses**

Les empêchements dirimants (parenté en ligne directe) sont insusceptibles de dispense. En revanche, les empêchements simplement prohibitifs (parenté collatérale oncle-nièce, tante-neveu ; alliance en ligne directe, lorsque le mariage qui produisait l'alliance a été dissous par décès : ainsi un père peut-il se marier avec la veuve de son fils, ce qui est choquant) peuvent faire l'objet d'une dispense accordée par le Président de la République (art. 164 C. civ.).

Données historiques

Les empêchements à mariage existaient déjà en droit romain, puisque la société romaine n'admettait ni l'inceste, ni la polygamie. Le droit canonique les étendra considérablement. Ainsi, en ligne collatérale, le mariage est-il interdit jusqu'au sixième degré inclusivement (cousins issus de germains).

Données doctrinales et jurisprudentielles

Les empêchements sont des conditions négatives du mariage qui traduisent un certain contrôle exercé par la société sur les projets de mariage ou, plus récemment, de PACS (*V. Pacte civil de solidarité).* Toutefois, si l'ordre public français s'oppose à la célébration en France d'un mariage bigame — la règle valant pour les Français comme pour les étrangers — le droit français accepte qu'un mariage polygame valablement contracté à l'étranger produise des effets en France. La solution a été donnée par la Cour de cassation dans l'arrêt Rivière, qui consacre la théorie de l'effet atténué de l'ordre public (Civ. 1re, 17 avril 1953, *Rev. crit. DIP* 1953, p. 412, note Batiffol ; *JCP* 1953, II, 7863, note Buchet).

Droit comparé

Tous les droits européens connaissent des empêchements fondés sur l'inceste et la bigamie. En droit musulman, les empêchements à mariage sont nombreux. Le tabou de l'inceste est très fort. Et l'empêchement à mariage résulte non seulement de la parenté de sang, mais aussi de la parenté par le lait : l'allaitement crée entre le nourrisson et la nourrice un lien de parenté. Le mari de la nourrice est également considéré comme le père de l'enfant. S'agissant de la polygamie, le Coran limite à quatre le nombre des épouses légitimes. En conséquence, il existe un empêchement dit de tétragamie qui interdit au musulman de prendre une cinquième épouse sans avoir préalablement répudié l'une de ses quatre femmes légitimes.

Bibliographie sommaire :

Histoire : A. LEFEBVRE-TEILLARD, Introduction historique au droit des personnes et de la famille, PUF, Droit fondamental, éd. 1996, spéc. n° 99.

Droit positif : D. MAYER, « La pudeur du droit face à l'inceste », D. 1988, chr., p. 213 ; G. ENDRÉO, « Bigamie et double ménage », RTD civ. 1991, p. 263 ; C. GUÉRY, « L'inceste : étude de droit pénal comparé », D. 1998, chr., p. 47.

Renvois : *Action à fins de subsides, Mariage-conditions, Pacte civil de solidarité.*

État civil

Définition

L'expression peut avoir deux sens. Elle désigne, tout d'abord, l'ensemble des éléments de droit privé par lesquels la loi individualise la personne. On parle aussi d'état des personnes *(V. ce mot)*. Les principaux éléments de l'état des personnes sont le nom, l'âge, le sexe, la filiation, la situation matrimoniale et, pour certains auteurs, la nationalité. L'expression désigne également le service public chargé de la rédaction et de la conservation des actes de l'état civil *(V. ce mot)*.

Régime juridique

L'état des personnes et les actes de l'état civil faisant l'objet de rubriques autonomes, on se bornera à présenter ici le service de l'état civil, c'est-à-dire l'officier d'état civil et les registres de l'état civil.

◆ **L'officier d'état civil** est, en principe, le maire, mais celui-ci peut déléguer ses pouvoirs à un adjoint, à un conseiller municipal, ou même — à l'exception des actes de mariage — à un agent municipal. L'officier d'état civil a compétence pour la rédaction des actes de naissance, de mariage et de décès, ainsi que pour la réception des reconnaissances d'enfant naturel. Il ne peut instrumenter que sur le territoire de sa commune et pour des actes ayant un rapport géographique avec celle-ci (naissance ou décès dans la commune...). En revanche, les reconnaissances d'enfant naturel peuvent être reçues par tout officier d'état civil (art. 335 C. civ.). L'officier d'état civil n'a pas qu'un rôle d'enregistrement des déclarations qui lui sont faites. Il dispose aussi d'un certain pouvoir d'appréciation qui lui permet, par exemple, de s'opposer à la célébration d'un mariage de complaisance.

◆ **Les registres d'état civil** contiennent les actes rédigés par l'officier d'état civil ou par son délégué. Il existe trois catégories de registres : les registres des naissances, les registres des mariages et les registres des décès. Chaque registre contient les actes de l'état civil, éventuellement complétés par des transcriptions et des mentions en marge. Les registres sont tenus en double exemplaire. L'un est conservé par la mairie, l'autre est déposé, à la fin de chaque année, au greffe du tribunal de grande instance dans le ressort duquel est située la commune. Cette mesure, destinée à prévenir une destruction accidentelle, est aujourd'hui privée d'une partie de son efficacité depuis que la loi du 13 janvier 1989 (a. 75) a décidé que les mentions marginales ne seraient plus reportées sur les registres conservés par les greffes.

Données historiques

L'expression « état civil » vient du latin, *status civitatis* qui signifie : statut dans la cité. Le droit romain distinguait, en effet, le *status libertatis,* le *status civitatis* et le *status familiae* : situation de l'individu vis-à-vis de la liberté — était-il homme libre ou esclave ? —, dans la cité et dans la famille. Tels étaient les trois traits qui permettaient d'identifier la personne à Rome. Aujourd'hui, l'état civil a toujours une fonction d'identification de la personne, mais cette fonction ne concerne plus que sa situation personnelle et familiale.

Bibliographie sommaire :

Histoire : J. Brissaud, Manuel d'histoire du droit privé, éd. De Boccard, Paris, 1935, p. 832 ; F. Olivier-Martin, Histoire du droit français des origines à la Révolution, éd. CNRS, 1992, n° 487 ; P. Petot, Histoire du droit privé, La famille, Ed. Loysel, 1992, p. 447.

Droit positif : R. Marquant, L'état civil et l'état des personnes, éd. Masson, 1977 ; P. Raynaud, « L'acte de naissance de l'enfant naturel », Mélanges Marty, Université des sciences sociales de Toulouse, 1978, p. 903 et s. ; C. Dugas de la Boissony, L'état civil, PUF, Que sais-je ?, n° 2335 ; Instruction générale relative à l'état civil, éd. Journal officiel, juillet 1999.

Renvois : *Acte de l'état civil ; État des personnes, Filiation, Liberté matrimoniale, Nom, Prénom, Transsexualisme.*

État des personnes

Définition

L'état des personnes est l'ensemble des éléments de droit privé qui caractérisent la personne dans son individualité (âge, sexe), dans ses rapports de famille (filiation, mariage) et, selon certains auteurs, dans ses rapports avec l'État (qualité de français ou d'étranger). L'état est la traduction juridique de l'existence de la personne.

Caractères principaux

L'état des personnes présente plusieurs caractères. Il est indivisible, imprescriptible et indisponible.

◆ **L'indivisibilité** de l'état des personnes a pour conséquence qu'une même personne ne peut avoir en même temps deux états contraires (on ne peut pas être à la fois enfant légitime et enfant naturel, garçon et fille, marié et célibataire...).

◆ **L'imprescriptibilité** de l'état des personnes signifie que l'état ne peut ni s'acquérir ni se perdre par l'écoulement du temps. Ainsi la jurisprudence a-t-elle décidé que l'écoulement du temps ne fait pas perdre le droit d'user d'un nom de famille (Civ. 1re, 15 mars 1988, *D.* 1989, 549, note Massip). De même, l'écoulement du temps est-il, en principe, sans effet sur la situation matrimoniale : le concubinage prolongé ne fait pas acquérir le statut d'époux. Mais les exceptions à la règle de l'imprescriptibilité sont de plus en plus nombreuses aujourd'hui, et l'on peut se demander si le principe n'est pas renversé. D'une part, la jurisprudence reconnaît certains effets à la possession prolongée du nom (*V. Nom de famille-attribution*). D'autre part, la loi du 3 janvier 1972 a posé en principe que, lorsqu'elles ne sont pas enfermées dans des durées plus brèves, les actions relatives à la filiation se prescrivent par trente ans (art. 311-7 C. civ.). Enfin, la loi du 25 juin 1982, a prévu que la filiation naturelle peut être établie par la possession d'état (art. 334-8 C. civ.). L'état des personnes se trouve donc, dans plusieurs de ses composantes importantes, désormais soumis soit à une prescription extinctive — ce qui est finalement assez classique s'agissant d'actions en justice — soit à une prescription acquisitive — cas de la loi de 1982 —, ce qui est infiniment plus nouveau.

◆ **L'indisponibilité** de l'état des personnes signifie que la volonté de l'individu est sans effet sur les éléments de son état. On en déduit, d'une part, qu'une personne ne peut vendre son nom ni le transmettre par donation ou testament, ni encore louer son lien de filiation... Et toute convention contraire serait nulle de nullité absolue. Mais la règle de l'indisponibilité produit, d'autre part, une autre conséquence : la personne ne peut modifier elle-même son état. Pourtant, sous cette deuxième forme, le principe connaît de nombreuses atteintes. Ainsi est-il possible de changer de nom *(V. Nom de famille-changement)*. De même, le mariage, le divorce, et l'adoption ne sont pas dépourvus d'effets sur le nom. Et surtout, le principe de l'indisponibilité de l'état des personnes s'est trouvé largement ébranlé (abandonné ?) par la jurisprudence de la Cour européenne des droits de l'homme en matière de transsexualisme *(V. ce mot)*.

Données doctrinales et jurisprudentielles

Tous les auteurs ne sont pas d'accord sur le nombre exact de composantes de l'état des personnes. Alors que les auteurs classiques limitaient l'état des personnes à la nationalité et au lien de filiation — l'individu était alors rattaché à une famille et à une nation —, les auteurs contemporains admettent que l'état inclut également l'âge et le sexe. Allant au-delà, certains préconisent même de reconnaître comme éléments de l'état des personnes la profession et la religion. Mais il n'est pas certain que ces composantes nouvelles correspondent effectivement aux caractères de l'état. Peut-on dire de la profession qu'elle est indivisible alors qu'il est possible d'exercer en même temps plusieurs professions ? Peut-on dire que la religion est indisponible, alors qu'il est possible de l'adopter, de la rejeter, d'en changer... ? En outre, et de manière plus générale, un état laïc peut-il inclure la religion dans les éléments juridiques qu'il utilise pour caractériser ses citoyens ? Un état libéral doit-il tenir compte de la profession des personnes pour déterminer leurs droits subjectifs ?

Bibliographie sommaire : J.-P. BRANLARD, Le sexe et l'état des personnes, Préf. F. Terré, Bibliothèque de droit privé, tome 222, LGDJ, 1993.

Renvois : *Acte de l'état civil, Action d'état, État civil, Ordre public, Possession d'état, Transsexualisme.*

Existence de la personne

Notion

La personne existe entre sa naissance et sa mort ; du premier souffle de vie jusqu'au dernier soupir.

La question de l'existence de la personne est importante, dans la mesure où elle conditionne l'acquisition de la personnalité juridique *(V. ce mot)*. L'existence juridique est liée à l'existence physique. Ainsi l'individu est-il considéré comme une personne juridique tant que dure son existence. Il faut donc, ce qui n'est pas chose facile, préciser chacun de ces extrêmes : le début et la fin (*V. Mort*) de l'existence.

Critères

◆ Principe

La personnalité s'acquiert à la naissance, à condition, toutefois, que l'enfant naisse vivant et viable, c'est-à-dire avec tous les organes nécessaires à la vie en ordre de fonctionnement. Il en résulte que l'enfant mort-né ou l'enfant vivant mais non viable n'acquièrent pas la personnalité juridique. Depuis un arrêté du 19 juillet 2002, il est possible de faire inscrire sur le livret de famille tout enfant mort-né ayant au moins 180 jours de vie intra-utérine. La règle, qui a pour objet d'apaiser la souffrance des parents, ne fait cependant pas acquérir la personnalité juridique à l'enfant qui est né mort.

◆ Dérogations

Elles sont au nombre de deux, et conduisent à admettre que l'enfant peut, parfois, acquérir la personnalité juridique dès avant sa naissance. Ainsi, en vertu de l'adage *infans conceptus pro nato habetur quoties de commodis ejus agitur*, l'enfant simplement conçu est considéré comme né toutes les fois que c'est son intérêt. Par exemple, en cas de décès du père pendant la grossesse, l'enfant simplement conçu peut prendre part à la succession, lorsque celle-ci est bénéficiaire (dans le cas contraire, il n'aurait aucun intérêt à hériter), et lorsque l'enfant est né ensuite vivant et viable. Cette deuxième condition est importante : l'acquisition anticipée de la personnalité juridique n'est que provisoire. Si l'enfant naît mort, il n'acquiert pas la personnalité à compter de sa conception.

La seconde dérogation est purement jurisprudentielle. Elle concerne principalement les infractions pénales commises sur le fœtus. Plusieurs arrêts semblent admettre que l'enfant a, dès avant sa naissance, une personnalité distincte de celle de sa mère. Ainsi, la chambre criminelle de la Cour de cassation a-t-elle approuvé la condamnation d'un gynécologue-obstétricien pour blessures involontaires car l'intervention tardive de celui-ci auprès de la parturiente avait été à l'origine d'une souffrance fœtale ayant entraîné un handicap moteur pour l'enfant (Crim. 9 janvier 1992, *Droit pénal* 1992, comm. n° 172, obs. Véron). De même, en cas de décès accidentel du fœtus, certaines juridictions n'hésitent pas à condamner le responsable de l'accident pour homicide involontaire (pour un accident de la circulation ayant entraîné la mort du fœtus, V. Douai, 2 juin 1987, *JCP* 1989, 21250, note X. Labbée ; pour une erreur commise par un gynécologue-obstétricien, V. Lyon, 13 mars 1997, *JCP* 1997, 22955, note G. Fauré). Cette dernière décision a cependant été censurée par la chambre criminelle de la Cour de cassation, au visa du principe d'interprétation stricte de la loi pénale tiré des oubliettes pour les besoins de la cause (Crim. 30 juin 1999, *D.* 2000, p. 710, note crit. Vigneau ; *JCP* 2000, II, 10231, note Fauré. *Adde* D. Rebut, « La loi pénale est d'interprétation stricte ! », *Droit de la famille,* 1999, chr. n° 20). Et, saisie par la vicitime, la Cour EDH a rejeté sa requête au motif que l'appréciation du point de départ du droit à la vie relève de l'appréciation des États parties (Cour EDH, 8 juillet 2004, *JCP* 2004, act., n° 379). Il semble donc que l'enfant mort dans le sein de sa mère n'a pas d'existence juridique. En revanche, si les blessures causées par l'accident ne sont pas immédiatement fatales et si l'enfant, né par césarienne, décède quelques minutes après sa naissance, la qualification d'homicide involontaire peut être appliquée à l'auteur de l'accident. Telle est la solution retenue par la chambre criminelle de la Cour de cassation (Crim. 2 déc. 2003, *D.* 2004, p. 449, note Pradel, *RJPF* 2004, 3/43, obs. Bonfils). Plus que jamais, une clarification du statut pénal de l'enfant dans la période périnatale s'impose !

Qu'elle existe ou non, cette personnalité a bien peu de portée. D'une part, la loi *Veil* du 17 janvier 1975 a créé des permissions légales en matière d'interruption volontaire de grossesse (art. L. 162-1 et L. 162-12 C. santé publ. ; art. 223-11 al. 1 C. pén. : *V. interruption volontaire de grossesse).* D'autre part, l'article 9 de la loi n° 94-654 du 29 juillet 1994 a permis, en matière de fécondation *in vitro,* la destruction des embryons dits surnuméraires, c'est-à-dire des embryons conçus *in vitro* mais non réimplantés. Et cette disposition a été avalisée par le Conseil constitutionnel, qui semble admettre que l'embryon non-implanté n'est pas sujet, mais objet de droits (C. Constit., 27 juillet 1994, *D.* 1995, p. 237, note Mathieu).

Données historiques

Dans l'Antiquité l'apparition de la vie est définie comme l'union de l'âme et du corps. On parlait d'animation. Mais, déjà on se demandait si cette union se réalisait *in utero,* ou si elle ne survenait qu'à la naissance. Ainsi Aristote jugeait-il que l'âme s'unit au corps dès le stade fœtal. Les Stoïciens pensaient, en revanche, que c'est lorsque le nouveau-né inspire pour la première fois l'air que l'âme se glisse dans son corps. Pour les Romains aussi, la vie commence à la naissance et l'enfant mort-né est considéré non seulement comme n'étant pas né mais encore comme n'ayant jamais été procréé. Quant à la condition de viabilité, elle semble n'être apparue que plus tard.

Bibliographie sommaire :

Histoire : A. Lefebvre-Teillard, Introduction historique au droit des personnes et de la famille, PUF, Droit fondamental, 1996, n° 45.

Droit positif : Ph. Salvage, « La viabilité de l'enfant nouveau-né », RTD civ. 1976, p. 725 ; C. Philippe, même titre, D. 1996, chr. p. 29 ; R. Théry, « La condition juridique de l'embryon et du fœtus », D. 1982, chr., p. 231 ; Ph. Pédrot, « Le statut juridique de l'embryon et du fœtus humain en droit comparé », JCP 1991, I, 3483 ; B. Mathieu, « La recherche sur l'embryon au regard des droits fondamentaux constitutionnels », D. 1999, chr., p. 451 ; G. Roujou de Boubée et B. de Lamy, « Contribution supplémentaire à l'étude de la protection pénale du fœtus », D. 2000, chr., p. 181.

Renvois : *Absence, Disparition, Mort, Personnalité.*

Famille

Définition

Le mot « famille » a plusieurs sens. Au sens large, il désigne l'ensemble des personnes qui sont unies par un lien de sang et qui descendent d'un auteur commun.

Mais le terme peut avoir des acceptions plus étroites. Ainsi, peut-il désigner le groupe plus restreint composé des père et mère et de leurs enfants : on parle alors de famille conjugale. Mais la famille peut être encore plus restreinte et ne réunir qu'un seul parent avec ses enfants : on parle alors de famille monoparentale.

Régime juridique

Le droit civil applicable à la famille reflète bien la variabilité des dimensions du groupe familial. Ainsi, à côté des règles qui concernent la famille conjugale ou la famille monoparentale — règles qui n'écartent pas totalement les membres du lignage —, existent des règles qui traduisent plus spécifiquement la dimension lignagère de la famille.

Les règles du mariage (*V. ce mot)* ne s'appliquent qu'aux époux. Le droit de la filiation (*V. ce mot*) ne concerne que les parents et leurs enfants. Il en est de même de l'autorité parentale (*V. ce mot*). Pourtant, les membres de la famille élargie, et notamment les grands-parents, ne sont pas totalement exclus de ces domaines. Ainsi les parents des futurs époux peuvent-ils faire opposition au mariage (*V. mariage-conditions*). De même, peuvent-il engager des actions en contestation du lien de filiation de leurs petits-enfants. Enfin, même s'ils ne sont pas titulaires de l'autorité parentale, ils exercent un certain contrôle sur la mise en œuvre de celle-ci par les parents. Ils peuvent adresser un signalement au juge des enfants, et sont titulaires d'un droit de visite et d'hébergement et de correspondance vis-à-vis de leurs petits-enfants (art. 371-4 al. 2 C. civ.).

A côté de ces règles, il en existe d'autres qui ont une dimension nettement lignagère. Il en est ainsi, notamment, de l'obligation alimentaire (*V. ce mot*), puisqu'il existe entre grands-parents et petits-enfants une obligation alimentaire réciproque, et du droit des successions : les petits-enfants sont héritiers réservataires de leurs grands-parents, notamment lorsque les parents sont décédés. Et cette vocation successorale est réciproque.

Données historiques

La notion et les structures de la famille ont considérablement varié au fil du temps. La synthèse en est difficile, d'autant que l'évolution ne semble pas avoir été linéaire. Ainsi, la théorie du rétrécissement de la famille — par une série de contractions successives, on serait passé d'une famille très étendue à la famille conjugale que nous connaissons aujourd'hui — est-elle contestée par les historiens de la famille et du droit. La leçon de l'histoire semble, par delà les facteurs de permanence et les facteurs d'évolution propres à chaque époque, être la suivante : la parenté est au moins autant un lien physique qu'un lien social. Elle est l'appartenance à un groupe qui peut fort bien ne pas être constitué autour des liens du sang. Ainsi Fustel de Coulanges a-t-il défendu l'idée qu'à Rome, c'était la religion qui fixait la parenté. Et au Moyen Age, le parent est considéré comme un ami « charnel ».

Données doctrinales et jurisprudentielles

Le Code civil de 1804 était, pour des raisons à la fois historiques et politiques, hostile aux groupements. En conséquence, il n'accordait aucun statut juridique à la famille, dont il n'appréhendait pas la dimension collective. Il ne percevait le mariage que comme l'union de deux époux ; la filiation que comme un lien entre l'enfant et ses parents... Un Code individualiste donc. Cette conception de la famille s'est à peine atténuée aujourd'hui.

Pourtant, certaines règles traduisent la dimension collective de la famille. Ainsi, en matière d'atteintes au nom de famille, la jurisprudence considère que tous les membres de la famille peuvent agir en réparation, y compris même ceux qui n'ont jamais porté le nom (*V. Nom de famille-protection*).

D'autres dispositions illustrent l'idée que la famille en tant que groupe, peut être titulaire de certains droits. La meilleure illustration concerne sans doute les souvenirs de famille. La dévolution de ces objets (armes, décorations, lettres missives, portraits...) échappe aux règles de la transmission héréditaire. Les souvenirs sont soustraits au partage et confiés au membre de la famille le mieux à même d'en assurer la préservation. C'est pourquoi certains auteurs considèrent que c'est la famille, en tant que personne morale, qui est propriétaire de ces objets, le dépositaire choisi n'étant en quelque sorte qu'un représentant du groupe familial.

Droit comparé

V. l'article de J. Massip, « L'évolution récente du droit de la famille dans douze pays européens », *Rép. Defrénois* 1994, p. 1489 et s.

Bibliographie sommaire :

Histoire : A. BURGUIÈRE, C. KLAPISCH-ZUBER, M. SEGALEN et F. ZONABEND, Histoire de la famille, 2 volumes, éd. A. Colin, 1986 ; Ph. ARIÈS, L'enfant et la vie familiale sous l'Ancien régime, Seuil, Coll. Points, 1973.

Droit positif : R. SAVATIER, « Une personne morale méconnue : la famille en tant que sujet de droit », DH 1939, p. 49 ; R. LINDON, « La famille accordéon », JCP 1965, I, 1965 ; G. CORNU, « La famille unilinéaire », Mélanges Raynaud, éd. Dalloz, 1985, p. 137 et s. ; J. MASSIP, « Liberté et égalité dans le droit contemporain de la famille », Rép. Defrénois 1990, p. 149 ; J.-P. GRIDEL, « Personne et famille en droit français, panorama des mutations », in Les droits de la famille, éd. Téqui, 1995, p. 51 et s.

Renvois : *Adoption, Autorité parentale, Divorce, Fiançailles, Filiation, Mariage, Nom de famille-protection, Obligation alimentaire.*

Fiançailles

Définition

Les fiançailles *(verba de futuro)* sont une promesse que se font mutuellement deux personnes de se prendre pour époux. On parle aussi de promesse de mariage.

Nature juridique

Contrairement à l'ancien droit, on considère aujourd'hui que les fiançailles ne sont pas un contrat. Elles n'engendrent donc aucune obligation juridique et n'ont pas, en droit, de force obligatoire.

Régime juridique

Puisque les fiançailles ne sont pas juridiquement obligatoires, il n'y a pas faute à ne pas donner suite au projet de mariage. En effet, jusqu'à la célébration de celui-ci, les consentements des futurs époux doivent rester libres. L'auteur d'une rupture de fiançailles n'encourt donc aucune responsabilité contractuelle.

En revanche, s'il commet une faute dans la manière de rompre, l'auteur de la rupture peut être condamné à indemniser l'autre fiancé, selon les règles de la responsabilité délictuelle. Encore faut-il que soit rapportée la preuve d'une faute, d'un préjudice et d'un lien de causalité. La faute consiste, par exemple, dans le fait d'abandonner la fiancée enceinte ou de rompre par caprice à la veille du mariage. Le préjudice peut, quant à lui, être matériel (des dépenses ont déjà été faites en vue du mariage) ou moral (douleur causée par l'abandon).

Reste la question du sort des cadeaux qui avaient été offerts, et spécialement de la bague de fiançailles. En principe, les cadeaux et la bague doivent être restitués, car ils sont affectés d'une condition tacite : la célébration du mariage (art. 1088 C. civ.). Echappent cependant à la restitution les présents d'usage (présents coutumiers, d'une valeur modique).

En vertu de ces règles, la bague de fiançailles doit, en principe, être rendue au fiancé. Ce principe connaît cependant une exception lorsque la rupture est imputable à celui-ci. La fiancée peut alors conserver la bague, à moins que — exception à l'exception — celle-ci ne constitue un bijou de famille. La fiancée doit alors restituer la bague car elle n'en est pas propriétaire. Un bijou de famille appartient à la famille, et la fiancée n'a bénéficié que d'un prêt à usage qui a pris fin avec la rupture des fiançailles.

Données historiques

A Rome, les fiançailles, sans être juridiquement obligatoires, ont progressivement acquis une force contraignante. Ainsi, au Bas-Empire, l'infidélité de la fiancée est-elle réprimée comme l'adultère. C'est le droit canonique qui donne aux fiançailles une valeur juridiquement obligatoire. Elles engendrent pour les fiancés une obligation de faire et « *comme toute obligation, celle-ci peut être judiciairement sanctionnée* » (P. Ourliac et J. de Malafosse, *Histoire du droit privé,* Tome III, Le droit familial, PUF, Thémis, 1968, p. 190). Seule la rupture d'un commun accord, sorte de résiliation par consentement mutuel, n'est pas génératrice de dommages et intérêts. Quant au Code de 1804, il garde le silence sur la question des fiançailles. C'est la jurisprudence qui a admis qu'elles n'ont plus de force obligatoire, mais peuvent être source de responsabilité délictuelle (Civ. 30 mai 1838, *Jur. gén. Dalloz,* V° « Mariage », n° 82 ; Sirey 1838, I, p. 492).

Données doctrinales et jurisprudentielles

Le refus de reconnaître toute force obligatoire aux fiançailles s'inspire de la volonté de respecter la liberté de mariage qui est reconnue, aujourd'hui, comme une liberté fondamentale. Il n'en était pas ainsi dans l'Ancien droit puisque le père pouvait fiancer ses enfants en bas âge.

Bibliographie sommaire : P. MALAURIE et L. AYNÈS, La famille, par P. MALAURIE, Defrénois, 2004, n° 143 et s.

Renvois : *Liberté matrimoniale.*

Filiation

Définition

La filiation est le lien juridique de parenté qui unit un enfant à son père et/ou à sa mère.

Différents types de filiation

◇ *La filiation légitime* est la filiation de l'enfant qui naît de deux personnes mariées ensemble. L'enfant n'est en principe légitime que s'il a été conçu pendant le mariage de ses parents. Mais, par faveur pour l'enfant, on admet qu'est aussi légitime l'enfant qui a été conçu avant mais qui est né pendant le mariage. Il s'agit d'un enfant de fiancés, c'est-à-dire de personnes qui s'étaient déjà promis la fidélité. On peut donc attribuer l'enfant au mari de la mère. La Cour de cassation a même admis qu'était légitime l'enfant conçu avant le mariage et né après la dissolution de celui-ci, en raison du décès accidentel du mari (arrêt Dewalle : Cass. civ., 2 juillet 1936, *DP* 1936, I, p. 118, note E. Gaudin de Lagrange). Enfin, si l'enfant est conçu et né avant le mariage, il est naturel, mais il pourra être légitimé par le mariage de ses parents, à condition que ceux-ci l'aient reconnu avant la célébration (V. *légitimation*).

◊ *La filiation naturelle* est la filiation de l'enfant qui naît de deux personnes non mariées ensemble. Si les parents de l'enfant sont tous deux célibataires, on dit que l'enfant est naturel simple. Si l'un des parents, ou les deux, sont mariés avec un tiers, l'enfant est dit adultérin. Enfin, s'il existe entre les parents un empêchement au mariage (*V. ce mot*), l'enfant est incestueux.

◊ *La filiation adoptive* est une filiation volontaire, le plus souvent non biologique, qui résulte d'une décision de justice.

L'adoption (*V. ce mot*) plénière efface les liens de l'adopté avec sa famille d'origine, et elle le rattache à l'adoptant et à la famille de celui-ci. L'adoption simple produit, quant à elle, des effets moins complets (*V. adoption*).

Régime juridique

◆ L'établissement de la filiation

La naissance d'un enfant est un fait juridique. Ce fait est ignoré par le droit tant que l'enfant n'a pas été déclaré à l'état civil. Cette déclaration, qui doit intervenir dans les trois jours qui suivent l'accouchement, permet de constater la naissance de l'enfant. Mais elle est dépourvue de conséquences sur le lien de filiation de l'enfant. En effet, tant que les parents n'auront pas établi leur lien de filiation sur l'enfant, celui-ci sera considéré, juridiquement, comme né de parents inconnus. On peut donc définir l'établissement comme étant la constatation du lien de filiation par le droit.

Dans la filiation légitime, l'établissement est automatique. Il est attaché au fait que l'enfant soit déclaré à l'état civil comme né d'une femme mariée. Le lien de filiation est alors immédiatement établi à l'égard de la mère et à l'égard du mari de celle-ci qui est considéré comme étant le père de l'enfant (*V. présomption de paternité*). Ce caractère automatique est justifié par l'existence d'un mariage qui permet de présumer que l'enfant a bien pour parents les époux.

Dans la filiation naturelle, puisque les parents ne sont pas mariés ensemble, il est impossible de rattacher l'enfant immédiatement à la mère et à son compagnon. Dès lors, chaque parent doit établir son lien : on dit que la filiation naturelle est divisible. A la différence de la filiation légitime, l'établissement du lien de filiation naturelle n'est pas automatique. Il repose tout entier sur la volonté des parents. Spécialement, l'accouchement ne suffit pas à établir la filiation à l'égard de la mère. Si celle-ci souhaite que l'enfant lui soit rattaché, elle doit le reconnaître devant l'officier d'état civil. Et il en est de même pour le père. Il y a donc une inégalité très nette entre l'enfant légitime et l'enfant naturel en ce qui concerne l'établissement du lien de filiation (*V. égalité des filiations). Toutefois, les parents naturels peuvent reconnaître leur enfant avant la naissance, ce qui permettra de le rattacher à ses parents dès sa naissance. Lorsque cette précaution a été prise, l'enfant naturel est, quant à l'établissement de sa filiation, placé dans une situation quasiment identique à celle de l'enfant légitime (V. reconnaissance).*

◆ Les effets de la filiation

Lorsqu'il est établi, le lien de filiation produit tout d'abord des effets personnels. Ces effets concernent le nom (*V. Nom de famille-attribution*) et l'autorité parentale (*V. ce mot)*. L'établissement du lien de filiation produit aussi des effets patrimoniaux : le père et la mère sont tenus d'une obligation d'entretien (*V. obligation alimentaire)*. En outre, il existe entre l'enfant et ses parents une obligation alimentaire (*V. ce mot)* et une vocation successorale réciproques.

Données historiques

V. Égalité des filiations.

Données doctrinales et jurisprudentielles

Il peut arriver que, dans certaines hypothèses, la loi interdise l'établissement du lien de filiation. Il en est ainsi, notamment, en cas d'inceste ou en cas d'accouchement sous X.

En cas d'inceste absolu, c'est-à-dire d'inceste insusceptible de dispense (ascendants-descendants ou frères-sœurs), l'enfant ne peut avoir qu'une filiation unilinéaire. C'est-à-dire que si la maternité est établie, la paternité ne peut plus l'être, et réciproquement. En effet, l'inceste n'apparaît que du rapprochement des deux liens de filiation. Interdire l'établissement du double lien de filiation permet de protéger l'enfant du regard que les tiers ne manqueraient pas de porter sur lui s'ils connaissaient son origine incestueuse.

En cas d'accouchement sous X (art. 341-1 du Code civil) la loi fait à la mère la promesse que son identité ne sera jamais révélée à l'enfant et que sa filiation ne sera jamais établie à son égard (art. 341 al. 1 C. civ.). La justification de cette promesse de secret est la volonté du législateur de prévenir les infanticides.

Bibliographie sommaire : G. Cornu, La filiation, Archives de philosophie du droit, tome 20, Les réformes du droit de la famille, éd. Sirey, 1975, p. 29 et s. ; P. Raynaud, « Les deux familles, réflexions comparatives sur la famille légitime et la famille naturelle », Mélanges De Juglart, 1986, p. 63 ; F. Dekeuwer-Défossez, « Le droit de la filiation à l'épreuve des pratiques administratives et judiciaires », D. 1986, chr., p. 305 ; J. Hauser, La filiation, Dalloz, Connaissance du droit, 1996.

Renvois : *Abandon, Action à fins de subsides, Action d'état, Action en recherche, Adoption, Adultère, Autorité parentale, Clonage, Date de la conception, Divorce, Droits de l'enfant, Égalité des filiations, État des personnes, Interprétation a contrario, Légitimation, Naissance, Nom de famille-attribution, Ordre public, Possession d'état, Présomption de paternité, Procréations assistées, Reconnaissance, Vérité de la filiation.*

Honneur (protection de l'–)

Définition

L'honneur est la dignité morale, le fait de mériter la considération des autres et de soi-même. Comme le souligne le Doyen Carbonnier, la notion est difficile à définir, qui tient à la fois au sentiment que l'on a de sa propre dignité, et surtout au respect qu'en ont les tiers.

Régime juridique

La protection de l'individu contre les atteintes à l'honneur est l'une des facettes de la protection de la personnalité. Cette protection relève tant du droit pénal que du droit civil.

En droit pénal, les atteintes à l'honneur et à la considération peuvent être sanctionnées sous la qualification d'injure (outrage qui ne renferme l'imputation d'aucun fait) ou sous celle de diffamation (allégation ou imputation d'un fait qui porte atteinte à l'honneur ou à la considération).

Au plan civil, la jurisprudence reconnaît à toute personne le droit de défendre son honneur et sa réputation. La victime d'une atteinte à son honneur peut donc poursuivre l'auteur de celle-ci et obtenir des dommages et intérêts, à condition que l'atteinte procède d'une intention de nuire (TGI Paris, 14 avril 1972, *JCP* 1973, II, 17561, aff. G. Monnerville).

Données historiques

Longtemps, les atteintes à l'honneur se réglèrent en duel. D'ailleurs, jusqu'en 1837, la chambre criminelle de la Cour de cassation considéra que « *les articles 295 et 304 du Code pénal, ni aucun autre article de ce Code, sur l'homicide, le meurtre et l'assassinat, ne peuvent être appliqués à celui qui, dans les chances réciproques d'un duel, a donné la mort à son adversaire sans déloyauté ni perfidie* ». Cette jurisprudence fut abandonnée par un arrêt du 15 décembre 1837, qui constitue un revirement de jurisprudence. Les Chambres réunies de la Cour de cassation affirment que si aucune disposition législative n'incrimine le duel, aucune ne l'excuse. Il est donc possible de faire application des qualifications d'homicide volontaire, voire d'assassinat.

Bibliographie sommaire : B. BEIGNIER, L'honneur et le droit, LGDJ, 1995 ; A. LACABARATS, « La protection judiciaire des atteintes à la réputation : la voie civile », Gaz. Pal. 1994, 2, doct., p. 1003.

Renvois : *Droits de la personnalité.*

Image (protection de l'–)

Présentation

La protection de l'image est l'une des composantes de la protection de la personnalité. D'après la jurisprudence, toute personne est titulaire, sur son image, d'un droit exclusif. Elle peut donc s'opposer à la captation ou à la reproduction de son image sans son autorisation.

Régime juridique

Ce principe est appliqué en jurisprudence aussi bien à l'image visuelle, qu'à ce qu'il est permis d'appeler l'image sonore, c'est-à-dire l'utilisation de la voix d'autrui sans son consentement. Le régime de cette protection est construit, comme souvent, autour d'un principe et de quelques exceptions. Il existe même une protection pénale des atteintes à l'image et à la voix.

◆ Le principe

D'après la jurisprudence, on ne peut capter ou diffuser l'image d'une personne qu'avec le consentement de celle-ci. Les applications de ce principe sont nombreuses, qu'il s'agisse de l'utilisation de l'image privée à des fins commerciales (TGI Paris, 4 avril 1970, *JCP* 1970, II, 16328, note Lindon : utilisation de l'image du Président Pompidou dans une publicité pour une marque de moteurs marins ; TGI Nancy, 15 octobre 1976, *JCP* 1977, II, 18526, note Lindon : utilisation de l'image caricaturée du Président Giscard d'Estaing sur des cartes à jouer ; TGI Aix-en-Provence, 24 novembre 1988, *JCP* 1989, II, 21329, note Hendericksen : utilisation de l'image de l'acteur défunt Raimu à des fins publicitaires) ou à des fins de propagande politique (TGI Paris, 11 juillet 1973, *JCP* 1974, II, 17600 ; Toulouse, 26 février 1974, *JCP* 1975, II, 17903, note Lindon ; Paris, 25 mai 1990, *D.* 1990, IR, p. 172).

Les juges appliquent le même principe à propos de l'utilisation de la voix d'autrui. La jurisprudence considère que « *la voix est un attribut de la personnalité, et que toute personne est en droit d'interdire que l'on imite sa voix dans des conditions susceptibles de créer une confusion de personne ou de lui causer un préjudice* ». Dès lors, qu'il s'agisse de la voix ou de l'image, l'utilisation n'est licite que si elle a été autorisée par l'intéressé.

De la jurisprudence publiée, on peut dégager plusieurs enseignements :

◇ d'une part, l'autorisation de se laisser photographier n'implique pas celle de reproduire les clichés. En effet, « *toute personne a sur son image un droit exclusif, et peut donc s'opposer à la diffusion de tout portrait sans son autorisation* » (TGI Paris, 26 février 1976, *JCP* 1977, IV, 257) ;

◇ d'autre part, l'autorisation ne peut être présumée. Ainsi, l'existence d'une tolérance manifestée par l'intéressé dans le passé ne lui interdit pas d'agir en défense de son image (Paris, 23 janvier 1990, aff. B. Bardot, *D.* 1990, IR, p. 62). Et la jurisprudence réaffirme régulièrement cette règle ;

◇ de troisième part, l'autorisation est spéciale. C'est-à-dire qu'elle ne vaut que pour l'exploitation à laquelle l'intéressé a expressément consenti, et seulement pour la revue à laquelle elle a été donnée (Cass. civ. 20 juin 1966, *JCP* 1966, II, 14875 ; Civ. 2e, 4 juillet 1984, *Bull.*, II, n° 130, p. 90 ; Versailles, 4 novembre 1999, *D.* 2000, p. 347, note Ravanas). Il en résulte que la vente de clichés entre maisons d'éditions n'emporte pas l'autorisation pour l'acheteur de les publier. Si tel est son souhait, il devra demander son consentement à l'intéressé ;

◇ ensuite, l'image des enfants mineurs ne peut être captée ou diffusée sans l'autorisation des titulaires de l'autorité parentale (Civ 1re, 27 mars 1990, *Bull.*, I, n° 72, p. 52 ; Toulouse, 15 janvier 1991, *D.* 1991, p. 600, note Ravanas). La règle trouve sa justification dans l'autorité parentale, et spécialement dans le droit de surveillance qui permet aux parents de contrôler les relations de l'enfant avec les tiers ;

◇ enfin, au décès de l'intéressé, le pouvoir d'autoriser l'utilisation de l'image passe aux héritiers. La règle a été affirmée pour la première fois par le Tribunal civil de la Seine dans l'affaire concernant l'actrice Rachel. Et elle est de jurisprudence constante (V. notamment Paris, 26 avril 1983, aff. Caradec, *D.* 1983, p. 376, note Lindon ; TGI Aix-en-Provence, 24 novembre 1988, aff. Raimu, *JCP* 1989, II, 21329, note Hendericksen ; TGI Paris, 13 janvier 1997, aff. Mitterrand, *D.* 1997, p. 255, note Beignier).

◆ Les exceptions

Elles concernent quatre séries d'hypothèses, dans lesquelles la captation ou la diffusion de l'image d'une personne peuvent intervenir sans l'autorisation de celle-ci. Il en est ainsi lorsque l'image est captée dans un lieu public, ou dans le cadre d'un événement d'actualité. On applique la même règle lorsque l'image est fixée pour des raisons d'ordre public ou dans un intérêt historique.

◇ *La captation de l'image dans un lieu public*

Un lieu public est, par définition, accessible à tous. Il en résulte que les personnes qui s'y trouvent acceptent, implicitement mais nécessairement, d'y être aperçues. Il est donc possible de capter leur image sans leur autorisation préalable. La jurisprudence considère que cette autorisation est présumée. Ainsi, la reproduction de l'image d'un groupe de touristes en tenue estivale admirant la Tour de Pise ne constitue pas une atteinte au droit de ces touristes sur leur image (Paris, 24 mars 1965, *JCP* 1965, II, 14305). Il a également été jugé que la reproduction de l'image d'une femme, les seins nus, allongée sur une planche à voile ne constitue pas une atteinte à son droit à l'image dès lors que la plage était accessible à tous, et que l'intéressée « *avait choisi de paraître ainsi sans (...) se soucier des regards indiscrets* » (Nouméa, 13 septembre 1984, *D.* 1985, p. 206, note Agostini).

Quant à la définition de la notion de lieu public, la jurisprudence considère qu'il doit s'agir d'un lieu librement accessible à tous. Il en est ainsi des rues, des voies publiques, des stades, des champs de courses, des plages, des piscines publiques, des sites historiques. Dans ces lieux publics l'image des personnes peut être librement appréhendée. En revanche, les habitations, les locaux professionnels, les jardins, les voies privées constituent des lieux privés, et les personnes qui s'y trouvent ne peuvent être photographiées sans leur autorisation.

En tout état de cause, l'autorisation des intéressés redevient nécessaire lorsque, bien qu'elle soit prise dans un lieu public, la photographie est cadrée uniquement sur une personne déterminée ou sur un petit groupe de personnes qui se trouvent ainsi isolées de leur environnement. Dans cette hypothèse, en effet, ce n'est plus à titre principal le lieu public que l'on photographie — et accessoirement les personnes qui s'y trouvent — mais la personne qui est visée, en l'isolant du contexte (TGI Paris, 3 mai 1989, *D.* 1989, IR, p. 228 ; TGI Paris, 24 mars 1997, *Légipresse,* 1997, I, p. 107).

◇ *La participation à la vie publique ou à l'actualité*

Le droit du public à l'information impose que les événements d'actualité politique, sportive, artistique, scientifique... ou les faits divers puissent être librement relatés, y compris de manière visuelle. On en déduit que la reproduction de l'image des hommes publics (hommes politiques, sportifs, artistes du spectacle...) ou des personnes qui sont impliquées dans un événement d'actualité est libre, car leur consentement est présumé (Paris, 6 mai 1997, *D.* 1997, p. 596, note Beignier). Toutefois, cette présomption connaît plusieurs limites. D'une part, en ce qui concerne les personnages publics, elle ne s'applique que dans le cadre de leurs activités publiques — l'autorisation de l'intéressé redevient nécessaire pour fixer l'image d'un personnage public se trouvant dans un lieu privé —. D'autre part, les personnages publics peuvent révoquer l'autorisation tacite de reproduction de leur image dans le cadre de leur vie publique. Le recours à un communiqué de presse est le plus souvent utilisé (Paris, 7 juin 1988, *D.* 1988, IR, 224). Enfin, la captation de l'image est limitée à ce qui est strictement nécessaire à l'information du public (TGI Paris, 3 mai 1989, *D.* 1989, IR, p. 228).

◊ *La captation de l'image pour des raisons d'ordre public*

Il peut arriver que la nécessité publique commande la captation de l'image d'une personne, notamment pour des raisons liées à la protection de l'ordre public ou de la sécurité des citoyens. Dans cette hypothèse, la jurisprudence décide que celui dont l'image a été captée contre son gré ne peut se plaindre d'une atteinte au droit dont il est titulaire sur son image. Ainsi l'automobiliste surpris en flagrant délit d'excès de vitesse par un cinémomètre associé à un appareil de prise de vues ne peut invoquer ni le droit au respect de son image, ni l'article 8 de la Convention européenne des droits de l'homme, pour que les clichés ainsi obtenus soient écartés des débats (TGI Lyon, 29 août 1980, *D.* 1981, p. 507, note Lindon ; Crim. 7 mai 1996, *Bull. crim.* 1996, n° 189, p. 549). Il en est de même pour l'individu placé en garde à vue qui fait l'objet d'une prise de photographies anthropométriques et d'empreintes digitales (TGI Marseille, 23 mars 1995, *D.* 1996, p. 40, note Frayssinet). Ces exceptions semblent finalement justifiées dans la mesure où l'on peut difficilement accepter qu'une personne utilise un droit de sa personnalité pour se soustraire à des poursuites pénales.

◊ *La captation de l'image dans un intérêt historique*

La captation de l'image dans un intérêt historique est expressément autorisée par la loi du 11 juillet 1985 relative à la constitution d'archives audiovisuelles de la justice. Ainsi les autorités judiciaires peuvent-elles autoriser l'enregistrement audiovisuel d'un procès. Dans une telle situation, la Cour de cassation a décidé qu'une personne accusée de complicité de crime contre l'humanité ne pouvait aucunement invoquer son droit à l'image pour s'opposer à cet enregistrement (Crim. 16 mars 1994, aff. Paul Touvier, *JCP* 1995, II, 22547, note Ravanas). A vrai dire, il semble qu'il y avait bien une atteinte à l'image de l'accusé, mais que celle-ci était justifiée par la permission de la loi.

En revanche, en dehors du domaine de la loi de 1985, il semble bien que l'intérêt historique ne suffise pas à légitimer les atteintes à l'image. Ainsi, dans l'affaire concernant la captation et la publication de l'image de la dépouille mortelle du Président de la République François Mitterrand (TGI Paris, 13 janvier 1997, *D.* 1997, p. 255, note Beignier), l'hebdomadaire *Paris-Match* faisait valoir que la diffusion de ces photographies était justifiée par des raisons historiques. L'argument est justement écarté dans la mesure où l'on voit mal quel pouvait être l'intérêt historique de telles photographies.

◆ Protection pénale

Outre ces règles civiles, il existe aussi une protection pénale de l'image et de la voix humaines. Ainsi, l'article 226-1 al. 1 du Code pénal incrimine-t-il le fait de fixer d'enregistrer ou de transmettre l'image d'une personne se trouvant dans un lieu privé sans le consentement de celle-ci. Quant à l'alinéa 2, il incrimine le fait de capter, d'enregistrer ou de transmettre des paroles prononcées à titre privé ou confidentiel, sans le consentement de leur auteur. Dans l'un et l'autre cas, les peines sont d'un an d'emprisonnement et de 45 000 € d'amende.

Données doctrinales et jurisprudentielles

La question de l'image des biens soulève un contentieux nourri. Si l'on s'accorde généralement à considérer que l'image d'un bien ne peut être librement utilisée, le fondement de cette prohibition est discuté. Selon l'analyse classique, l'interdiction d'utiliser l'image d'un bien se fonde sur le droit de propriété. Le propriétaire, qui détient, *l'usus*, le *fructus* et *l'abusus* sur son immeuble, peut s'opposer ou, au contraire, autoriser la captation de l'image de son bien. Et la première chambre civile de la Cour de cassation décide avec constance que l'exploitation non autorisée d'un bien sous forme de photographie porte atteinte au droit de jouissance du propriétaire (Civ. 1re, 10 mars 1999, *D.* 1999, concl. Sainte-Rose et note Agostini, *JCP* 1999, II, 10078, note Gautier, *RTD civ.* 1999, p. 859, obs. Zénati). Reste que cette analyse ne permet pas aux non propriétaires (locataire, occupant à titre gratuit...) de s'opposer à la captation de l'image de leur domicile. En outre, le terme « exploitation » semble induire une utilisation commerciale des clichés. Et lorsque la captation de l'image a lieu à des fins artistiques ou, plus largement, non-lucratives, le recours à l'article 544 C. civ. a paru insuffisant. C'est pourquoi certains arrêts se réfèrent à l'article 9 du Code civil, pour peu que la photographie litigieuse permette de localiser l'immeuble ou d'identifier son occupant (Cass civ. 2e, 5 juin 2003, *D.* 2003, p. 2461, note Dreyer). Il y a tout lieu de considérer que les deux fondements ne sont pas exclusifs, et que le recours à l'article 9 complète utilement (?) le dispositif de protection de l'image d'un bien. Reste à savoir si ces protections accumulées ne nous entraînent pas vers l'excès. Van-Gogh pourrait-il, aujourd'hui, mettre sur la toile l'Église d'Auvers sur Oise ou la maison du docteur Gachet ?

Bibliographie sommaire : Droit positif : J. Ravanas, La protection des personnes contre la réalisation et la publication de leur image, LGDJ, 1978 ; E. Gaillard, « La double nature du droit à l'image et ses conséquences en droit positif français », D. 1984, chr., p. 161 ; D. Acquarone, « L'ambiguïté du droit à l'image », D. 1985, chr., p. 128 ; D. Huet-Weiller, « La protection juridique de la voix humaine », RTD civ. 1982, p. 497 et s ; J. Ravanas, « L'image d'un bien saisie par le droit », D. 2000, chr., p. 19 ; E. Putman, note sous Civ. 2, 5 juin 2003, RJPF 2003-11/13.

Renvois : *Droits de la personnalité, Honneur, Vie privée.*

Incapacités

Définition

L'incapacité est une technique juridique qui tend à limiter l'autonomie, notamment patrimoniale, de l'individu. Le recours à l'incapacité est principalement justifié par un souci de protection des personnes dont on redoute la faiblesse psychologique. Il en est ainsi du mineur (*V. ce mot*) en raison de son inexpérience et de son immaturité, et de certains majeurs dont les facultés mentales sont altérées.

Régime juridique

Il existe deux types d'incapacités. **L'incapacité d'exercice** retire à la personne la possibilité de mettre en œuvre elle-même les droits dont elle est titulaire, alors que **l'incapacité de jouissance** empêche l'individu d'être titulaire de certains droits. L'incapacité d'exercice n'interdit donc pas la mise en œuvre des droits de l'incapable par un tiers, le représentant, alors que l'incapacité de jouissance porte directement atteinte aux droits de l'incapable et, indirectement, à sa personnalité. C'est pourquoi elle est exceptionnelle et n'est prévue que pour certains actes particuliers comme le testament (art. 903 C. civ.). En outre, alors qu'il existe des incapacités générales d'exercice — l'incapable ne peut mettre en œuvre lui-même aucun des droits dont il est titulaire —, il n'existe pas d'incapacité générale de jouissance ; l'inverse reviendrait quasiment à nier la personnalité de l'incapable.

Données historiques

L'histoire du droit offre de nombreux exemples d'incapacité. L'esclave était soumis à une incapacité de jouissance générale. La femme mariée, même lorsqu'elle se mariait après l'âge de la majorité, redevenait incapable afin de préserver l'autorité du mari. Cette incapacité a été supprimée par la loi du 18 février 1938. Quant à l'enfant mineur (*V. ce mot*) son incapacité n'a pas disparu, mais elle a été très nettement réduite.

Le droit pénal, quant à lui, frappait le condamné pour crime de l'interdiction légale (art. 29 anc. C. pén.). Il s'agissait d'une incapacité de défiance, destinée à empêcher que le condamné n'utilise ses biens pour adoucir son sort en prison et tourner la peine principale qu'il doit subir. Cette incapacité d'exercice a été supprimée par le nouveau Code pénal.

Données doctrinales et jurisprudentielles

Le concept d'incapacité est une dérogation au principe d'égalité (*V. ce mot*). Mais on admet généralement qu'il n'y a pas d'inégalité à traiter de manière différente des personnes placées dans des situations différentes. Le droit doit s'adapter aux inégalités naturelles, pour tenter de les réduire ou, lorsque cela est impossible, pour protéger ceux qui en sont victimes. Tout cela ne peut se faire que par des règles spécifiques, et donc dérogatoires au droit commun.

Bibliographie sommaire : R. Savatier, « Le risque pour l'homme de perdre l'esprit », D. 1968, chr., p. 109 ; J. Hauser, « Réflexions sur la protection de la personne de l'incapable », Mélanges Raynaud, 1985, p. 227.

Renvois : *Actes juridiques patrimoniaux, Actes de la vie courante, Capacité, Curatelle, Égalité, Majeurs protégés, Mineur, Personnalité, Répertoire civil, Sauvegarde de justice, Tutelle.*

Individualisation de la personne

Définition

L'individualisation est la détermination de la personne dans son individualité. Elle permet, grâce à un certain nombre de signes distinctifs comme le nom, le prénom, le domicile ou les éléments de l'état civil *(V. ces mots)*, de distinguer l'individu de la société, en un mot, de l'identifier.

Régime juridique

L'identification des personnes par des signes juridiques distinctifs incombe au droit civil. Mais le droit public ne s'en désintéresse pas. Ainsi, la carte nationale d'identité comporte-t-elle les principaux signes d'identification des personnes (nom, prénom, date de naissance, lieu de naissance, sexe, domicile et nationalité). Cette carte est un instrument de preuve de l'identité, mais sa force probante est faible.

Données doctrinales et jurisprudentielles

L'identification des personnes est une impérieuse nécessité de la vie juridique. Elle se justifie non seulement par des raisons de police (l'État doit pouvoir identifier précisément chaque personne qui se trouve sur son territoire), mais aussi par l'existence même des sujets de droits. Il ne suffit pas que la loi reconnaisse des droits à chaque individu. Encore faut-il pouvoir identifier avec certitude les différents titulaires de ces droits.

L'identification est donc une nécessité juridique. Elle est également une nécessité sociale absolue. En effet, nombre de mécanismes juridiques seraient paralysés s'il était impossible d'individualiser les sujets de droits. Par exemple, comment savoir quelles sont les parties à un contrat si l'on ne peut les identifier ? A qui demander la réparation d'un préjudice qui résulte d'un accident ou d'une infraction pénale si l'on ne peut en identifier les auteurs ? Comment répartir les biens du défunt si l'on ne peut identifier ses héritiers ? Aujourd'hui, l'identification des personnes physiques est très souvent assurée par des procédés techniques tels que le numéro INSEE, le numéro de Sécurité sociale, les codes confidentiels ou encore les systèmes informatiques de reconnaissance vocale. On utilise aussi parfois des procédés scientifiques d'identification comme les analyses de sang ou les empreintes génétiques (art. 16-11 C. civ.).

L'importance de l'identification, et le goût actuel pour la transparence (économique, financière, juridique) conduisent à une restriction considérable de l'anonymat. Pourtant, ne pourrait-on pas dire qu'il existe un droit à l'anonymat, qui rejoindrait d'une certaine façon le droit à la tranquillité ? Le pseudonyme en est sans doute une première illustration. La protection de la vie privée *(V. ce mot)* et de l'image *(V. ce mot)* en constitue sûrement une autre. Au-delà, certains textes organisent et protègent l'anonymat. Il en est ainsi en matière de don de cellules reproductrices ou en cas d'accouchement anonyme (*V. accouchement sous X*). Autant d'éléments qui montrent que l'anonymat peut aussi être une valeur positive.

Renvois : *Domicile, Nom, Prénom.*

Intérêt de l'enfant

Rôle

L'intérêt de l'enfant est le critère d'organisation du sort de l'enfant mineur. Il est le critère de toutes les décisions qui doivent être prises à propos de l'enfant : conflit d'autorité parentale dans la famille unie, assistance éducative, divorce, séparation de corps, séparation des parents naturels, droits de visite, choix du prénom, composition du conseil de famille, émancipation... L'intérêt de l'enfant est partout, au point qu'un auteur a pu affirmer qu'il est « *la clé de voûte du droit actuel de la famille* » (M.-C. Rondeau-Rivier, « Les dimensions de la famille », *in Mariage et famille en question*, Tome 1, éd. CNRS, 1978, p. 23 et s.).

Notion

Aucun texte ne définit l'intérêt de l'enfant. Cette omission est volontaire. En effet, aucune définition générale ne peut être donnée d'une notion dont le contenu varie non seulement d'un enfant à l'autre, mais aussi, pour le même enfant, en fonction de son âge, de sa personnalité, de sa maturité... Il s'agit en quelque sorte d'une notion à contenu variable. Dès lors, il appartient au juge de donner, au cas par cas, un contenu à la notion.

Mise en œuvre

Pour statuer, par exemple en matière de droit de visite ou d'autorité parentale après divorce, le juge doit appliquer une notion que la loi n'a pas définie, concernant un enfant que, le plus souvent, il n'a pas entendu. La tâche n'est pas facile. Dès lors, le juge est naturellement conduit à avoir recours à une enquête sociale. L'enquêteur social a pour mission de renseigner le juge sur la situation matérielle et morale de la famille et sur les conditions dans lesquelles vivent et sont élevés les enfants. Dans le rapport qu'il remet au juge, l'enquêteur doit relater les constatations qu'il a pu faire, et proposer une solution, en fonction de la perception qu'il a pu avoir de l'intérêt de l'enfant. En théorie, le rapport d'enquête sociale ne s'impose pas au juge. Mais en pratique, le juge reprend, dans plus de 80 % des cas, la solution proposée par l'enquêteur social. L'enquête sociale revient donc à une délégation du pouvoir de juger, pourtant interdite par le Code.

Données historiques

On aurait tort de croire que l'intérêt de l'enfant est une découverte du droit du XXe siècle. En effet, la notion était déjà présente dans le Code de 1804. Ainsi, l'article 302 prévoyait-il qu'après divorce, les enfants devaient être confiés « à l'époux qui a obtenu le divorce », c'est-à-dire à l'époux innocent. Mais le texte ajoutait une dérogation : « pour le plus grand avantage des enfants », le juge pouvait les confier soit à l'époux fautif, soit à une tierce personne. Quant au droit romain, il n'ignorait pas, lui non plus, l'intérêt de l'enfant (V. J. Carbonnier, *Droit civil,* Tome 2, *La famille,* PUF, coll. Thémis, 21e éd. 2002, n° 192).

Données doctrinales et jurisprudentielles

Le recours à la notion d'intérêt de l'enfant a été conçu comme le gage d'une justice meilleure. Mais c'est aussi le signe d'une justice plus difficile à rendre et surtout d'une justice moins prévisible et plus subjective. Dès lors, la doctrine dénonce régulièrement les abus de la notion d'intérêt de l'enfant : V. par ex. Aix-en-Provence, 30 mai 1995 (*RTD civ.* 1996, p. 141, obs. J. Hauser ; *JCP* 1996, II, 22566 et nos obs.) : pendant l'instance en divorce, le père enlève les enfants à la mère — à laquelle le juge les avait pourtant confiés — et ne donne plus de nouvelles. La lenteur des procédures judiciaires aidant, il oppose à la demande de restitution engagée par la mère le fait que les enfants sont bien adaptés à leur nouveau cadre de vie, et qu'on ne peut les renvoyer chez leur mère, au risque de les déstabiliser. La Cour d'Aix-en-Provence lui donnera raison. Autre avatar de la notion : à la suite du divorce, les juges du fond fixent la résidence de l'enfant chez le père car la mère, qui est devenue témoin de jéhovah, applique de manière très stricte les préceptes de la secte et impose, tout aussi sévèrement, à ses enfants de les suivre. La Cour de cassation rejette le pourvoi au motif que l'intérêt de l'enfant est une question de fait (Civ. 2e, 13 juillet 2000, *RJPF* 2000-11/33 note Valory) et la Cour européenne des droits de l'homme, saisie par la mère, condamne la

France pour discrimination reposant sur la religion (Cour EDH, 16 déc. 2003, *JCP* 2004, II, 10122, note A. Gouttenoire ; *RJPF* 2004, 5/29). L'intérêt de l'enfant est-il à ce prix ?

Bibliographie sommaire :

Histoire : M.-S. Dupont-Bouchat, « L'intérêt de l'enfant, approche historique », in Droit et intérêt, vol. 3, Publication des Facultés universitaires Saint Louis, Bruxelles, 1990, p. 23 et s.

Droit positif : J. Rubellin-Devichi, « Le principe de l'intérêt de l'enfant dans la loi et la jurisprudence françaises », JCP 1994, I, 3739 ; du même auteur : « Critique de l'idéologie de l'intérêt de l'enfant » in Le divorce, Université des femmes, Bruxelles, 1992, p. 143. Sur l'enquête sociale, V. nos articles : « L'enquête sociale dans la désunion des parents », RTD civ. 1987, p. 692 et s. ; « L'enquête sociale : règles juridiques », Les Petites Affiches, 1990, n° 34, p. 4 et s.

Renvois : *Abandon, Adoption, Autorité parentale, Assistance éducative, Conseil de famille, Date de la conception, Divorce-effets, Séparation de corps, Prénom, Tutelle.*

Interprétation a contrario

Définition

L'interprétation est l'opération qui consiste à discerner le sens véritable d'un texte ou d'une stipulation obscurs. Quant à l'*a contrario,* il s'agit d'un raisonnement qui consiste à extraire d'un texte, pour les cas que ce texte n'envisage pas, une solution contraire à celle qu'il prévoit pour les cas qu'il envisage. Imaginons, par exemple, que le législateur décide d'interdire le fait de siffler dans son bain à minuit. On en déduira, *a contrario,* qu'il n'est pas interdit de siffler dans son bain à une heure différente ; et qu'à minuit, il est possible de siffler ailleurs que dans son bain.

En droit de la filiation, la jurisprudence a fréquemment recours à l'interprétation *a contrario.* Les deux plus importantes sont l'interprétation *a contrario* de l'article 334-9 du Code civil, et l'interprétation *a contrario* de l'article 322 al. 2 du Code civil.

Régime juridique

◆ L'interprétation *a contrario* de l'article 334-9 du Code civil

D'après l'article 334-9 du Code civil pris dans son sens positif : « *Toute reconnaissance est nulle, toute demande en recherche est irreceva-*

ble, quand l'enfant a une filiation légitime déjà établie par la possession d'état ». *A contrario,* on en déduit que la reconnaissance est possible, et l'action en recherche recevable, lorsque l'enfant n'a pas la possession d'état (*V. ce mot*) d'enfant légitime. C'est-à-dire lorsque son acte de naissance le rattache au mari de sa mère, mais qu'il n'a pas de filiation vécue vis-à-vis de celui-ci. L'enfant légitime dépourvu de la possession d'état correspondante peut donc être reconnu ou engager une action en recherche de paternité naturelle. Si l'on raisonne sur la reconnaissance, celle-ci engendre un conflit de paternités puisque l'enfant se trouve rattaché simultanément à deux pères : un père légitime (le mari de sa mère, mentionné dans son acte de naissance) et un père naturel (l'auteur de la reconnaissance). Ce conflit de filiations doit être tranché au profit de la filiation la plus vraisemblable (art. 311-12 C. civ.). Cette interprétation *a contrario* a été admise par la Cour de cassation le 9 juin 1976 (Civ. 1re, 9 juin 1976, *D.* 1976, p. 593, note Raynaud ; *JCP* 1976, II, 18494, note Cornu ; *RTD civ* 1976, p. 340, obs. Nerson ; *Rép. Defrénois* 1976, p. 1124, note Massip).

◆ L'interprétation *a contrario* de l'article 322 al. 2 du Code civil

D'après l'article 322 du Code civil dans son sens positif : « *Nul ne peut réclamer un état contraire à celui que lui donnent son titre de naissance et la possession conforme à ce titre. Et réciproquement, nul ne peut contester l'état de celui qui a une possession conforme à son titre de naissance* ». C'est ce deuxième alinéa qui a été interprété *a contrario :* tout le monde peut contester l'état de celui qui a une possession (d'état) non conforme à son titre (c'est-à-dire à son acte de naissance). Cette interprétation *a contrario* a été admise par la Cour de cassation le 27 février 1985 (Civ. 1re, 27 février 1985, *D.* 1985, p. 265, note Cornu ; *JCP* 1985, II, 20460, note Fortis-Monjal et Paire ; *RTD civ.* 1985, p. 355, obs. Rubellin-Devichi).

Données doctrinales et jurisprudentielles

Ces interprétations *a contrario* ont donné lieu à une vaste controverse doctrinale et jurisprudentielle (pour le détail, V. Ph. Malaurie, *La famille,* 5e éd. Cujas, 1995, n° 555 et s.). Plusieurs années après leur consécration par la Cour de cassation, elles demeurent critiquables quant aux effets qu'elles engendrent, puisqu'elles permettent, pendant trente ans, à tout intéressé de remettre en cause la filiation de l'enfant.

Bibliographie sommaire : Outre les notes précitées, il faut lire : J. VIDAL, « L'enfant adultérin a contrario », JCP 1973, I, 2359 ; G. CHAMPENOIS, « La loi du 3 janvier 1972 a-t-elle supprimé la présomption pater is est ? », JCP 1975, I, 2686 ; J. MASSIP, « Réflexions sur l'article 334-9 », D. 1975, chr., p. 80 ; D. HUET-WEILLER, « Requiem pour une présomption moribonde », D. 1985, chr., p. 123 ; P. RAYNAUD, « Le démantèlement de la présomption de paternité légitime », D. 1985, chr., p. 205.

Renvois : *Action en recherche, Présomption de paternité, Vérité de la filiation.*

Interruption volontaire de grossesse

Définition

L'interruption volontaire de grossesse (IVG) consiste dans l'expulsion provoquée de l'embryon avant le terme de la gestation. Elle se réalise le plus souvent par curetage ou par aspiration.

Régime juridique

Contrairement à ce que l'on croit souvent, l'interruption de la grossesse n'est ni un droit, ni une liberté. C'est un délit, réprimé par les articles 223-10 et s. du Code pénal. D'après l'article 223-10, l'interruption de grossesse est punie de cinq ans d'emprisonnement et de 75 000 € d'amende lorsqu'elle est pratiquée sans le consentement de la femme enceinte. Et d'après l'article L. 2222-2 du Code de la santé publique, l'interruption de grossesse est punie de deux ans d'emprisonnement et de 30 000 € d'amende lorsqu'elle est pratiquée après l'expiration du délai légal, sauf lorsqu'elle est pratiquée pour motif thérapeutique. Le principe demeure donc de l'interdiction de l'interruption de grossesse.

Mais la loi *Veil* du 17 janvier 1975 a apporté deux exceptions à ce principe. L'interruption de grossesse est possible dans deux cas. D'une part, lorsque la poursuite de la grossesse met en péril grave la santé de la femme, ou lorsqu'il existe une forte probabilité que l'enfant à naître soit atteint d'une affection d'une particulière gravité, reconnue incurable au moment du diagnostic (art. L. 2213-1 C. santé publ.). Dans ce premier cas, l'interruption de grossesse est possible à n'importe quel stade de la gestation.

D'autre part, lorsque la grossesse place la femme « *dans une situation de détresse* » (art. L. 2212-1 C. santé publ.). L'interruption de la grossesse ne peut, dans ce cas, être pratiquée que dans les douze premières semaines de la gestation.

Données doctrinales et jurisprudentielles

Le débat ne sera sans doute jamais clos à moins, ce qui serait la pire des choses, que l'indifférence ne prenne le dessus... A vrai dire, il y a peu de chances que l'on parvienne jamais à réconcilier les partisans et les adversaires de l'avortement. Les premiers invoquent le droit (égoïste ?) de la femme de maîtriser son corps et sa fécondité, tandis que les autres invoquent la qualité d'être humain de l'embryon et voient dans l'interruption de la grossesse un infanticide remboursé par la sécurité sociale (loi du 31 décembre 1982).

Sur le plan juridique, les adversaires de l'avortement font valoir le droit à la vie reconnu à toute personne par de nombreux textes internationaux (art. 2 de la Convention européenne des droits de l'homme ; art. 6 du Pacte international sur les droits civils et politiques ; art. 6 de la Convention internationale sur les droits de l'enfant ; art. 4 de la Convention américaine des droits de l'homme). Cet argument est généralement écarté au moyen d'un argument de texte : le droit à la vie protège la personne déjà née, non l'enfant à naître. Dès lors, ni l'embryon ni le fœtus, ne sont titulaires d'un droit à naître. La solution est toutefois différente aux États-Unis puisque la Convention américaine des droits de l'homme prévoit que le droit à la vie doit être protégé à partir de la conception.

En opportunité, il est un constat sur lequel partisans et adversaires de l'avortement se retrouvent : l'interruption de grossesse est toujours un échec et une souffrance (il y a, en moyenne, 200 000 interruptions de grossesse par an, un tiers étant obtenu au moyen de la pillule abortive dite RU 486...). C'est pourquoi la mission pacificatrice du droit doit le conduire à rechercher des solutions qui permettent d'éviter cette souffrance. La maîtrise des moyens de contraception est sans doute l'une de ces solutions. Et lorsque la contraception a échoué, la mère dispose encore de la possibilité d'accoucher sous X (*V. accouchement sous X)*. Ces solutions pourraient constituer un substitut à la plupart des avortements motivés par la détresse de la mère.

Enfin, les tribunaux ont eu à connaître des conséquences juridiques de l'échec d'une interruption volontaire de grossesse. Cet échec ouvre-t-il à la femme un droit à réparation ? La Cour de cassation considère que la naissance d'un enfant après échec d'une interruption volontaire de grossesse ne constitue pas, en elle-même un préjudice juridiquement réparable (Civ. 1re, 25 juin 1991, *D.* 1991, p. 566, note Le Tourneau), sauf en cas de viol de la mère, ou lorsque l'enfant naît infirme en raison de l'échec de l'IVG (Cons. d'État, 27 septembre 1989, *D.* 1991, p. 80, note M. Verpeaux).

Bibliographie sommaire : G. RAYMOND, Droit de l'enfance et de l'adolescence, 4e éd. Litec, 2003, n° 352 et s. ; F. SUDRE, Droit international et européen des droits de l'homme, PUF, coll. Droit fondamental, 6e éd. 2003, n° 135 et s.

Renvois : *Action en recherche, Assistance éducative, Droits de l'enfant, Existence de la personne.*

Jouissance légale

Définition

La jouissance légale est le droit, pour les père et mère, de percevoir les revenus des biens de leur enfant mineur de seize ans, à charge de les affecter à l'entretien de celui-ci.

Régime juridique

La jouissance légale est la contrepartie de l'administration légale *(V. ce mot).* Lorsque l'administration légale est pure et simple, la jouissance légale appartient aux deux parents. En revanche, lorsque l'administration légale s'exerce sous contrôle judiciaire, la jouissance n'appartient qu'au parent administrateur.

En principe, le droit de jouissance porte sur tous les biens qui composent le patrimoine du mineur mais le Code prévoit trois séries d'exceptions à cette règle. D'une part, les biens acquis par l'enfant au moyen de son travail échappent à la jouissance légale (art. 387 C. civ.), ce qui paraît justifié dans la mesure où l'on voit mal pourquoi les parents pourraient tirer profit du travail de leur enfant. D'autre part, les biens donnés ou légués à l'enfant sous la condition expresse que les parents n'en jouiront pas échappent à la jouissance légale. Le législateur souhaite ainsi permettre à l'enfant de recevoir une libéralité que le disposant ne consentirait peut-être pas si, en raison d'un conflit qui l'oppose aux parents, il souhaite que les revenus du capital légué échappent à ceux-là. Enfin, ne sont pas soumis à la jouissance légale les biens des successions dans lesquelles le père ou la mère ont été déclarés indignes (art. 730 C. civ.). Il s'agit d'une règle de moralisation : l'indigne n'ayant droit à rien dans la succession du défunt, il ne doit pas en profiter indirectement en percevant les revenus produits par les biens successoraux recueillis par son enfant.

A l'égard des parents, la jouissance légale fait naître les mêmes obligations que celles que la loi impose à un usufruitier (art. 582 et s. C. civ.). Ils doivent, notamment, effectuer les réparations d'entretien sur le patrimoine de leur enfant mineur. Mais leur obligation principale est d'affecter les revenus des biens de l'enfant à sa nourriture, son éducation et son entretien. Ils ne peuvent conserver pour eux que l'excédent du revenu sur la dépense s'il y en a un.

La jouissance légale prend fin avec l'administration légale c'est-à-dire notamment par l'ouverture d'une tutelle, par la majorité ou par la mort de l'enfant. Elle prend également fin au seizième anniversaire de l'enfant, ou avant cet âge, s'il se marie. Dans les deux cas, la loi considère implicitement que l'adolescent doit pouvoir profiter lui-même du revenu de ses biens.

Données historiques

La jouissance légale se rencontre, sous des formes diverses aussi bien à Rome que dans l'Ancien droit. A Rome, le *pater familias* avait l'usufruit du pécule adventice, parce que les biens qui composaient ce pécule venaient de lui. Dans l'Ancien droit, la garde noble permettait au gardien de jouir du fief du mineur à charge de l'entretenir.

Données doctrinales et jurisprudentielles

La nature juridique de la jouissance légale est controversée (sur cette controverse, V. J. Carbonnier, *Droit civil, Les personnes,* 21e éd. 2000, n° 115). Alors que certains y voient un usufruit légal — il en résulterait que les règles de l'usufruit seraient applicables, sauf textes contraires —, d'autres y ont vu un droit de famille de nature extra-patrimoniale. Cette analyse a le mérite d'expliquer l'insaisissabilité et l'incessibilité de la jouissance légale. Mais la conception majoritaire consiste aujourd'hui à analyser la jouissance comme la contrepartie d'une charge : l'administration légale. Selon l'expression de Carbonnier, la jouissance légale est « *le salaire d'un administrateur* ».

Renvois : *Administration légale.*

Légitimation

Définition

La légitimation est un procédé qui permet de conférer à un enfant naturel le statut d'enfant légitime. La légitimation résulte soit du mariage des parents, soit d'une décision de justice.

Régime juridique

◆ Les légitimations liées au mariage

◇ *La légitimation par mariage subséquent* suppose que les parents se marient après avoir reconnu tous deux leur enfant. Lorsque ces deux conditions sont remplies, la légitimation opère de plein droit (art. 331 C. civ.).

◇ *La légitimation post nuptias* concerne l'enfant qui n'était pas reconnu par ses deux parents lors du mariage de ceux-ci. Si cet enfant a eu, depuis le mariage de ses parents, la possession d'état d'enfant commun des époux, le tribunal de grande instance prononcera la légitimation (art. 331-1 C. civ.).

◆ La légitimation sans mariage

La loi du 3 janvier 1972, qui a réformé le droit de la filiation, a créé une nouvelle forme de légitimation : la légitimation par autorité de justice. Cette légitimation concerne les cas dans lesquels « *il apparaît que le mariage est impossible entre les parents* » (art. 333 C. civ.). Elle suppose que la filiation de l'enfant soit établie envers le demandeur à l'action en légitimation, et que l'enfant ait la possession d'état d'enfant naturel à son égard.

◆ Les effets de la légitimation

Grâce à la légitimation, l'enfant légitimé acquiert les mêmes droits et les mêmes devoirs qu'un enfant légitime. Il sera donc considéré comme un enfant légitime en ce qui concerne le nom, l'autorité parentale et la vocation successorale, notamment. Toutefois, lorsque la légitimation par autorité de justice est prononcée à l'égard d'un seul des parents, elle ne produit aucun effet à l'égard de l'autre. L'enfant sera donc légitime à l'égard de l'un de ses parents, et naturel à l'égard de l'autre. Enfin, la légitimation n'étant jamais qu'une filiation naturelle transformée, on considère que la contestation de la filiation naturelle (par exemple par une contestation de reconnaissance) fait tomber la légitimation.

Données historiques

Il semble que la légitimation par le mariage ait toujours existé, car elle constituait le moyen de régulariser une union illégitime. Quant à la légitimation sans mariage, on en trouve un exemple dans l'Ancien droit, sous la forme de la légitimation par « lettres royaux ». Une lettre du roi suffisait à conférer la légitimité à l'enfant lorsque le mariage de ses parents était impossible en raison, notamment, du décès de l'un des parents.

Données doctrinales et jurisprudentielles

L'utilité de la légitimation a pendant longtemps été liée à l'inégalité des filiations : elle permettait de faire accéder un enfant naturel au statut d'enfant légitime qui lui donnait des droits, notamment successoraux, entiers. Aujourd'hui, l'égalité des filiations (*V. ce mot*) est presque totale, de sorte que la légitimation ne procure pour l'essentiel qu'un intérêt moral, à l'exception des enfants adultérins pour lesquels elle représente encore un avantage successoral important.

Bibliographie sommaire :

Histoire : P. Petot, Histoire du droit privé français, La famille, éd. Loysel, 1992, p. 358 et s.

Droit positif : P. Guiho, La légitimation par autorité de justice, Études J. Lambert, éd. Cujas, 1975, p. 545 ; P. Raynaud, « Réflexions sur la légitimation par autorité de justice », D. 1974, chr., p. 167.

Renvois : *Filiation, Mariage-conditions, Présomption de paternité.*

Liberté matrimoniale

Définition

La liberté matrimoniale permet à toute personne de décider sans restriction ni contrainte de se marier ou de ne pas se marier. Et lorsqu'elle a choisi le mariage, la personne a le droit d'obtenir de l'État la consécration juridique de son choix.

Régime juridique

La liberté matrimoniale est une liberté fondamentale. Elle est consacrée par la Déclaration universelle des droits de l'homme (art. 16), le Pacte international sur les libertés civiles et politiques (art. 23) et la Convention européenne des droits de l'homme (art. 12). Le Code civil est fidèle à ces principes puisque l'article 146 dispose : « *il n'y a pas de mariage lorsqu'il n'y a point de consentement* ». En outre, un mariage contracté sous l'empire d'une violence pourrait être annulé (Bastia, 27 juin 1949, *D.* 1949, p. 417 ; *JCP* 1949, II, 5083, note J. S. ; Bordeaux, 21 mai 2003, *Dr. fam.* 2004, n° 1, obs. V. Terneyre).

Mais il ne suffit pas de sanctionner les consentements forcés. Il faut également faire en sorte que la liberté des futurs époux soit totalement libre de toute pression juridique, jusqu'à l'émission du consentement devant l'officier d'état civil. C'est pourquoi notre droit ne reconnaît aucune force obligatoire aux fiançailles (*V. ce mot*). C'est également pourquoi il contrôle le contrat de courtage matrimonial ainsi que les clauses qui, dans certains actes juridiques, risquent de porter atteinte à la liberté matrimoniale.

◊ *Le courtage matrimonial* est un contrat par lequel un professionnel rapproche, moyennant finance, les candidats au mariage. La jurisprudence du XIXe siècle annulait ces contrats pour cause immorale (Cass. civ., 1er mai 1855, *DP* 1855, I, p. 147). On considère aujourd'hui que le contrat de courtage matrimonial est valable à condition qu'il se borne à rapprocher les candidats au mariage sans forcer leur volonté. En revanche il est nul s'il exerce une pression sur la liberté des clients, notamment parce que les honoraires exigés sont très élevés.

◊ *Les atteintes à la liberté matrimoniale dans les actes juridiques* ont engendré une importante controverse doctrinale et jurisprudentielle. L'hypothèse est celle dans laquelle le bénéfice d'un acte juridique est subordonné à une clause de célibat (qui interdit le mariage) ou de viduité (qui interdit le remariage). *A priori,* ces clauses devraient toujours être annulées car elles portent atteinte à la liberté matrimoniale. Mais la jurisprudence n'est pas en ce sens.

Lorsque la clause qui porte atteinte à la liberté matrimoniale est insérée dans un acte à titre gratuit (donation ou testament), elle est considérée comme valable, car il faut respecter les dernières volontés du défunt, sauf si la clause est inspirée par des motifs illégitimes (antisémitisme, jalousie posthume...).

En revanche, lorsque la clause est insérée dans un acte à titre onéreux (par exemple un contrat de travail), elle est, en principe, nulle. La jurisprudence considère, en effet, que l'atteinte portée à la liberté matrimoniale est beaucoup plus importante que dans le cas précédent : il est plus facile, surtout dans une période de chômage, de renoncer à un testament pour se marier, que de renoncer à un emploi. La solution a été affirmée à propos des contrats de travail de la compagnie Air France qui imposaient aux hôtesses de l'air une clause de célibat (Paris, 30 avril 1963, *D.* 1963, p. 428, note Rouast ; *RTD civ.* 1963, p. 570, obs. Cornu). Mais il est fait exception au principe de la nullité lorsque la clause de célibat ou de viduité est justifiée par des « *nécessités impérieuses tirées de la nature des fonctions ou de leurs conditions d'exercice* ». Ainsi la Cour de cassation a-t-elle jugé valable le licenciement de l'employée d'un établissement d'enseignement privé qui s'était remariée après avoir divorcé, alors que son contrat de travail stipulait une clause de viduité (affaire Dame Roy : Ass. Plén. 19 mai 1978, *D.* 1978, p. 546, concl. Schmelck, note Ardant). Cet arrêt est discutable dans la mesure où la Haute juridiction n'indique pas en quoi le remariage de cette employée contrevenait « *aux nécessités impérieuses* » de sa profession.

Données historiques

Il semble qu'à Rome, le mariage ait toujours nécessité le consentement personnel des futurs époux. Le *pater familias* devait consentir aussi, mais il ne semble pas qu'il pouvait marier ses descendants contre leur gré. Au contraire, la jeune fille pouvait exiger de son père qu'il la marie et lui constitue une dot (P. Ourliac et J. de Malafosse, *Histoire du droit privé*, PUF, coll. Thémis, tome III, *Le droit familial*, 1968, p. 164 et s.). Reste que la majorité matrimoniale était, au Bas-Empire, fixée à douze ans pour les filles et quatorze ans pour les garçons... (P. Petot, *Histoire du droit privé français, La famille*, éd. Loysel, 1992, p. 112). Les mariages forcés semblent devoir être recherchés surtout dans les coutumes germaniques qui connaissaient le mariage par achat de la femme par le mari (P. Petot, *Histoire du droit privé français*, préc., p. 145 et s.).

Bibliographie sommaire : A. Bénabent, « La liberté individuelle et le mariage », RTD civ. 1973, p. 440 ; N. Coiret, « La liberté du mariage au risque des pressions matérielles », RTD civ. 1985, p. 63 et s.

Renvois : *Fiançailles, Mariage-conditions, Transsexualisme.*

Logement de l'incapable

Régime juridique

Le logement, les meubles qui le garnissent et les objets personnels de l'incapable font l'objet d'un régime juridique dérogatoire et protecteur. En effet, quel que soit le régime de protection (tutelle, curatelle ou sauvegarde de justice : *V. ces mots*), et donc quelle que soit la gravité de l'aliénation du majeur, son logement, ses meubles meublants et ses objets personnels doivent « *être conservés à sa disposition aussi longtemps qu'il est possible* » (art. 490-2 C. civ.).

Ce texte fait partie de l'une des nombreuses dispositions à caractère thérapeutique que contient notre droit des incapables majeurs. Il se justifie, d'une part, par le souci d'éviter à l'incapable qui occupe son logement, le traumatisme psychologique grave qu'occasionnerait la vente de celui-ci. Ce texte a pour but, d'autre part, de permettre au malade hospitalisé de regagner son domicile lorsque son état le lui permettra et de conserver ainsi une part d'autonomie.

Pour y parvenir, le Code prévoit que les actes de disposition sur le logement et sur les meubles doivent être autorisés du juge des tutelles après avis du médecin traitant. En outre, le représentant légal du majeur ne peut conclure que des conventions d'occupation précaire, qui doivent prendre fin au retour de l'incapable chez lui. Cette disposition est d'ordre public, de sorte que les clauses contraires sont nulles. Enfin, lorsqu'il est nécessaire de vendre le logement et les meubles — l'acte nécessite l'autorisation du juge des tutelles et l'avis du médecin traitant — les souvenirs et objets personnels du majeur ne peuvent jamais être aliénés. Même si la vente du logement et des meubles meublants s'est avérée nécessaire, il faut que le majeur protégé puisse conserver auprès de lui ses objets familiers.

Données doctrinales et jurisprudentielles

Deux questions délicates se sont posées lorsqu'il s'est agi de dégager la portée de l'article 489-2. D'une part, ce texte crée-t-il une incapacité pour la personne protégée ? On admet que la restriction légale de pouvoirs instituée par l'article 490-2 frappe ceux qui gèrent le patrimoine du malade (cas du tuteur notamment). Frappe-t-elle aussi le majeur protégé lorsqu'il est propriétaire ou locataire du logement ? Le texte ne distingue pas, de sorte que l'on devrait admettre que la restriction qui frappe le logement et les meubles s'impose aussi à l'incapable. Celui-ci se trouverait ainsi protégé contre lui-même. Mais la doctrine est généralement d'un avis contraire (sur cette controverse, V. G. Goubeaux, *Traité de droit civil, Les personnes*, LGDJ, 1989, n° 571).

D'autre part, l'article 490-2 qui protège le majeur contre les initiatives malheureuses de son représentant peut-il être opposé aux tiers ? La Cour de cassation donne une réponse négative : les créanciers peuvent faire saisir le logement ; les co-indivisaires peuvent demander le partage.

Bibliographie sommaire : M. GRIMALDI, « Le logement et la famille », Rép. Defrénois 1983, art. 33130 ; et notre article : « Le statut juridique du logement familial », in Droit du logement, droits au logement et stratégies familiales, dir. J. Rubellin-Devichi, PUL, 1988, p. 21-73.

Renvois : *Curatelle, Majeurs protégés, Tutelle.*

Logement familial

Définition

Le logement familial est l'immeuble bâti qui sert à l'habitation de la famille, couple et enfants. Il est le lieu où se réalise le devoir de communauté de vie.

Régime juridique

◆ Le choix de la résidence de la famille

Le choix de la résidence de la famille appartient aux deux époux. Signe de leur égalité, ils doivent effectuer ce choix d'un commun accord (art. 215 al. 2 C. civ.). La règle produit cette conséquence que les époux ne peuvent modifier unilatéralement le lieu de résidence. Et si l'un quitte le domicile familial, l'autre n'est pas tenu de le suivre car la résidence de la famille n'a pas été modifiée.

Le problème du désaccord sur le choix de la résidence est plus délicat. Avant 1975, en cas de désaccord entre les époux, le choix de la résidence de la famille était fait par le mari. En contrepartie, la femme avait la possibilité de saisir le juge pour obtenir une autorisation de résidence séparée, si elle démontrait que la résidence choisie par le mari présentait pour la famille des inconvénients graves. (art. 215 al. 2 anc.). La loi du 11 juillet 1975, qui a supprimé la prédominance du mari, a également supprimé le droit de recours de la femme, de sorte qu'il n'y a pas de solution en cas de désaccord sur le choix de la résidence. En vérité, si ce désaccord subsiste, il est vraisemblable que c'est le juge du divorce qui sera saisi.

◆ La protection du logement de la famille

La stabilité du logement est l'une des conditions de la stabilité de la famille. C'est pourquoi l'article 215 al. 3 du Code civil interdit aux époux de disposer, l'un sans l'autre « *des droits par lesquels est assuré le logement de la famille* ». Ce texte institue donc un principe de cogestion, que le logement appartienne à l'un et/ou à l'autre des époux, ou qu'il soit assuré grâce à un contrat de bail. Dans ce dernier cas, la protection est renforcée par l'article 1751 al. 2 du Code. En vertu de ces textes, les époux ne peuvent mettre fin au bail, ou vendre le logement que d'un commun accord. Cependant, la jurisprudence réduit sensiblement le domaine d'application de l'article 215 al. 3, puisqu'elle décide qu'il ne s'applique ni au cautionnement, ni au legs du logement familial, ce qui n'est pas très conforme à l'esprit de la loi.

◆ Le sort du logement familial en cas de divorce

L'importance pratique du logement de la famille interdit de le considérer comme un bien ordinaire dans le cadre de la liquidation des biens des ex-époux.

◇ *Les règles applicables pendant l'instance en divorce*

Le divorce n'étant pas encore prononcé, le mariage subsiste, et avec lui les dispositions protectrices des articles 215 al. 3 et 1751 du Code civil. Ainsi, pendant l'instance pas plus que pendant la vie commune, l'un des époux ne pourra disposer seul du droit au bail ou de la propriété du logement. Mais lorsque le juge autorise les époux à résider séparément pendant la durée de l'instance, il peut attribuer à l'un ou à l'autre des conjoints la jouissance du logement familial (art. 255 al. 2 C. civ.).

◊ *Le sort du logement à l'issue de la procédure de divorce*

Lorsque le divorce est prononcé, le juge peut attribuer le logement à l'un ou l'autre des époux (art. 1751 al. 2 et 832 al. 7 C. civ.). Enfin, lorsque le logement est la propriété personnelle de l'époux auquel les enfants n'ont pas été confiés, le juge peut condamner cet époux à consentir à l'autre un bail forcé du logement de la famille (art. 285-1 C. civ.). Il en est de même lorsque le divorce a été prononcé pour rupture de la vie commune, à la demande de l'époux propriétaire. Les conditions du bail sont déterminées par le juge.

Bibliographie sommaire : M. GRIMALDI, « Le logement et la famille », Rép. Defrénois 1983, art. 33130 ; et notre article : « Le statut juridique du logement familial », in Droit du logement, droits au logement et stratégies familiales, dir. J. Rubellin-Devichi, PUL, 1988, p. 21-73.

Renvois : *Concubinage, Dettes ménagères, Divorce-effets.*

Majeurs protégés

Définition

On appelle majeurs protégés les personnes de plus de dix-huit ans qui, en raison de leur faiblesse psychologique, sont placées sous l'un des trois régimes de protection organisés par la loi : sauvegarde de justice, curatelle, tutelle *(V. ces mots).*

Régime juridique

Il procède d'orientations législatives fortes qui se traduisent par l'existence de règles communes à toutes les formes de protection.

◆ Les orientations législatives

Les majeurs protégés ont, le plus souvent, une capacité juridique (*V. ce mot)* réduite. Mais l'étendue de cette capacité varie en fonction de la gravité de l'altération de leurs facultés mentales. Elle varie également en fonction de l'évolution de l'état du malade mental. Le législateur de 1968 a donc introduit dans le système légal trois facteurs de souplesse.

D'une part, il a organisé des régimes progressifs. Il existe des degrés dans la protection, depuis la sauvegarde de justice pour les troubles passagers, jusqu'à la tutelle pour les aliénations graves, en passant par la curatelle qui constitue un régime de protection intermédiaire.

D'autre part, il a prévu la possibilité de changer de régime. En effet, la situation du majeur est souvent évolutive. Elle peut s'améliorer comme se dégrader. C'est pourquoi la loi permet au juge de clore un régime de protection devenu inutile et de le remplacer par un autre, mieux adapté. Le juge peut même clore le régime de protection et ne pas en ouvrir d'autre, dans l'hypothèse où le majeur a retrouvé l'intégralité de ses facultés.

Enfin, la loi de 1968 favorise l'ajustement du régime à la lucidité exacte de la personne à protéger. Ainsi, lorsqu'il organise un régime de protection le juge peut-il énumérer certains actes que le majeur conservera la possibilité de faire seul (art. 501 C. civ. pour tutelle, et 511 C. civ. pour la curatelle). Il s'agit de restituer au majeur une capacité partielle adaptée à sa lucidité.

◆ Les règles communes à tous les régimes de protection

L'idée fondamentale du législateur de 1968 est le respect de la liberté et de la personnalité de l'incapable. En conséquence, notre droit impose plusieurs règles communes à tous les régimes de protection qui sont destinés à préserver autant qu'il est possible la liberté et l'indépendance du majeur protégé. C'est pourquoi notre droit impose d'une part la constatation médicale de l'altération des facultés, d'autre part, l'indépendance du traitement médical et de la protection civile et enfin, la protection du logement et des meubles de l'incapable.

◇ *La constatation médicale de l'altération des facultés mentales*

L'organisation d'un régime de protection suppose que l'altération des facultés mentales soit médicalement constatée. Et le Code impose le recours à un médecin spécialiste tant pour l'ouverture du régime que pour les modifications éventuelles de celui-ci. Ces obligations sont destinées à préserver la liberté individuelle du majeur qui doit n'être soumis à un régime de protection, qu'en cas de nécessité médicale avérée.

◊ *L'indépendance du traitement médical et de la protection civile*

Le traitement médical ne doit ni conditionner le régime de protection applicable, ni être conditionné par lui (art. 490-1 C. civ.). Ainsi, la mise sous tutelle n'entraîne-t-elle aucune obligation d'interner l'individu. Réciproquement, l'hospitalisation d'une personne dans un établissement psychiatrique n'entraîne pas l'ouverture d'une tutelle. Ce cloisonnement des procédures constitue une garantie importante pour la liberté individuelle et pour l'individualisation des mesures de protection. Elle n'est pas dépourvue, non plus, de visées thérapeutiques.

◊ *La protection du logement et des meubles de l'incapable*

V. Logement de l'incapable.

Données historiques

A toutes les époques, notre droit a connu des règles spécifiques aux incapables majeurs. Ainsi le Moyen Age connaît-il le système de la garde de l'aliéné. Celui-ci devait être gardé, c'est-à-dire surveillé, par sa famille qui, le cas échéant, était responsable des préjudices qu'il pouvait causer. Quant au prodigue, il est soumis au système de l'interdiction — il s'agit d'une incapacité. Peu à peu, la procédure d'interdiction est étendue à l'aliéné. Elle s'accompagne de la nomination d'un curateur qui ne peut, toutefois, accomplir aucun acte important sans le consentement des parents de l'aliéné. Au cours du XVIIe siècle, l'enfermement tend à devenir la règle, pour des raisons de sécurité publique. Le droit révolutionnaire ne supprime pas l'internement, mais il le limite : celui-ci ne peut plus être prononcé sans que l'intéressé ait, au préalable, été interdit. Les débuts de la psychiatrie conduisent à l'apparition, en 1838 (loi Esquirol), d'asiles départementaux d'aliénés. Les aliénés dangereux y sont internés d'office, alors que les malades mentaux inoffensifs n'y sont conduits qu'à la demande de leur famille. La loi de 1838 a été abrogée par la loi du 3 janvier 1968, portant réforme du droit des incapables majeurs, toujours en vigueur.

Données doctrinales et jurisprudentielles

L'évolution démographique de notre pays produit cette conséquence que la part des personnes très âgées — on parle parfois du quatrième âge — dans la population générale s'accroît. Il en résulte une grande diversité des situations d'incapacité des majeurs. On ne peut traiter de la même manière celui qu'on appelait autrefois le fou écumant et la centenaire distinguée dont la lucidité décline lentement. Sur le plan des fortunes règne également une grande disparité. Le recours à la tutelle n'est plus le signe qu'il existe un patrimoine important à administrer. Près de la moitié des personnes protégées a un patrimoine inférieur à 8 000 €.

Pour tenir compte de cette diversité, la loi du 3 janvier 1968 a organisé des régimes de protection différenciés : la sauvegarde de justice, la curatelle et la tutelle (*V. ces mots*). Pour autant, ces régimes ne s'appliquent que si leur mise en œuvre est demandée au juge. A défaut, la personne dont les facultés mentales sont altérées demeure considérée comme pleinement capable, ce qui engendre d'importantes difficultés pratiques (*V. malade mental non protégé*).

Bibliographie sommaire :

Histoire : A. LEFEBVRE-TEILLARD, Introduction historique au droit des personnes et de la famille, PUF, Droit fondamental, 1996, n° 350 et s.

Droit positif : J. MASSIP, Les majeurs protégés, tome 1, éd. Répertoire Defrénois, 1994, préf. J. Carbonnier ; Th. FOSSIER, « Vingt-cinq ans de protection des majeurs », JCP éd. N. 1993, doct., p. 164 ; C. GEFFROY, « La protection tutélaire des majeurs en matière personnelle », JCP 1993, I, 3724.

Renvois : *Incapacités, Curatelle, Logement de l'incapable, Malade mental non protégé, Sauvegarde de justice, Tutelle.*

Majorité

Définition

La majorité est le seuil d'âge au-delà duquel la personne accède à la pleine capacité d'exercice. Elle peut alors accomplir seule tous les actes de la vie civile, et elle n'est plus soumise à l'autorité parentale (*V. ce mot*) ni sur sa personne, ni sur ses biens.

Régime juridique

Depuis la loi du 5 juillet 1974, l'âge de la majorité est fixé à dix-huit ans (art. 388 C. civ.). Dans le silence de la loi, la jurisprudence décide que le décompte doit se faire non pas de jour en jour, mais d'heure en heure. C'est donc l'heure de la naissance, indiquée par l'acte de naissance de l'enfant, qui détermine son accession à la majorité.

A vrai dire, le concept de majorité est un concept à géométrie variable, au point que l'on peut affirmer qu'il existe non pas une, mais bien des majorités : la majorité civile, la majorité pénale, la majorité matrimoniale et la majorité électorale. Or il peut parfaitement arriver que ces majorités soient fixées à des âges différents. Ainsi, la majorité civile (dix-huit ans) correspond à la majorité électorale (dix-huit ans) et à la majorité matrimoniale des garçons (dix-huit ans). Mais elle ne correspond pas à la majorité matrimoniale des filles, qui peuvent contracter mariage dès l'âge de quinze ans. Bien entendu, comme elles sont encore civilement mineures, elles doivent obtenir l'autorisation de leurs parents. Quant à la majorité pénale, elle est fixée à dix-huit ans. Mais il existe des règles spécifiques à la responsabilité pénale des délinquants mineurs. Ainsi la responsabilité pénale de l'enfant peut parfaitement être retenue dès avant l'âge de dix-huit ans. Mais en dessous de treize ans, le mineur ne peut encourir que des mesures éducatives. Et entre treize et dix-huit ans, le mineur peut encourir des peines.

Données historiques

Dans le Code Napoléon, la majorité civile était fixée à vingt-et-un ans. Les révolutionnaires avaient également retenu cet âge (décret du 20 septembre 1792). L'ancien droit situait la majorité, selon les coutumes et selon les actes juridiques, entre vingt et vingt-cinq ans. Quant au droit romain, il fixait la majorité à vingt-cinq ans, mais avec un système de paliers très intéressant (sur lequel V. A. Lefebvre-Teillard, *Introduction historique au droit des personnes et de la famille*, PUF, Droit fondamental, 1996, n° 321).

Données doctrinales et jurisprudentielles

L'abaissement de l'âge de la majorité civile a souvent les allures d'une réforme en trompe l'œil, parce que le nouveau majeur ne dispose, le plus souvent, d'aucune autonomie véritable. Ainsi, l'allongement de la durée des études, la difficulté à trouver un emploi stable ou un logement retardent l'entrée des jeunes dans la vie active en même temps qu'ils les maintiennent sous la dépendance de leurs parents. De ce point de vue, il y a quelque hypocrisie à donner de plus en plus de droits à des jeunes qui, par ailleurs, ont du mal à quitter le giron familial et ne pourront pas les exercer autrement qu'en glissant, de temps en temps, un bulletin dans une urne.

Sur le plan de la technique juridique en même temps que de l'opportunité, on peut se demander si, plutôt que de fixer un seuil d'âge brutal, il ne faudrait pas recourir à d'autres méthodes (sur lesquelles V. Ph. Malaurie, *Droit civil, les personnes, les incapacités,* 3e éd. 1994, n° 602). L'idéal serait une majorité individualisée, c'est-à-dire adaptée à la maturité de chacun. Mais il est impossible de soumettre périodiquement chaque mineur à des tests de maturité... On peut songer aussi à une majorité par étapes : l'adolescent se voyant reconnaître le pouvoir d'accomplir certains actes juridiques qu'il ne pouvait pas effectuer lorsqu'il n'était qu'un enfant. Ainsi certains auteurs ont-ils proposé d'officialiser ce système en créant un système de prémajorité. L'idée n'a pas été reprise jusqu'ici. A vrai dire, la loi et la jurisprudence s'en inspirent déjà partiellement, au moyen de la théorie des actes de la vie courante (*V. ce mot*).

Droit comparé

V. L'adolescence en droit français et néerlandais, Actes du colloque organisé à Nimègue les 9, 10 et 11 mai 1994, Publications de la Faculté de droit de Poitiers et PUF, 1995, et notamment l'article d'A. Struycken, « L'adolescent en droit civil (néerlandais) », p. 115 et s.

Bibliographie sommaire : G. COUCHEZ, « La fixation à dix-huit ans de l'âge de la majorité », JCP 1975, I, 2684 ; E. POISSON, « L'abaissement de l'âge de la majorité », D. 1976, chr., p. 21 ; F. GISSER, « Réflexions sur une institution en cours de formation : la prémajorité », JCP 1984, I, 3142.

Renvois : *Actes de la vie courante, Action en recherche, Administration légale, Domicile, Incapacités, Mariage-conditions, Mineur.*

Malade mental non protégé

Définition

Il s'agit d'une personne dont les facultés mentales sont altérées, mais pour laquelle aucun régime de protection n'a été organisé. Cette personne est donc juridiquement considérée comme pleinement capable (art. 488 C. civ.). Mais l'affaiblissement de ses facultés mentales jette le doute sur les actes juridiques que cette personne peut conclure. Il conduit également à se demander si cette personne peut être déclarée responsable des préjudices qu'elle aura pu causer à autrui sous l'empire d'un trouble mental.

Régime juridique

◆ Le sort des actes juridiques conclus par un malade mental non protégé

D'après l'article 488 du Code civil, tout majeur âgé de plus de dix-huit ans est capable de tous les actes de la vie civile. En conséquence, l'acte juridique accompli par un malade mental non protégé est, en principe, pleinement valable. Mais il est possible d'agir en nullité si l'on parvient à démontrer que l'auteur de cet acte était privé de sa lucidité au moment où il a contracté (art. 489 C. civ.). Au demeurant, cette action en nullité pour insanité d'esprit est soumise à un régime restrictif.

D'une part, l'action n'est possible que du vivant de l'auteur de l'acte litigieux. Pour autant, l'article 489-1 du Code civil prévoit plusieurs exceptions à cette règle. Elles concernent :

– les donations et les testaments. La règle est vraisemblablement inspirée par la défaveur traditionnelle du Code pour les libéralités, que le législateur considère avec suspicion car elles réalisent un appauvrissement sans contrepartie ;

– les actes qui portent en eux-mêmes la preuve de l'aliénation mentale. La loi retient ici le système de la preuve intrinsèque, car il serait très difficile de rapporter cette preuve par d'autres moyens, puisque l'auteur des actes est décédé.

– les actes passés à une époque où le majeur était placé sous sauvegarde de justice ;

– les actes accomplis par un majeur, qui avait fait l'objet, avant son décès, d'une procédure de mise sous tutelle ou sous curatelle.

D'autre part, l'annulation de l'acte suppose la démonstration de l'altération des facultés mentales à l'instant même où le consentement a été émis. En effet, faute de régime de protection, aucune aliénation ne peut être présumée. Il est même parfaitement possible que le majeur ait consenti dans un intervalle lucide. La preuve de l'aliénation à l'instant même de l'émission du consentement est donc particulièrement difficile à rapporter. C'est pourquoi la jurisprudence admet que l'altération des facultés mentales lors de l'acte peut être présumée lorsque l'on a démontré l'existence d'un état habituel de démence avant et après l'acte litigieux. C'est alors à celui qui prétend que l'acte est valable de prouver que le majeur a agi dans un intervalle lucide (Paris, 10 janvier 1969, *D.* 1969, p. 331 ; Civ. 1re, 27 janvier 1987, *JCP* 1988, II, 20981, note Fossier, *Gaz. Pal.* 1987, p. 428, note Massip).

La nullité pour trouble mental est une nullité relative. L'action n'est donc ouverte qu'aux personnes que la nullité protège — c'est-à-dire l'aliéné lui même, s'il retrouve ensuite sa lucidité, le curateur ou le tuteur. Elle se prescrit par cinq ans à compter de l'acte lui-même et la nullité peut être confirmée.

◆ La responsabilité des personnes agissant sous l'empire d'un trouble mental

En droit pénal, l'altération totale des facultés mentales est une cause de non imputabilité qui fait disparaître la responsabilité du délinquant (art. 122-1 al. 1 C. pén.). Lorsque l'aliénation n'est que partielle l'auteur de l'infraction reste punissable, mais il peut bénéficier de circonstances atténuantes (art. 122-1 al. 2 C. pén.).

En droit civil, la loi du 3 janvier 1968 a posé en principe que « *celui qui a causé un dommage à autrui sous l'empire d'un trouble mental n'en est pas moins obligé à réparation* » (art. 489-2 C. civ.). L'altération des facultés mentales ne fait donc pas disparaître la responsabilité civile du majeur malade mental. La solution était inverse avant cette loi, ce qui avait pour conséquence que les victimes d'un malade mental n'avaient droit à aucune indemnisation. Le système de la loi de 1968 est assurément plus protecteur pour les victimes mais il est difficile de trouver un fondement à cette responsabilité. La victime d'un malade mental peut également agir en responsabilité contre la personne qui avait la charge de celui-ci (Ass. plén., 29 mars 1991, aff. Blieck, *D.* 1991, p. 324, note Larroumet, *JCP* 1991, II, 21673, concl. Dontenwille, note Ghestin ; *RTD civ.* 1991, p. 541, note Jourdain).

Données doctrinales et jurisprudentielles

A côté du malade mental non protégé se pose le problème du majeur dont les facultés corporelles sont altérées (l'aveugle, le muet, le sourd). Tant que les facultés mentales de ces personnes sont intactes, elles sont considérées comme pleinement capables, la loi n'ayant établi pour elles aucun régime de protection spécifique. Pourtant, ces personnes sont exposées aux abus de leur entourage et surtout à ceux des tiers. Ainsi certains auteurs ont-ils proposé la création d'un statut protecteur des infirmes et des malades (par ex. J. Pradel, *La condition civile du malade,* Thèse Poitiers, 1960). Le droit positif n'est pas en ce sens, à moins que l'atteinte physique ne se double d'une atteinte mentale (état comateux). Les règles ci-dessus sont alors applicables.

Bibliographie sommaire : O. Simon, « La nullité des actes juridiques pour trouble mental », RTD civ. 1974, p. 707 et s.

Renvois : *Capacité, Curatelle, Sauvegarde de justice, Tutelle.*

Mariage

Définition

Le mariage est l'union légale d'un homme et d'une femme. Il résulte d'une déclaration reçue en forme solennelle par l'officier d'état civil.

Nature juridique

La question de la nature juridique du mariage est sans doute loin d'être tranchée. Alors que les canonistes s'interrogèrent longuement sur le sacrement de mariage, les philosophes du XVIIIe siècle voyaient dans le mariage « *un contrat du droit des gens dont les catholiques romains ont fait un sacrement* » (Voltaire, *Dictionnaire philosophique,* V° « Mariage »). Cette analyse contractuelle peut se recommander aujourd'hui de plusieurs arguments. Comme tout contrat, le mariage nécessite un accord de volontés. Comme tout contrat, le mariage fait naître des effets juridiques. Les époux n'ayant pas prévu de terme, le mariage peut s'analyser comme un contrat à durée indéterminée. Et l'admission du divorce par consentement mutuel ressemble d'assez près au *mutuus dissensus* qui, comme dans tout contrat, est une cause de résiliation.

Cependant, l'analyse contractuelle butte sur une difficulté : les effets du mariage ne sont pas organisés par les parties — comme dans un contrat — mais définis de manière impérative par la loi. La volonté des époux est sans effet sur eux *(V. mariage-effets et séparation de fait).* Sous ce rapport, le mariage ressemble donc à une institution.

A vrai dire, aucune des deux théories ne suffit à rendre compte de la nature juridique du mariage. La vérité serait-elle à mi-chemin ? Un contrat lors de sa formation, une institution quant à ses effets ? Personne ne le sait vraiment.

Données historiques

A Rome, le mariage est l'union de l'homme et de la femme, destinée à durer toute la vie *(consortium omnis vitae).* Le mariage romain semble avoir été de tout temps monogamique, mais le mari pouvait avoir des relations avec son esclave. Le développement du christianisme conduit à l'affirmation de l'indissolubilité du mariage, liée à l'idée de sacrement. En sécularisant le mariage, la Révolution rejette, quant à elle, toute idée de sacrement ; elle sécularise le mariage qui est désormais célébré à la maison commune (la mairie). Comme le notent les professeurs Ourliac et de Malafosse : « *le bonheur des époux est désormais la seule fin du mariage ; leur volonté devient son seul soutien, ce qui conduit logiquement à admettre que leur dissentiment suffit à légitimer leur divorce* » (P. Ourliac et J. de Malafosse, *Histoire du droit privé,* PUF, coll. Thémis, tome III, *Le droit familial,* 1968, p. 184).

Données doctrinales et jurisprudentielles

Portalis définit le mariage comme « *la société de l'homme et de la femme qui s'unissent pour perpétuer leur espèce [...]* ». Nul ne contestera qu'en fait, l'un des buts du mariage est souvent de fonder une famille. Mais la définition de Portalis n'est pas exacte, en droit, dans la mesure où la procréation n'est pas un élément de la définition juridique du mariage. En effet, notre droit autorise la célébration du mariage posthume, du mariage *in extremis,* du mariage des personnes très âgées... alors que les espoirs de procréation sont, dans ces situations, très faibles voire inexistants. Pourtant, nul ne conteste la validité de ces unions. Le mariage du Code civil repose donc surtout sur la volonté des époux.

Droit au mariage : A la suite de la célébration par N. Mamère, le 5 juin 2004, du mariage homosexuel de Bègles (Gironde), la question se trouve posée de savoir s'il faut reconnaître aux personnes de même sexe le droit de contracter mariage. Les partisans de cette solution invoquent le principe de non-discrimination. Il n'est pas sûr, pour autant, que l'argument soit dirimant : le principe de non-discrimination est le corollaire du principe d'égalité qui prescrit seulement de traiter de façon identique des personnes se trouvant dans des situations identiques. Or, par hypothèse, les couples homosexuels ne se trouvent pas placés dans une situation identique à celle des couples hétérosexuels. L'invocation par M. Mamère de la Convention européenne des droits de l'homme n'est guère plus convaincante. En effet si l'article 12 de la Convention EDH prévoit effectivement que « *l'homme et la femme ont le droit de se marier et de fonder une famille* », le texte ajoute immédiatement « *selon les lois nationales régissant l'exercice de ce droit* ». Et dans son arrêt Cossey c/ Royaume-Uni (27 sept. 1990, Série A, n° 184) la Cour EDH a affirmé expressément que l'article 12 vise « *le mariage traditionnel entre deux personnes de sexe biologique opposé* ». Quant aux adversaires du mariage homosexuel, ils peinent à trouver dans le Code civil un texte énonçant expressément que le mariage n'est possible qu'entre un homme et une femme (V. les art. 75 C. civ. *in fine* et 402 de l'Instruction générale relative à l'état civil qui prescrit à l'officier d'état civil de demander à la femme si elle consent « *à prendre pour* époux *M. X... ici présent* » et au mari s'il consent « *à prendre pour* épouse *Mme Y... ici présente* »).

Bibliographie sommaire : J. CARBONNIER, « Terre et ciel dans le droit français du mariage », Études Ripert, tome 1, LGDJ 1950, p. 325 et s. ; J. HAUSER, « Glossaire des mariages de l'an 2000 », Mélanges Colomer, éd. Litec, 1993, p. 189 et s.

Renvois : *Acte de l'état civil, Capacité, Divorce, Empêchement à mariage, État civil, Filiation, Légitimation, Liberté matrimoniale, Mariage-conditions, Mariage-effets, Nom de famille-attribution, Obligation alimentaire, Ordre public, Présomption de paternité, Prestation compensatoire, Séparation de corps, Séparation de fait, Vie familiale.*

Mariage (conditions)

Définition

Les conditions du mariage sont les éléments auxquels est subordonnée la validité du mariage.

Régime juridique

◆ Les conditions de formation du mariage

◇ *Les conditions d'aptitude physique* sont au nombre de trois. Les futurs époux doivent, tout d'abord, être de **sexe différent** (*comp. Concubinage, Pacte civil de solidarité)*, ce qui pose le problème de savoir si les transsexuels opérés, dont l'état civil a été rectifié (*V. transsexualisme*) peuvent contracter mariage. On devrait l'admettre puisque les futurs époux sont bien de sexe différent (l'homme « converti » en femme doit pouvoir se marier avec un homme puisqu'il est psychologiquement en totalité et anatomiquement en partie une femme). Une question voisine consiste à savoir quels sont les effets d'une opération de conversion sexuelle sur un mariage en cours. La question n'est pas tranchée. On peut penser à l'action en nullité du mariage pour erreur sur une qualité essentielle ou, plus sûrement, à l'action en divorce par consentement mutuel.

◇ Pour contracter mariage, les époux doivent avoir un **âge minimum** (18 ans pour les garçons, 15 ans pour les filles). Celles-ci étant encore mineures, elles doivent obtenir le consentement des titulaires de l'autorité parentale. Enfin, le mariage ne peut être célébré que si les futurs époux produisent un **certificat médical prénuptial**. Le médecin se borne à attester que les futurs époux ont été examinés en vue du mariage, mais il a l'interdiction de révéler à l'officier d'état civil ou à l'autre futur époux les maladies dont est porteur l'un des futurs conjoints. La révélation est une obligation morale de chaque conjoint envers l'autre, elle n'est pas une obligation pour le médecin, qui est tenu au secret médical. Toutefois, cette règle est discutée aujourd'hui, à propos du diagnostic de la séropositivité. Certains auteurs se demandent si le médecin ne devrait pas informer l'autre futur époux pour pallier toute dissimulation par le futur conjoint séropositif.

◇ *Le consentement* est la condition déterminante (art. 146 C. civ.). Il doit revêtir plusieurs caractères dont les deux principaux sont la liberté et la réalité du consentement.

La **liberté du consentement** conduit notre droit à ne donner aucune valeur juridique aux fiançailles et à contrôler étroitement les contrats de courtage matrimonial (*V. liberté matrimoniale)*. Elle inspire aussi la solution — pourtant insuffisante — donnée en matière de clauses de célibat ou de viduité (*V. liberté matrimoniale*). La liberté du consentement permet aussi de faire annuler les mariages conclus sous l'empire d'un vice du consentement (art. 180 al. 2 C. civ. : violence, erreur sur l'identité ou sur les qualités essentielles de la personne).

La **réalité du consentement** pose le problème des unions consacrées sans intention matrimoniale, c'est-à-dire des mariages simulés. La jurisprudence (Civ 1re, 20 novembre 1963, aff. Appietto, *D.* 1964, p. 465, note Raymond ; *JCP* 1964, II, 13498, note J. Mazeaud) décide que le mariage est nul faute de consentement lorsque les époux recherchaient un résultat étranger à l'union matrimoniale (par exemple l'acquisition de la nationalité française ou l'obtention d'un titre de séjour). En revanche, le mariage est pleinement valable lorsque les conjoints recherchaient l'un des effets essentiels du mariage (par exemple la légitimation des enfants).

Enfin, pour être valable, le mariage suppose l'absence d'empêchement (*V. empêchement à mariage)*, et le respect de la procédure de célébration prévue par les articles 165 et s. du Code civil.

◆ La sanction des conditions de formation du mariage

Notre Code organise deux types de sanctions. Une sanction préventive, l'opposition au mariage, et une sanction répressive, l'annulation.

◇ *L'opposition à mariage* est un droit dont disposent les membres de la proche famille des futurs époux ainsi que le Ministère public (*comp. Pacte civil de solidarité*). Ce droit leur permet d'interdire à l'officier d'état civil de célébrer le mariage. En cas d'opposition, les futurs époux doivent engager une procédure de mainlevée devant le tribunal de grande instance. Si la cause dénoncée dans l'opposition n'est pas fondée, le TGI prononce la mainlevée et le mariage peut être célébré. Dans le cas contraire, le mariage est impossible.

◇ *L'annulation du mariage* entraîne la disparition rétroactive du mariage, c'est-à-dire non seulement que le mariage est dissous pour l'avenir, mais encore que les effets qu'il avait produits dans le passé doivent être effacés. Le régime matrimonial disparaît rétroactivement, et les intérêts des époux sont liquidés sur la base d'une société créée de fait. Toutefois, la rétroactivité de l'annulation connaît deux limites. A l'égard des enfants, l'annulation du mariage n'est jamais rétroactive : il s'agit de ne pas faire perdre à l'enfant le caractère d'enfant légitime. En conséquence, les enfants bénéficient automatiquement de la théorie du mariage putatif (art. 202 C. civ.). La rétroactivité est également écartée à l'égard des époux de bonne foi, c'est-à-dire de ceux qui ignoraient, lors de la célébration du mariage, la cause de nullité dont était atteint celui-ci. La théorie du mariage putatif s'applique, et a pour conséquence que le mariage est dissous seulement pour l'avenir, mais les effets qu'il avait produits dans le passé demeurent (les biens des époux sont partagés selon leur régime matrimonial, les libéralités qu'ils avaient pu se consentir par contrat de mariage demeurent).

Données doctrinales et jurisprudentielles

La célébration du mariage, parfois embryonnaire dans certaines mairies, a cependant une grande importance pratique et symbolique. Pratique, parce qu'elle permet l'échange des consentements des époux, échange qui les fera entrer dans le statut légal des personnes mariées dont ils ne pourront modifier les effets (*V. mariage-effets*). Symbolique, parce qu'elle est la proclamation et l'officialisation de l'union de deux êtres devant la société. Elle est un rite social par lequel le mariage acquiert une dimension à la fois publique et collective. Cette officialisation est sans doute l'un des traits majeurs qui séparent le mariage du concubinage (*V. ce mot*). Dans ce dernier, en effet, les concubins se passent de tout rite, de toute approbation sociale de leur union. Ils s'unissent « *en tête à tête* » (A. Sériaux, « Concubinage formel et mariage informel : réflexions sur le rôle des formes dans la constitution du couple », *in La notion juridique de couple,* Economica, 1998, p. 43 et s.). Et, même si la loi attache aujourd'hui au concubinage des effets plus nombreux que naguère, le couple de concubins n'a pas la même dimension publique que le couple des époux ; il a vocation à demeurer essentiellement privé. Toutefois, les projets relatifs au contrat d'union civile ou sociale (*V. concubinage*) prévoient que, pour bénéficier de ce contrat, les concubins devront souscrire une déclaration conjointe devant un officier d'état civil qui recueillera leur consentement et enregistrera leur déclaration... Si ces projets deviennent droit positif, le concubinage deviendra une sorte de quasi-mariage. Et ceux qui ont choisi le concubinage par refus des formes seront sans doute conduits à rechercher un autre nom pour désigner leur union.

Droit comparé

En droit musulman, le consentement des futurs époux est une condition essentielle du mariage et, à la différence du droit français, la majorité matrimoniale est déterminée par l'âge de la puberté. Pourtant, le droit musulman connaît une institution qui peut paraître étrange à un esprit européen : le droit de contrainte matrimoniale *(djabr)*. Ce droit s'exerce en principe sur les impubères ; il est généralement présenté commune une règle de protection de l'enfant (F.-P. Blanc, *Le droit musulman,* Connaissance du droit, Dalloz, 1997, p. 42 ; L.-A. Barrière, *Le statut personnel des musulmans d'Algérie de 1834 à 1962*, Editions universitaires de Dijon, 1993, n° 272 et s.).

Bibliographie sommaire : J.-J. LEMOULAND, L'intégrité du consentement au mariage, thèse, Bordeaux, 1984 ; J. HAUSER, « Le courtage matrimonial », JCl. civil, art. 144 à 147, fasc. 20 ; E. RALSER, « La maladie du mariage blanc », Dr. fam. 2004, n° 4.

Renvois : *Acte de l'état civil, Capacité, Concubinage, Empêchement à mariage, Liberté matrimoniale, Mariage-effets, Ordre public, Pacte civil de solidarité, Présomption de paternité, Transsexualisme.*

Mariage (effets)

Définition

Les effets du mariage sont les conséquences juridiques que le mariage engendre entre les époux.

Régime juridique

◆ Les effets personnels du mariage

◊ *Le devoir de fidélité* interdit à chaque époux d'avoir des relations sexuelles avec une personne autre que son conjoint. L'exécution forcée du devoir de fidélité est inconcevable — curiosité juridique : le tribunal de Castelsarrazin avait, en 1864, condamné l'époux infidèle à cesser les relations adultères sous une astreinte de vingt-cinq francs par jour de retard ! — car elle porte atteinte à la liberté individuelle des époux. Les seules sanctions concevables sont la condamnation à des dommages et intérêts ou le prononcé d'un divorce pour faute (*V. divorce-cas*). Mais la sanction manque en partie son but. Elle ne permet pas d'assurer le respect du devoir de fidélité, mais seulement de délier l'autre époux de son devoir.

◊ *Le devoir de communauté de vie* comprend deux aspects. Les époux doivent, tout d'abord, habiter ensemble. Quand bien même ils auraient des domiciles distincts (*V. domicile*), la loi les oblige à une communauté de résidence (sous le même toit, derrière la même porte). Le devoir de communauté de vie inclut, d'autre part, les relations sexuelles. Le Code civil, qui est un Code pudique et désincarné, parle par euphémisme du devoir de cohabitation. Mais ce devoir a des limites. Ainsi, la Cour de cassation réprime-t-elle le viol entre époux (Crim., 17 juillet 1984, *D.* 1985, p. 7, note D. Mayer ; Crim., 11 juin 1992, *D.* 1993, p. 117, note

M.-L. Rassat, *JCP* 1993, II, 22043 et nos obs.), et il va sans dire que le divorce pourrait être prononcé dans cette hypothèse, comme dans celle, inverse, du refus injustifié du devoir de cohabitation.

◊ *Le devoir d'assistance* est un devoir d'entraide morale que la loi impose aux époux. C'est le devoir de prodiguer des soins, du réconfort. C'est aussi le devoir de dispenser une certaine présence affective, notamment auprès d'un conjoint malade ou confronté à des difficultés. Il en résulte que l'aide apportée au conjoint ne peut, en principe, donner lieu à rémunération ou à indemnisation, sauf lorsqu'elle excède ce que le devoir d'assistance commandait d'accomplir (cas de l'aide apportée, à temps plein, à l'activité professionnelle du conjoint).

◆ Les effets patrimoniaux du mariage

◊ *La contribution aux charges du mariage* impose aux deux époux de participer, en proportion de leurs facultés respectives, aux dépenses que nécessite la vie commune (nourriture, habillement, logement, éducation des enfants, soins médicaux et même loisirs (pour l'acquisition d'une résidence secondaire : Civ. 1re, 20 mai 1981, *Bull.*, I, n° 176). La jurisprudence considère que l'activité domestique de la femme au foyer constitue l'exécution en nature de sa contribution aux charges du mariage. Il en résulte que la paresse ménagère peut, lorsque la femme n'a pas d'activité professionnelle à l'extérieur du domicile, constituer une faute cause de divorce (Lyon, 30 avril 1996, *JCP* 1997, II, 22869, et nos obs.). En cas d'inexécution, l'époux défaillant peut être condamné à verser à son conjoint une contribution aux charges du mariage. En effet, l'exécution forcée des devoirs patrimoniaux du mariage est parfaitement concevable. Mais il arrive parfois que l'époux actionné en paiement de la contribution fasse valoir qu'il ne doit rien au motif que c'est le demandeur qui a quitté le domicile conjugal. Dans une telle hypothèse, les juges doivent tenir compte « *des circonstances de la cause* » (Civ. 1re, 6 janvier 1981, *Bull.*, I, n° 6), c'est-à-dire qu'ils doivent rechercher à quel époux est imputable la séparation (Civ. 1re, 16 octobre 1984, *Bull.*, I, n° 264). Il semble que cet époux ne pourra pas obtenir de contribution aux charges du mariage.

◊ *Le devoir de secours* est l'obligation de fournir au conjoint dans le besoin un minimum vital. Le devoir de secours est donc une forme d'obligation alimentaire (*V. ce mot*) que le mariage fait naître entre les époux. Ce devoir prime l'obligation alimentaire familiale, ce qui fait du conjoint un débiteur prioritaire, qu'il faut actionner avant les autres membres de la famille. Outre ces devoirs, le mariage fait naître un régime matrimonial et engendre une vocation successorale réciproque entre les époux.

Données historiques

L'évolution historique manifeste un amoindrissement constant des prérogatives du mari, et une promotion constante de l'égalité des époux. Dans l'Ancien droit, le mari exerce la puissance maritale. Par son mariage, la femme devient incapable. Elle doit à son mari la fidélité, le respect et l'obéissance. D'après certaines coutumes du XIIIe siècle (V. Coutumes de Beauvoisis, vers 1280) le mari peut battre sa femme si elle refuse de lui obéir, à condition de ne pas la blesser grièvement. Certaines coutumes sont plus sanglantes. Ainsi, les coutumes normandes interdisent au mari de crever les yeux de sa femme, de lui casser un bras, de la frapper de coups énormes fréquemment et sans raison. Quant aux coutumes flamandes, elles permettent au mari de blesser sa femme « *de la taillader, la balafrer, se chauffer les pieds dans son sang, pourvu qu'elle ne meure* ». Ces coutumes barbares disparaîtront progressivement, et au XVIe siècle, les coups sont pour la femme un juste motif de séparation.

Le Code de 1804 reprend les règles de la puissance maritale : on cite souvent cette parole de Bonaparte : « *La femme est donnée à l'homme pour qu'elle fasse des enfants. Elle est donc sa propriété comme l'arbre à fruit est celle du jardinier* » ! Et l'article 213 du Code Napoléon disposait : « *Le mari doit protection à sa femme, la femme doit obéissance à son mari* ». La loi du 18 février 1938 supprima l'incapacité de la femme mariée. La loi du 22 septembre 1942 supprima la puissance maritale. La loi du 13 juillet 1965, portant réforme des régimes matrimoniaux, donna à la femme le droit d'exercer une profession séparée sans le consentement de son mari. Quant à la loi du 4 juin 1970, relative à l'autorité parentale, elle retira au mari la qualité de chef de famille. Enfin, la loi du 23 décembre 1985 retira au mari sa dernière prérogative : l'administration de la communauté de biens des époux. De sorte que le seul vestige de la prédominance du mari réside dans la transmission de son nom à l'enfant légitime (*V. nom).*

Données doctrinales et jurisprudentielles

Les effets du mariage sont définis par la loi de façon impérative. Ils sont hors de portée de la volonté des époux. Il en résulte que les époux ne peuvent décider d'écarter tel ou tel effet du mariage. Seul le juge peut dispenser les époux des devoirs qu'impose le mariage. Les époux ne peuvent pas, fût-ce d'un commun accord, décider de ne plus cohabiter, ou de ne plus être fidèles. Et toute convention en ce sens serait dépourvue d'effet absolutoire car les pactes de séparation amiable n'ont pas de valeur juridique (pour une position implicite contraire, V. Bordeaux, 19 novembre 1996, *Rev. droit de la famille*, 1997, n° 69 ; *RTD civ.* 1997, p. 403, obs. J. Hauser, *D.* 1997, p. 523, et nos obs.).

Droit comparé

Le droit musulman classique autorise la polygamie, que le Coran limite toutefois à quatre épouses. Et le mari est tenu de respecter la règle du partage égal des nuits. Il ne s'agit pas du partage des faveurs du mari. La loi lui prescrit simplement de consacrer à chacune de ses femmes le même temps et d'avoir les mêmes égards pour chacune d'elle. Une sorte d'égalité de traitement (V. F.-P. Blanc, *Le droit musulman,* Dalloz, Connaissance du droit, 1997, p. 53).

Bibliographie sommaire :

Histoire : P. OURLIAC et J. DE MALAFOSSE, Histoire du droit privé, PUF, coll. Thémis, tome III, Le droit familial, 1968, p. 132, 147 et 237 ; R. SZRAMKIEWICZ, Histoire du droit français de la famille, Dalloz, Connaissance du droit, 1995, p. 51 et 52.

Droit positif : J. VASSAUX, Liberté individuelle et devoirs personnels des époux, thèse, Lille, 1989 ; C. SAINT-ALARY-HOUIN, La sexualité dans le droit civil contemporain, Annales de l'Université des sciences sociales de Toulouse, tome 33, 1985 ; G. HÉNAFF, « La communauté de vie du couple en droit français », RTD civ. 1996, p. 551

Renvois : *Adultère, Capacité, Concubinage, Divorce, Filiation, Légitimation, Mariage-conditions, Nom de famille-attribution, Obligation alimentaire, Ordre public, Pacte civil de solidarité, Présomption de paternité, Prestation compensatoire, Séparation de corps, Séparation de fait.*

Mineur

Définition

Le mineur est la personne qui n'a pas atteint l'âge de la majorité civile (*V. ce mot),* c'est-à-dire l'âge de dix-huit ans révolus.

Le mineur est soumis à l'autorité parentale (*V. ce mot*) de ses parents, à la fois dans sa personne et dans ses biens. Au plan personnel, ses parents disposent de prérogatives importantes : la garde, la surveillance et l'éducation (*V. Autorité parentale*). Au plan patrimonial, le mineur est frappé d'une incapacité (*V. ce mot*) de protection. Son patrimoine est administré par ses représentants légaux : c'est l'administration légale (*V. ce mot*). A défaut de parents, le mineur est soumis au régime de la tutelle (*V. ce mot*).

En dépit de son incapacité, le mineur jouit d'une certaine autonomie. C'est ce que démontre l'examen de sa condition juridique.

Condition juridique

◆ La situation du mineur non émancipé

Le mineur non émancipé est soumis à une incapacité générale d'exercice. Il peut parfaitement être titulaire de droits et débiteur d'obligations, mais il ne peut les mettre en œuvre lui-même. C'est pourquoi il doit être représenté dans tous les actes de la vie civile, soit par l'administrateur légal, soit par le tuteur. En théorie, le principe d'incapacité s'applique avec la même force, quel que soit l'âge de l'enfant. Mais en pratique, l'étendue de son incapacité varie selon que le mineur est, ou non, conscient de la portée de ses actes.

◇ *Le mineur inconscient de la portée de ses actes*

Cette catégorie est celle du très jeune enfant qui n'a pas la lucidité suffisante pour prévoir les suites de ses comportements. Le principe d'incapacité produit ici ses pleins effets. Faute de lucidité suffisante, ce mineur ne peut se lier valablement par contrat. Ses représentants légaux agissent en son nom et peuvent, le cas échéant, engager une action en nullité pour défaut de pouvoir des actes que le jeune enfant aurait accomplis seul. En pratique, les exemples de telles actions sont assez rares car peu nombreuses sont les personnes qui cherchent à contracter avec de très jeunes enfants.

En revanche, la jurisprudence est beaucoup plus fournie en ce qui concerne les délits, c'est-à-dire les comportements de l'enfant qui engendrent un préjudice pour les tiers. Contrairement à ce qu'elle admettait autrefois, la jurisprudence considère aujourd'hui que le jeune enfant qui, par son fait personnel, cause un préjudice à autrui peut être déclaré personnellement responsable des conséquences de son acte. En effet, la Cour de cassation estime que les juges du fond ne sont plus tenus de vérifier le discernement de l'enfant. En pratique, le jeune enfant est généralement insolvable. Mais la victime n'est pas, pour autant, privée de tout recours. Elle peut agir contre les parents, que la loi rend responsables du fait de leurs enfants mineurs habitant avec eux (art. 1384 al. 4 C. civ.). Et la Cour de cassation admet que la responsabilité des père et mère se trouve engagée dès lors que l'enfant a commis un acte, même non fautif, qui est la cause directe du dommage subi par la victime (Ass. plén., 9 mai 1984, aff. Fullenwarth, *D.* 1984, p. 525, concl. Cabannes, note Chabas ; *JCP* 1984, II, 20255, note Dejean de la Bâtie ; *RTD civ.* 1984, p. 508, obs. J. Huet). En outre, les parents ne peuvent être exonérés que par la force majeure ou la faute de la victime (Civ. 2e, 19 février 1997, Bertrand, *D.* 1997, p. 265, note Jourdain).

◊ *Le mineur conscient de la portée de ses actes*

La question de savoir à partir de quand l'on peut considérer qu'un mineur est conscient de la portée de ses actes n'est pas tranchée par le législateur. C'est donc au juge qu'il appartient de dire, au cas par cas, en fonction de la maturité de l'enfant, si celui-ci est ou non doté d'un discernement suffisant.

En ce qui concerne les faits juridiques, la jurisprudence considère que l'adolescent est civilement responsable des conséquences dommageables engendrées par ses comportements. Et il doit, en principe, répondre de celles-ci sur ses biens personnels s'il en a. Aussi bien, il n'est pas très fréquent qu'un adolescent dispose d'un patrimoine ou de revenus suffisants pour indemniser ses éventuelles victimes. C'est pourquoi on admet que celles-ci conservent la possibilité d'agir contre les parents du mineur, sur le fondement de l'article 1384 al. 4 du Code civil. Au plan pénal, l'enfant est, quel que soit son âge, personnellement responsable de ses actes, mais jusqu'à seize ans il n'encourt que des mesures d'éducation ; il est impossible de lui appliquer une peine. Quant à la question du discernement, si elle est expressément écartée par la Cour de cassation en matière de responsabilité civile, aucune solution claire n'a encore été donnée à propos de la responsabilité pénale. La doctrine majoritaire considère donc que l'enfant ne peut être déclaré personnellement coupable d'une infraction que s'il avait la capacité de comprendre et de vouloir l'acte délictueux qu'il a accompli.

Dans le domaine des actes juridiques, les conséquences du principe général d'incapacité s'atténuent considérablement à mesure que l'enfant avance en âge. Ainsi, les adolescents, se voient-ils reconnaître une autonomie de plus en plus grande — ils peuvent procéder à des achats courants, se rendre à des spectacles, disposer d'un compte bancaire et d'une carte de crédit... — en vertu, notamment, de la théorie des actes de la vie courante (*V. ce mot*). La loi du 4 juillet 2001 a même donné aux jeunes filles mineures la possibilité de se faire délivrer des produits contraceptifs sans le consentement des père et mère (art. L. 5134-1 al. 1 CSP).

◆ La situation du mineur émancipé

Par son émancipation, le mineur accède, dès avant l'âge de dix-huit ans, à une capacité juridique quasiment identique à celle d'un majeur. L'émancipation résulte soit du mariage (art. 476 C. civ.), ce qui ne concerne aujourd'hui que les adolescentes (*V. mariage-conditions*), soit d'une décision de justice. Dans ce cas, elle ne peut être prononcée qu'au profit d'un enfant âgé de plus de seize ans révolus. Cette condition se comprend facilement : pour être émancipé, le mineur doit avoir acquis une certaine faculté de jugement. La loi exige en outre de justes motifs. Il en est ainsi, par exemple, lorsque le mineur souhaite ne pas laisser échapper un emploi, ou encore lorsqu'il veut exercer une action en justice, par exemple une action en recherche de filiation naturelle (*V. action en recherche)*. Tel fut le cas d'Aurore Drossart dans sa tentative d'établir la paternité d'Yves Montand (Paris, 6 novembre 1997, *Gaz. Pal.* 1997, 2, p. 703, et nos obs.).

Quant à ses conséquences, l'émancipation fait accéder le mineur à la pleine capacité juridique. Il en résulte que l'autorité parentale disparaît, aussi bien sur la personne que sur les biens. En conséquence, les père et mère ne peuvent plus, sauf mandat reçu dans les termes du droit commun (art. 1984 et s. C. civ.), représenter l'enfant et agir à sa place. Le mineur émancipé administre librement son patrimoine. Il peut accomplir tous les actes qu'un majeur pourrait faire seul, qu'il s'agisse des actes conservatoires, des actes d'administration ou des actes de disposition. Le principe de capacité du mineur émancipé connaît toutefois deux limites importantes. D'une part, le mineur ne peut se marier ni se donner en adoption sans le consentement de ses parents (art. 481 al. 2 C. civ.). D'autre part, il ne peut exercer une activité commerciale (art. 487 C. civ.). On craint, en effet, qu'en raison de son jeune âge, le mineur émancipé ne soit pas suffisamment préparé à affronter les pièges de la vie des affaires, et qu'il ne devienne la proie de quelque marchand malhonnête. Sur le plan délictuel, les parents cessent d'être civilement responsables du fait de leur enfant. La présomption de l'article 1384 al. 4 du Code civil disparaît (art. 482 C. civ.). La victime ne peut donc obtenir d'indemnisation de son préjudice que du mineur lui-même. La règle n'est pas sans danger, notamment lorsque le mineur n'a pas de revenus propres. Sur le plan pénal, l'émancipation ne produit pas d'effet particulier. L'enfant peut voir sa responsabilité pénale engagée. Et s'il est âgé de seize à dix-huit ans, il peut se voir appliquer une peine.

Bibliographie sommaire : J.-J. LEMOULAND, « L'assistance du mineur, une voie possible entre l'autonomie et la représentation », RTD civ. 1997, p. 1 ; adde « La condition juridique du mineur », dir. J.-J. LEMOULAND, éd. Litec, 2004.

Renvois *: Abandon, Actes juridiques patrimoniaux, Actes de la vie courante, Administrateur ad hoc, Administration légale, Assistance éducative, Autorité parentale, Conseil de famille, Divorce-effets, Droits de l'enfant, Image, Incapacités, Intérêt de l'enfant, Jouissance légale, Majorité, Mariage-conditions, Nom de famille-attribution, Nom de famille-changement, Reconnaissance, tutelle.*

Mort

Notion

La mort est la cessation de la vie.

Le Code civil ne donne aucune définition de la mort. Et, en dépit des nombreuses études qui ont été consacrées à cette notion, aucune définition juridique de la mort n'a pu être trouvée. Cela tient pour l'essentiel au fait que les progrès de la médecine ont considérablement modifié notre perception de la mort. Il serait donc hasardeux d'en donner une définition générale qui serait, tôt ou tard, remise en cause par les progrès de la science. Il faut se contenter de critères... provisoires.

Critères

Lorsqu'il a commencé à percevoir la mort — nos ancêtres la prenaient pour un sommeil prolongé —, l'homme en a tout d'abord retenu une approche externe. Était considérée comme morte la personne dont les fonctions respiratoires s'étaient arrêtées. On utilisait, pour s'en assurer, un miroir que l'on plaçait sous le nez du défunt. Les progrès accomplis en matière de réanimation ont conduit à écarter ce premier critère de la mort, et à en retenir un autre, interne cette fois : l'arrêt des fonctions cardiaques. Mais lorsque l'on a su faire repartir un cœur qui s'était arrêté, ce critère a dû, lui aussi, être abandonné. C'est ainsi qu'une circulaire du 24 avril 1968 introduisit une nouvelle exigence. La mort supposait, selon ce texte, l'existence « *de preuves concordantes de l'irréversibilité de lésions incompatibles avec la vie,* (en s'appuyant) *notamment sur le caractère destructeur et irréversible des altérations du système nerveux central dans son ensemble* ». Ce texte suggérait donc un nouveau critère de la mort : la mort cérébrale, d'ailleurs plus compatible avec les transplantations d'organes (P. Pédrot, « Les prélèvements d'organes *post mortem* », *in Le droit, la médecine et l'être humain,* Presses universitaires d'Aix-Marseille 1996, p. 165 et s.).

Ce critère a été confirmé et précisé par le décret du 2 décembre 1996, relatif au constat de la mort préalable à un prélèvement d'organes, de tissus ou de cellules. D'après ce texte, si une personne présente un arrêt cardiaque persistant, le constat de la mort suppose, cumulativement, une absence totale de conscience et d'activité motrice spontanée, l'abolition de tous les réflexes du tronc cérébral et une absence totale de ventilation spontanée (art. R. 1232-1 C. santé publ.). Et lorsqu'une personne cliniquement morte est maintenue artificiellement en vie — soit parce qu'elle se trouve dans le coma, soit pour les besoins d'un prélèvement d'organe — sa mort suppose en outre que soit mis en évidence « *le caractère irréversible de la destruction encéphalique* » (art. R. 1232-2), au moyen soit de deux électroencéphalogrammes nuls et aréactifs d'une durée de trente minutes, effectués à un intervalle minimal de quatre heures, soit d'une angiographie objectivant l'arrêt de la circulation encéphalique. Comme la plupart des États européens, la France retient donc le critère de la mort cérébrale. Reste que, pour pallier les éventuelles erreurs de diagnostic, l'inhumation ou la crémation ne peuvent intervenir moins de vingt-quatre heures après la constatation du décès (art. R. 2213-35 du Code général des collectivités territoriales).

Régime juridique

◆ Causes de la mort

La mort naturelle, c'est-à-dire celle qui survient sans avoir été provoquée, n'appelle pas d'observations particulières. En revanche, la mort provoquée soulève plus de difficultés.

Lorsqu'elle est provoquée par un tiers, la mort tombe sous le coup du droit pénal (les qualifications varient selon les circonstances de la mort et la volonté de celui qui l'a provoquée : coups mortels, homicide involontaire, homicide volontaire, empoisonnement ou assassinat, tous les degrés de l'intention trouvent à s'exprimer). Reste qu'aujourd'hui, certains estiment que la mort provoquée pour abréger les souffrances, la bonne mort (euthanasie), doit être dépénalisée. A l'instar de certains pays européens (notamment les Pays-Bas et la Belgique) et à la faveur de certaines affaires très médiatisées (le souvenir des visages de Vincent Humbert et de sa mère est encore dans tous les esprits), la mission d'information sur la fin de vie vient de rendre son rapport tandis que le ministre de la santé s'engageait, au début du mois de juillet 2004, à déposer rapidement un projet de loi sur ces questions. La mission parlementaire, qui ne propose pas de légaliser l'euthanasie, préconise de protéger les médecins du risque judiciaire en cas de « *non-acharnement thérapeutique* » et de mieux respecter la volonté du malade. En clair, autoriser à « *laisser mourir* », en suspendant, par exemple, un traitement qui ne permet que la survie du malade, mais refuser de « *faire mourir* » en injectant un produit létal. Sur le plan théorique, ce laisser mourir pourrait bien transformer la vie en un droit subjectif que son titulaire pourrait exercer en décidant des modalités de sa mort. Il n'est pas sûr, cependant, que la vie — qui dépasse l'individu — puisse aisément se laisser enfermer dans un droit subjectif. Il n'est pas sûr non plus que l'homme ait beaucoup à gagner à un tel enfermement. Sur le plan pratique, une donnée a été parfaitement mise en lumière par Marie de Hennezel (notamment dans *La mort intime,* éd. R. Laffont, 2001) : chez les patients admis dans des services de soins palliatifs, les demandes d'euthanasie disparaissent quasiment. Avant de voter une loi, la priorité devrait donc être d'accroître le nombre de lits disponibles en soins palliatifs et la formation des personnels. Il est vrai que le vote d'une loi coûte moins cher qu'un lit d'hôpital...

Lorsqu'elle est provoquée par le défunt, on est en présence d'un suicide. Le suicide n'est pas une infraction pénale. Mais le législateur punit la provocation au suicide (art. 223-13 C. pén.) ainsi que la propagande ou la publicité en faveur de produits d'objets ou de méthodes permettant de se donner la mort (art. 223-14 C. pén.). Quant à la personne qui aide au suicide, elle sera poursuivie comme auteur d'un homicide. De son côté, la Cour EDH qu'aucun texte de la Convention ne donne à chacun le droit de mettre fin à ses jours car on ne peut déduire de l'article 2 (droit à la vie) le droit d'y mettre un terme (Cour EDH, 29 avril 2002, Pretty c/ Royaume-Uni, *RSC* 2002, p. 645, obs. Massias, *JCP* 2003, II, 10062, note Girault).

◆ Conséquences de la mort

La mort entraîne la disparition de la personnalité juridique (*V. ce mot*). Le mariage du défunt est dissous, sa succession est ouverte et elle sera partagée entre ses héritiers. Encore faut-il que la mort soit prouvée.

◆ Preuve de la mort

D'après l'article L. 2223-42 du Code général des collectivités territoriales la mort doit être constatée par un médecin qui doit obligatoirement dresser un certificat de décès. L'obtention de ce certificat est un préalable indispensable à toute fermeture de cercueil. Et afin d'éviter les erreurs ou les fraudes, le médecin ne peut dresser le certificat de décès qu'après avoir examiné le cadavre.

Lorsque la représentation de celui-ci est impossible, aucun acte de décès ne peut être dressé. Il en résulte que, quand bien même la mort serait certaine — cas du soldat pulvérisé par un obus sous les yeux de ses compagnons d'infortune —, l'individu est considéré comme étant toujours en vie, du moins tant que n'aura pas été obtenu du Tribunal de grande instance un jugement déclaratif de décès (*V. absence, disparition).*

La preuve de la mort est parfois difficile à rapporter. Il en est ainsi, notamment, lorsque plusieurs personnes, qui sont héritières les unes des autres, décèdent ensemble dans un même événement. L'ordre des décès détermine l'ordre des successions. Mais comment savoir dans quel ordre la mort les a saisis ? Pour répondre à cette question, le Code civil retenait des présomptions de survie (la théorie des comourants : art. 720 anc. C. civ.). Mais elles ne prévoyaient pas toutes les hypothèses possibles, et ont été supprimées par la loi du 3 décembre 2001.

◆ Après la mort

Notre droit accorde une protection particulière au cadavre (*V. corps humain*). En effet, celui-ci ne peut être considéré comme une chose ordinaire. Allant plus loin, le droit continue de protéger la personne, et ses proches, même après la mort. Ainsi, le Conseil d'État a-t-il décidé, dans l'affaire Milhaud (Cons. d'Ét. Ass., 2 juillet 1993, *JCP* 1993, II, 22133, note Gonod, *D.* 1994, p. 74, note Peyrical, *RFD adm* 1993, p. 1002, concl. Kessler, *RTD civ.* 1993, p. 803, obs. Hauser), que le principe fondamental du respect de la personne humaine continue de s'imposer au médecin, après la mort de son patient. Selon le Conseil, il en résulte qu'à moins d'un consentement exprès du défunt ou de ses proches, une personne en état de mort cérébrale ne peut être maintenue artificiellement en vie, à des fins d'expérimentation scientifique. Plus que sur le respect du corps, cette décision se fonde sur le principe de dignité de la personne dont le corps constituait l'enveloppe charnelle. Cette sauvegarde de la dignité de l'individu conduit également le Code pénal à réprimer les atteintes à la dignité de la personne humaine, notamment lorsqu'elles prennent la forme d'atteintes à l'intégrité du cadavre, ou encore de violations ou de profanations de sépulture (art. 225-17 C. pén.). De la même manière, la loi du 29 juillet 1881 sur la presse sanctionne, quant à elle, la diffamation ou l'injure contre la mémoire des morts (art. 34).

Données historiques

Pendant fort longtemps, notre droit a connu une autre forme de mort : la mort civile. La mort civile frappait, tout d'abord, les religieux. Le prononcé des vœux définitifs entraînait l'ouverture de la succession du religieux au profit de sa famille. Par ses vœux, le religieux était « mort au monde ». Ce système ne disparaîtra qu'à la Révolution (loi du 13 février 1790).

La mort civile frappait également les condamnés à mort par contumace et les condamnés à une peine perpétuelle. Le mort civil ne pouvait plus accomplir aucun acte juridique, puisque sa personnalité juridique (*V. ce mot*) avait disparu. Le système fut utilisé par le gouvernement révolutionnaire contre les émigrés (loi du 17 septembre 1793). Il fut repris par le Code pénal de 1810 pour être finalement aboli par la loi du 31 mai 1854.

Données doctrinales et jurisprudentielles

Les auteurs ne se sont guère intéressés à la condition juridique du mourant. Pourtant, si l'on ose s'exprimer ainsi, le mourant n'est pas un vivant ordinaire. En tant que personne, nul ne doute que le moribond peut toujours accomplir des actes juridiques (testament, reconnaissance d'enfant naturel, mariage *in extremis*...).

En effet, seule la mort lui fera perdre définitivement sa qualité de sujet de droits. Pour autant, le mourant est une personne affaiblie qui doit, pour cette raison, être protégée par la loi contre les dangers que constituent l'euthanasie active ou les prélèvements hâtifs d'organes ou de tissus. Et il est permis de se demander si le seul principe du respect de la vie ou de la dignité de la personne humaine constitue toujours une protection efficace. En outre, il semble bien que la capacité juridique du mourant soit amoindrie, ou bien parce que sa lucidité est parfois altérée, ou bien parce que la possibilité de conclure certains contrats lui est, le plus souvent, refusée (contrat d'assurance vie par exemple).

Selon Marcel Planiol, « *Les morts ne sont plus des personnes, ils ne sont plus rien* » (*Traité élémentaire de droit civil*, tome 1, 3e éd. Pichon, 1904, p. 145). Cette analyse a été vivement critiquée par René Demogue qui défend, quant à lui, la thèse de la demi-personnalité (R. Demogue, « La notion de sujet de droit », *RTD civ.* 1909, p. 611 et s.). Le droit pénal romain apporte sur ce point une contribution qui n'est pas mince puisqu'il admettait que certaines peines (en matière de concussion ou de suicide) pouvaient subsister *post mortem*. Il en était ainsi des confiscations de biens — les biens confisqués échappaient alors aux héritiers du défunt — et des peines de déportation ou de relégation, qui faisaient obstacle au rapatriement de la dépouille mortelle du condamné. Et ces peines posthumes semblent avoir perduré tant au Moyen Âge que sous l'Ancien régime (en ce sens, A. Leca, « Essai sur la personnalité juridique des morts dans l'Ancien droit français », *in Le droit dans le souvenir, Liber amicorum Benoît Savelli,* Presses universitaires d'Aix-Marseille, 1998, p. 289 et s., spéc. p. 315 et s.).

La question du choix du lieu de la sépulture suscite un contentieux soutenu de nos jours. La jurisprudence a fixé quelques règles en la matière.

S'agissant des modalités et du lieu d'inhumation, la préférence doit être donnée aux dernières volontés du défunt, sous réserve qu'elles ne soient pas illégales (jugé que la cryogénisation, c'est-à-dire la congélation, n'est pas un mode d'inhumation autorisé : CE 29 juillet 2002, *RJPF* 2002, 12/21, obs. Putman, *JCP* 2003, II, 10052, note Douay) et qu'elles soient connues. Sur ce point, le conjoint ou le compagnon du défunt sont les meilleurs interprêtes de la volonté de celui-ci. Et en cas de conflit avec d'autres membres de la famille (souvent les enfants du premier lit, ou l'ancienne épouse...) le juge doit rechercher par tous moyens quelle était la volonté réelle du défunt (Paris, réf., 6 décembre 1997, *Dr. fam.* 1998, n° 93, note Beignier ; ordonnant le partage de l'urne funéraire en deux : Paris, 27 mars 1998, *D.* 1998, p. 383, note Malaurie, *RTD civ.* 1998, p. 655, obs. Hauser ; *JCP* 1998, II, 10113 et nos obs.).

S'agissant du transfert de la sépulture, il n'est possible que s'il existe un motif légitime (Civ. 1re, 9 nov. 1982, *D.* 1984, IR, 276 : une mère est autorisée à faire exhumer les cendres de ses deux fils inhumés aux côtés de leur père qui les avait assassinés...).

Les interrrogations actuelles sur l'euthanasie sont révélatrices de la difficulté de notre société, volontiers scientiste, à envisager la mort. De même que les cimetières sont, le plus souvent, installés en périphérie des villages, de même on préfère envisager d'abréger l'existence d'une personne plutôt que de l'accompagner dans des conditions dignes. Et si, derrière tout cela, il y avait surtout la crainte de la souffrance ? A côté de l'accompagnement des mourants, il faut aussi développer la médecine de la douleur.

Bibliographie sommaire :

Histoire : A. Lefebvre-Teillard, Introduction historique au droit des personnes et de la famille, PUF, Droit fondamental, 1996, n° 46 et s. ; J.-M. Carbasse, Introduction historique au droit pénal, PUF, Droit fondamental, 1re éd. 1990, n° 135 ; A. Leca, « Essai sur la personnalité juridique des morts dans l'Ancien droit français », in Le droit dans le souvenir, Liber amicorum Benoît Savelli, Presses Universitaires d'Aix-Marseille, 1998, p. 289 et s. ; J. Moreau-David, « Approche historique du droit de la mort », D. 2000, n° spéc. 20 avril 2000, p. 266-1 et s.

Droit positif : B. Calais, « La mort et le droit », D. 1985, chr., p. 73 ; B. Portnoi, « A propos de la définition légale de la mort », Gaz. Pal. 1988, doct., p. 300 ; P. de Goustine, « La détermination de la mort en droit positif », RTD sanit. soc. 1990, p. 595 ; G. Lebreton, « Le droit, la médecine et la mort », D. 1994, chr., p. 352 ; « Quelques aspects du droit de la mort », Actes du colloque de l'Université Paris V, D. 2000, n° spéc. 20 avril 2000, et notamment l'exposé du professeur J.-P. Gridel.

Droit comparé : J. Pousson-Petit, « Chronique de droit néerlandais et luxembourgeois », Dr. fam. 2004, n° 2.

Droit prospectif : Aumonnier, Beignier et Letellier, « L'euthanasie », PUF, coll. Que sais-je ?, n° 3595 ; J. Sainte-Rose, « Le droit à la vie », RRJ 2002, n° 3, p. 1131 et s. ; C. Puigelier, « Qu'est-ce qu'un droit à la vie ? » D. 2003, chr., p. 2781 ; A. Cheynet de Beaupré, « Vivre et laisser mourir », D. 2003, chr., p. 2980.

Renvois : *Abandon, Absence, Animal, Autorité parentale, Corps humain, Disparition, Existence de la personne, Honneur, Image, Procréations assistées, Vie privée.*

Naissance

Définition

La naissance est la venue au monde d'un enfant.

Régime juridique

◆ Preuve

En tant qu'elle constitue un fait juridique, la preuve de la naissance est libre. Elle peut être rapportée par tous moyens. En pratique, il existe cependant quelques règles spécifiques. La naissance est constatée au moyen d'un acte d'état civil (*V. ce mot)* particulier : l'acte de naissance. C'est donc cet acte qui permettra de rapporter la preuve non seulement de la naissance, mais aussi des circonstances de celle-ci (date, heure, lieu de naissance).

◆ Conséquences

La naissance fait acquérir la personnalité juridique (*V. ce mot*), mais celle-ci peut parfois être acquise plus tôt, en vertu de l'adage *infans conceptus* (*V. existence de la personne*).

La naissance est, en principe, dépourvue de conséquence sur le lien de filiation de l'enfant. Ainsi, lorsqu'une femme célibataire donne naissance à un enfant, le lien de filiation n'est établi à l'égard de celle-ci que si la mère souscrit une reconnaissance de cet enfant devant l'officier d'état civil.

Mais ce principe connaît plusieurs dérogations.

D'une part, dans la famille légitime (*V. ce mot)*, la filiation de l'enfant est établie dès la naissance à l'égard de ses deux parents, sans qu'aucune reconnaissance soit nécessaire. La légitimité des enfants est, en effet, une conséquence du mariage (*V. ce mot)*.

D'autre part, dans la famille naturelle, certains textes internationaux décident, en vertu de l'adage *mater semper certa est* (la mère est toujours certaine) que la filiation maternelle naturelle est établie par le fait de l'accouchement (Convention du Conseil de l'Europe sur le statut juridique des enfants nés hors mariage, signée le 15 octobre 1975). Quant à la Cour européenne des droits de l'homme, elle semble consacrer ce système d'établissement automatique (Arrêt Marckx c./ Belgique : 13 juin 1979, Série A., n° 31).

Enfin, qu'elle soit mariée ou célibataire, une femme peut toujours demander à accoucher sous X. (*V. ce mot)*. Aucun lien de filiation ne sera alors établi entre la femme et son enfant.

Bibliographie sommaire : Ph. SALVAGE, « La viabilité de l'enfant nouveau-né », RTD civ. 1976, p. 725 ; C. PHILIPPE, même titre, D. 1996, chr. p. 29 ; P. MURAT, « Réflexions sur la distinction être humain/personne juridique », Rev. Droit de la famille, sept. 1997, chr., n° 9 ; R. THÉRY, « La condition juridique de l'embryon et du fœtus », D. 1982, chr., p. 231 ; Ph. PÉDROT, « Le statut juridique de l'embryon et du fœtus humain en droit comparé », JCP 1991, I, 3483.

Renvois : *Existence de la personne, Filiation, Procréations assistées, Vie privée.*

Nom de famille (attribution)

Définition

Au sens large, le nom est un ensemble de vocables qui permettent la désignation de la personne. Le nom inclut alors le prénom et le pseudonyme.

Au sens étroit, le terme désigne le seul nom de famille, par opposition aux autres désignations qui ne sont alors que des accessoires du nom.

Le nom de famille est, à l'origine, le nom du père. Aujourd'hui, le nom que reçoit une personne à sa naissance n'est pas toujours le nom de son père.

Régime juridique

Autrefois, et à la différence du prénom (*V. ce mot*) qui peut être librement choisi par les père et mère, le nom échappait aux pouvoirs de la volonté individuelle : on ne pouvait choisir son nom de famille. La situation a été inversée par les lois du 4 mars 2002 et du 18 juin 2003. Aujourd'hui, l'attribution du nom résulte en principe de la filiation et fait une place à la volonté des parents. Le mariage et, dans une moindre mesure, la possession prolongée peuvent également produire certains effets en matière de nom.

◆ L'attribution du nom par filiation

Les lois du 4 mars 2002 et du 18 juin 2003 ont profondément modifié les règles de dévolution du nom de famille. Le système qu'elles ont mis en place entrera en vigueur le 1er janvier 2005. Il convient donc de distinguer les règles applicables avant puis après cette date.

◊ *Règles applicables jusqu'au 31 décembre 2004*

Bien qu'aucun texte ne le prévoie, **l'enfant légitime** porte le nom de son père. La règle est coutumière. Elle semble provenir de la transmission héréditaire du surnom. Il en résulte que, lorsqu'elles sont enfants légitimes, les femmes reçoivent le nom de leur père à la naissance, mais elles ne le transmettent pas à leurs descendants si elles se marient.

S'agissant le **l'enfant naturel**, le principe est qu'il reçoit le nom de celui de ses parents à l'égard duquel sa filiation est établie en premier lieu (art. 334-1 C. civ.). Mais ce principe connaît plusieurs dérogations.

• Lorsque la filiation de l'enfant naturel a été établie simultanément à l'égard des deux parents — par exemple à la suite d'une reconnaissance souscrite conjointement — l'enfant porte le nom de son père (art. 334-1 C. civ.). La règle s'inspire du souci de placer l'enfant naturel dans une situation identique à celle de l'enfant légitime (*V. égalité des filiations).*

• Lorsque la mère reconnaît l'enfant en premier et que le père le reconnaît en second, l'enfant porte, en principe, le nom de la mère. Mais les parents peuvent, d'un commun accord, attribuer à l'enfant le nom du père par une déclaration conjointe devant le greffier en chef du tribunal de grande instance (art. 334-2 C. civ.). Si l'enfant a plus de treize ans, il doit donner son consentement personnel au changement de nom. On retrouve ici, comme dans le cas précédent, cette volonté d'imitation de la filiation légitime.

• A défaut d'accord entre les parents naturels, la déclaration conjointe est impossible. Aussi l'article 334-3 du Code civil donne-t-il alors compétence au juge aux affaires familiales qui pourra, si tel lui paraît être l'intérêt de l'enfant, ordonner le changement de nom. La Cour de cassation considère que l'adjonction des patronymes accolés des parents est interdite. Le changement de nom ne peut s'opérer que par substitution du nom du père à celui de la mère (Civ. 1re, 16 novembre 1982, *D.* 1983, p. 17, note Huet-Weiller).

S'agissant du nom de **l'enfant adopté**, il faut distinguer selon la nature de l'adoption prononcée. En cas d'adoption plénière, l'enfant perd son nom d'origine et acquiert à la place le nom de famille de l'adoptant (art. 357 C. civ.). La règle est la conséquence de la disparition des liens de l'enfant avec sa famille d'origine (*V. adoption).* La situation de l'enfant adopté simplement est bien différente. Puisque l'adopté simple conserve ses liens avec sa famille d'origine, il conserve également son nom d'origine auquel il ajoute celui de l'adoptant (art. 363 C. civ.).

Quant à **l'enfant qui n'a pas de filiation établie**, il reçoit trois prénoms, qui lui sont attribués par l'officier d'état civil (art. 57 al. 2

C. civ.). On parle alors d'attribution administrative du nom. Le dernier de ces prénoms fait office de nom de famille, aussi longtemps, du moins, que la filiation de l'enfant n'a pas été établie. Lorsque l'enfant est reconnu, il acquiert le nom de famille de l'auteur de la reconnaissance. Et le prénom qui faisait jusque-là office de nom redevient un prénom ordinaire. On applique la même règle lorsque la filiation de l'enfant est établie à la suite d'une action en recherche (*V. ce mot)* ou d'une action en constatation de possession d'état (*V. ce mot*).

◊ *Règles applicables à compter du 1er janvier 2005*

La loi 2002-304 du 4 mars 2002 « relative au nom de famille » a mis en place un système d'option de nom. Renversant notre tradition juridique, elle permet, en effet, aux père et mère de choisir le nom de famille que portera l'enfant. Cette loi, réformée avant son entrée en vigueur par la loi du 18 juin 2003, retient un système relativement complexe.

Pour l'enfant légitime, les parents choisissent le nom de famille par une déclaration conjointe faite devant l'officier d'état civil soit lors de la naissance, soit postérieurement. L'article 311-23 C. civ. prévoit, afin d'assurer la stabilité du nom, que la faculté de choix « ne peut être exercée qu'une seule fois ». Et l'article 311-21 al. 3 précise quant à lui que « le nom dévolu au premier enfant vaut pour les autres enfants communs ». La loi a voulu qu'au sein d'une même fratrie, tous les enfants aient le même nom. Mais quel est ce nom ? D'après l'article 311-21, il s'agit soit du nom du père, soit du nom de la mère, soit de leurs deux noms « *accolés dans l'ordre choisi par eux dans la limite d'un seul nom de famille pour chacun d'eux* ». Il faut, en effet, éviter l'accumulation des patronymes au fil des générations (l'enfant qui porte un double nom ne peut en transmettre qu'un seul à ses descendants : art. 311-21 *in fine*). Le choix doit être fait en commun par les père et mère. Encore faut-il qu'ils parviennent à s'entendre sur le nom qui sera dévolu à l'enfant. A défaut d'accord, en effet, l'enfant légitime porte le nom du père.

Pour l'enfant naturel, les mêmes règles s'appliquent, du moins en cas d'établissement simultané de la filiation à l'égard des deux parents. En cas d'établissement successif, l'enfant portera « *le nom de celui de ses parents à l'égard duquel sa filiation est établie en premier lieu* » (C. civ., art. 311-21 al. 1 nouv.). Le parlement a en effet souhaité restituer aux mères non mariées la possibilité de transmettre leur nom lorsque la filiation sera établie en second à l'égard du père. En outre, l'article 334-2 autorise désormais, la substitution du nom. Les parents pourront substituer au nom de l'auteur de la première reconnaissance soit le nom de l'autre parent, soit le double nom dans les formes de l'article 311-21 (déclaration devant l'officier d'état civil).

Pour l'enfant adopté plénièrement, l'option de l'article 311-21 s'applique. En revanche, en cas d'adoption simple, la loi du 18 juin limite à deux le nombre de noms qui pourront être transmis à l'adopté. Le texte distingue deux hypothèses :

– en cas d'adoption par une seule personne, il est désormais prévu que « *lorsque l'adoptant et l'adopté, ou l'un d'entre eux, portent un double nom de famille, le nom conféré à l'adopté résulte de l'adjonction du nom de l'adoptant à son propre nom, dans la limite d'un nom pour chacun d'eux. Le choix appartient à l'adoptant, qui doit recueillir le consentement de l'adopté âgé de plus de treize ans. En cas de désaccord ou à défaut de choix, le nom conféré à l'adopté résulte de l'adjonction du premier nom de l'adoptant au premier nom de l'adopté* » (C. civ., art. 363 nouv.) ;

– et en cas d'adoption simple par deux époux, le nom ajouté au nom de l'adopté est choisi par les adoptants, dans la limite d'un nom pour chacun d'eux et à défaut d'accord entre eux, le nom du mari. Si l'adopté porte un double nom au titre de sa filiation d'origine, il n'en conservera qu'un seul qui sera choisi par les adoptants avec le consentement de l'adopté s'il a plus de treize ans. En cas de désaccord ou à défaut de choix, « *le nom des adoptants retenu est ajouté au premier nom de l'adopté* » (même texte).

Entrée en vigueur : on l'a dit, le système nouveau entrera en vigueur le 1er janvier 2005. Il s'appliquera d'office aux enfants nés après cette date. S'agissant des enfants déjà nés, la loi du 18 juin 2003 prévoit que, dans les dix-huit mois suivant l'entrée en vigueur, « *les parents exerçant l'autorité parentale peuvent demander par déclaration conjointe à l'officier d'état civil, au bénéfice de l'aîné des enfants communs lorsque celui-ci a moins de treize ans au 1er septembre 2003 ou à la date de la déclaration, l'adjonction en deuxième position du nom du parent qui ne lui a pas transmis le sien, dans la limite d'un seul nom par famille. Le nom ainsi attribué est dévolu à l'ensemble des enfants communs nés et à naître. Dans le cas où cette faculté est exercée par les parents d'un enfant âgé de plus de treize ans, le consentement de ce dernier est nécessaire* ». On pouvait difficilement faire plus obscur (la loi doit être accessible et prévisible enseigne-t-on dans les Facultés de droit...).

◆ L'attribution du nom par le mariage

Le mariage n'entraîne pas de modification du nom de famille des époux. En effet, en vertu du principe d'indisponibilité de l'état des personnes (*V. ce mot*), on considère que le nom est immuable. Il en résulte que le mariage ne fait pas perdre à la femme son nom de famille.

Toutefois, chaque époux acquiert, par son mariage, l'usage du nom de son conjoint. En pratique, et vraisemblablement par habitude, c'est souvent la femme qui fait usage du nom de son mari.

Mais en droit, la règle est bilatérale. Il arrive aussi fréquemment que la femme mariée utilise le patronyme de son conjoint accolé à son propre nom de famille. La règle présente un intérêt certain en cas de divorce ou de séparation de corps (*V. ces mots).*

En cas de divorce chacun des époux reprend, en principe, l'usage de son nom (art. 264 C. civ.). Si elle portait le nom de son mari, la femme doit donc reprendre l'usage de son nom de famille. Pour autant, ce changement risque de lui causer un préjudice, notamment lorsque la femme a acquis une notoriété, par exemple professionnelle, sous le nom marital. Aussi l'article 264 prévoit-il plusieurs exceptions :

– en cas de divorce pour rupture de la vie commune (*V. ce mot*) la femme défenderesse, a un droit acquis à conserver l'usage du nom de son ancien mari. Et elle n'a pas à démontrer l'existence d'un quelconque motif légitime. En effet, la loi entend la protéger parce qu'il s'agit d'une épouse abandonnée ou d'une épouse malade mentale (*V. divorce-cas*). Cette prérogative exorbitante a été supprimée par la loi du 26 mai 2004 portant réforme du divorce, qui supprime, à compter du 1er janvier 2005, le divorce pour rupture de la vie commune ;

– dans les autres cas de divorce, l'article 264 du Code civil permet à la femme de conserver l'usage du nom de son ancien mari. Mais elle doit obtenir soit avec l'accord de celui-ci, soit l'autorisation du juge du divorce. Dans cette hypothèse, la femme doit rapporter la preuve qu'un intérêt légitime s'attache pour elle, ou pour les enfants du couple, à la conservation de l'usage du nom du mari. Il en est généralement ainsi lorsque la femme a acquis une notoriété professionnelle sous le nom de son ancien mari. Aux femmes romancières ou artistes de la fin du XIXe siècle ont succédé, aujourd'hui, les femmes journalistes ou celles qui exercent une profession libérale. Le simple fait que la femme se soit vu confier les enfants communs par la décision de divorce n'est généralement pas considéré comme un intérêt légitime. Il semble, enfin, que le remariage de la femme divorcée lui fasse perdre le droit de porter le nom de son ancien mari, (TGI Paris, 10 février 1981, *D.* 1981, p. 443 ; *JCP* 1981, II, 19624, note Huet-Weiller ; CA Paris, 4 mars 2004, *Gaz. Pal.* 23 avril 2004, p. 3, obs. Massip ; *RTD civ. 2004,* p. 271, obs. Hauser). Cette solution n'est pas très satisfaisante car elle cause à la femme divorcée le préjudice professionnel que l'on avait précisément voulu lui éviter en l'autorisant à porter le nom de son ancien mari. Il serait sans doute préférable d'admettre que la femme remariée peut conserver l'usage du nom de son ancien mari, mais seulement pour les besoins de son activité professionnelle. En tout état de cause, il semble plus sage que la femme mariée exerce sa profession soit sous le double nom, soit même, comme la loi le lui permet, sous son propre nom de famille.

◆ L'acquisition du nom par possession prolongée

Le fait de porter un nom pendant de nombreuses années peut-il conférer à celui qui le porte un droit sur ce nom ? Le principe d'indisponibilité de l'état des personnes devrait nous conduire à donner à cette question une réponse négative. En effet, l'état ne s'acquiert pas par l'écoulement du temps (*V. état des personnes*). Cependant, par souci de réalisme, la jurisprudence admet une sorte de prescription acquisitive du nom par possession prolongée. Mais elle impose des conditions qui sont toutefois très restrictives. Ainsi, la durée de la possession doit-elle être très longue, et s'étendre par exemple sur plusieurs générations. En outre, on ne doit relever aucune fraude à l'origine de la modification du nom (V. notamment Civ. 1re, 17 mai 1966, *D.* 1966, p. 631, aff. Mortemart ; Civ. 1re, 1er juillet 1968, *D.* 1968, 685, note Savatier ; Civ. 1re, 6 juillet 1977, *D.* 1978, 396, note Agostini).

Données historiques

Le nom a précédé la loi. Il s'est formé en dehors d'elle, par l'usage. Au Moyen Âge le nom était le plus souvent un prénom. Peu à peu, ce prénom fut complété par un nom de famille, lui-même généralement issu d'un surnom. La généralisation du nom de famille semble apparaître au XVIIe siècle. C'est alors que l'habitude fut prise de recourir à l'adjectif patronymique pour distinguer le nom du prénom.

Au siècle dernier, les officiers d'état civil avaient parfois tendance à choisir les prénoms des enfants sans filiation de manière très étrange. Ainsi, le Parquet fut-il parfois contraint d'engager des actions en justice pour obtenir la suppression de noms patronymiques ridicules, choisis par des officiers d'état civil fantaisistes. Ainsi, dans un jugement du 5 mars 1902, le Tribunal civil de Pontivy ordonna la rectification de l'acte de naissance de deux enfants qui avaient été affublés des noms de Raoul-Marie Delabicyclette et de Joseph-Marie Dukdelespasse (Trib. civ. Pontivy, 5 mars 1902, *DP* 1903, II, p. 414). Le système actuel (attribution de trois prénoms) a le mérite d'éviter ce genre d'excentricités.

Données doctrinales et jurisprudentielles

La réfome du nom patronymique (devenu nom de famille) a été entreprise par un gouvernement finissant pour des raisons à la fois idéologiques et électoralistes. Quel sera son destin ? Il est difficile de le dire. Les études réalisées à l'étranger montre que, dans les États qui le pratiquent, le succès du double nom est faible

(95 % des femmes mariées portent le nom de leur mari en Allemagne ; elles sont 94 % au Royaume-Uni : J. Rochfeld, *RTD civ.* 2002, p. 377 et s.). Mais il y a plus grave. Certains choix doivent être faits par la loi, non par les individus. Car choisir, c'est éliminer et susciter des rancœurs parfois dévastatrices. En vouloir à la loi ne met pas en péril un couple, mais en vouloir à son conjoint... Et si l'on voulait absolument réformer, il eut été parfaitement possible de prévoir, par exemple, que l'enfant recevrait, par l'effet de la loi, les noms accolés de ses deux parents, et qu'il ne transmettrait à ses propres descendants que le premier dans l'ordre alphabétique...

Bibliographie sommaire :

Histoire : A. LEFEBVRE-TEILLARD, Le nom, droit et histoire, PUF, Coll. Léviathan, éd. 1990.

Droit positif : J. CARBONNIER, « Le nom de l'enfant », in Droit et passion du droit sous la Ve République, Flammarion, 1996, p. 239 ; M. GOBERT, « Le nom ou la redécouverte d'un masque », JCP 1980, I, 2966 ; M. GRIMALDI, « Patronyme et famille : l'attribution du nom », Rép. Defrénois 1987, p. 1427 ; F. DEKEUWER-DÉFOSSEZ, « Commentaire de la loi relative au nom de famille », RJPF 2002, 7•8/10 ; Th. GARÉ, « La loi relative à la dévolution du nom de famille, Aperçu rapide », JCP 2003, act. 370 ; J. FOYER, « Du nom patronymique au nom de famille », Mélanges Decocq, Litec 2004, p. 241 et s.

Droit comparé : J. POUSSON-PETIT, « Chronique de droit néerlandais et luxembourgeois », Dr. fam. 2004, n° 2.

Renvois : *Adoption, État des personnes, Filiation, Individualisation de la personne, Nom de famille-changement, Nom de famille-protection, Possession d'état, Présomption de paternité.*

Nom de famille (changement)

Définition

Le changement de nom de famille est la faculté reconnue aux personnes de substituer à leur nom d'origine un nouveau nom.

Régime juridique

La fonction d'individualisation de la personne (*V. ce mot)* que remplit le nom de famille impose que les changements de noms soient exceptionnels. C'est pourquoi, aujourd'hui, le nom ne peut être modifié que de deux manières : par changement d'état ou par voie administrative.

Le nom étant l'une des conséquences du lien de filiation, toute modification de ce lien entraîne nécessairement une modification du nom. Il en est ainsi en cas d'établissement du lien de filiation, en cas de contestation de ce lien ou en cas d'adoption. Le changement de nom par voie administrative est, quant à lui, plus strictement réglementé. Il peut être obtenu de deux manières : soit par changement pur et simple de nom, soit par francisation du nom.

◇ *Le changement pur et simple* du nom résulte d'un décret du ministre de la Justice. Le demandeur doit rapporter la preuve d'un motif légitime. Il en est ainsi lorsque le nom qu'il porte est un nom ridicule, un nom déshonoré ou un nom qui prête à confusion. Le décret autorisant l'intéressé à changer de nom est publié au *Journal officiel*. Cette publication ouvre aux porteurs légitimes du nom attribué au requérant un délai de deux mois pour faire opposition au changement de nom devant le Conseil d'État. A défaut d'opposition, ou lorsque celle-ci est rejetée, le changement de nom devient définitif. Il s'étend de plein droit aux descendants mineurs du demandeur, lorsqu'ils ont moins de treize ans. Au-delà, l'enfant doit consentir personnellement au changement.

◇ *La francisation* du nom est une modification du nom accessoire à une procédure de naturalisation. Elle vise à permettre une meilleure intégration du nouveau français dans la communauté nationale. La francisation résulte d'un décret du ministre de l'Intérieur. Ce décret est publié au *Journal officiel*, et cette publication ouvre, là encore, aux tiers un délai de deux mois pour faire opposition. Le bénéfice de la francisation s'étend de plein droit aux enfants mineurs, sans qu'il faille distinguer en fonction de leur âge. Il semble donc, contrairement à ce que nous avons remarqué en matière de changement, que les enfants de plus de treize ans n'aient pas à consentir à la francisation de leur nom.

Données historiques

L'Ancien droit admettait facilement les changements de nom, à condition qu'ils ne soient pas inspirés par la fraude et qu'ils ne portent pas préjudice aux tiers. Cependant, très vite, le changement de nom deviendra un moyen d'échapper à l'impôt. Le pouvoir royal tentera alors de contrôler les changements, mais c'est le droit révolutionnaire qui portera ce contrôle à son apogée. Ainsi, l'article 1er de la loi du 6 fructidor de l'An II, toujours en vigueur, dispose-t-il : « *Aucun citoyen ne pourra porter de nom ni de prénom autres que ceux exprimés dans son acte de naissance : ceux qui les auraient quittés sont tenus de les reprendre* ». Et la loi du 11 germinal de l'An XI (aujourd'hui abrogée, mais dans la forme seulement) place les changements de noms sous le contrôle de l'État. Le nom devient ainsi une institution de police civile. Sa fonction d'individualisation, de désignation, se renforce, qui postule que les changements ne soient autorisés qu'à titre exceptionnel.

Données doctrinales et jurisprudentielles

L'étroitesse de la procédure de changement de nom a été contestée par certains auteurs qui souhaitent que les changements de nom soient entièrement libres comme c'est le cas en droit américain. Le nom se rapprocherait ainsi du prénom pour lequel la doctrine se montre généralement favorable à une grande liberté de changement. Cette proposition n'a pas retenu l'attention du législateur, ce qui nous paraît heureux dans la mesure où la société, pour des raisons de police, et l'individu lui-même, pour des raisons tenant à la construction de son identité, au sens psychologique du terme, semblent avoir intérêt à une certaine stabilité du nom.

Bibliographie sommaire : A. LEFEBVRE-TEILLARD, Le nom, droit et histoire, PUF, Coll. Léviathan, éd. 1990.

Renvois : *Adoption, Filiation, Mariage, Nom de famille-protection.*

Nom de famille (protection)

Définition

Par protection du nom de famille, on entend la possibilité pour un individu d'engager différentes actions en justice en cas d'atteinte à son patronyme.

Régime juridique

Victor Hugo rangeait parmi les plus grandes richesses que l'homme puisse posséder le port d'un nom révéré. Et le fait est que le nom peut être, pour certains, un objet de convoitise. Dès lors, notre droit donne à la victime d'une telle convoitise la possibilité d'agir en défense de son nom contre les usurpations et contre les utilisations abusives. Ces deux actions obéissent à un régime juridique différent.

◆ La défense du nom contre les usurpations

L'usurpation est le fait, pour une personne, d'utiliser, dans les actes de la vie civile, un nom sur lequel elle n'a aucun droit, ni au titre de sa filiation, ni au titre de son mariage (*V. nom de famille, attribution*). Dans cette hypothèse, la loi donne au porteur légitime du nom une action efficace : l'action en usurpation de nom. Le porteur légitime peut obtenir du Tribunal de grande instance qu'interdiction soit faite à l'usurpateur, éventuellement sous astreinte, d'utiliser son nom. Les conditions de cette action sont très peu exigeantes dans la mesure où ni la preuve d'une faute, ni la démonstration d'un préjudice ne sont nécessaires au succès de la prétention. Selon la Cour de cassation, l'intérêt à agir, qui est la condition nécessaire à toute action en justice, réside dans l'usurpation du nom elle-même. Il est donc possible d'agir en usurpation de nom alors même que le demandeur ne subit aucun préjudice. Par là, le nom est protégé comme un objet de propriété (*V. infra, Données doctrinales et jurisprudentielles*). La jurisprudence exige seulement l'existence d'un risque de confusion entre la famille de l'usurpateur et celle du porteur légitime du nom usurpé. Les conditions de l'action en usurpation sont donc très peu contraignantes. Il en est tout autrement lorsque le nom fait l'objet non plus d'une usurpation, mais d'une simple utilisation abusive.

◆ La défense du nom contre les utilisations abusives

L'utilisation abusive se caractérise par le fait que l'agent ne cherche pas à utiliser le nom d'autrui à la place du sien propre dans tous les actes de sa vie civile, mais qu'il en fait usage seulement dans le cadre d'une activité déterminée. Il en est ainsi, par exemple, du fabricant qui donne à son produit un nom porté par un tiers ; nom auquel s'attache, le plus souvent, une image de qualité. Il en est ainsi également de l'auteur d'une œuvre de fiction — film ou roman — qui nomme ses personnages en utilisant, parfois involontairement, le nom de tierces personnes. On trouve même, en jurisprudence, quelques rares exemples d'utilisation abusive du nom d'autrui à titre de pseudonyme (Civ. 1re, 23 février 1965, aff. La Villéon, *D.* 1965, p. 387, note F. B. ; *JCP* 1965, II, 14255, note Nepveu ; *RTD civ.* 1966, p. 69, obs. Nerson).

Les victimes d'une utilisation abusive de leur patronyme bénéficient d'une protection qui est moins énergique qu'en cas d'usurpation. En effet, la victime doit démontrer l'existence d'une faute, d'un préjudice, et d'un lien de causalité. On retrouve ici les conditions classiques du droit de la responsabilité civile. La faute peut être soit volontaire soit involontaire. La faute volontaire est caractérisée par une intention de nuire. Il en est ainsi, notamment, lorsque l'auteur d'une œuvre de fiction met en scène un personnage ridicule auquel il donne le nom de l'un de ses ennemis. En revanche, la faute n'est qu'involontaire lorsqu'elle résulte d'une imprudence ou d'une négligence. Il en est ainsi lorsque l'auteur de l'œuvre de fiction choisit un nom dont il ignore qu'il appartient à un tiers. Dans ce dernier cas, on considère qu'il aurait dû vérifier que le nom qu'il choisissait n'était porté par personne. Mais cela est-il vraiment possible, notamment lorsque l'œuvre de fiction est promise à une large diffusion ? En cas de découverte de porteurs légitimes du nom qu'il a utilisé, l'auteur de l'œuvre de fiction aurait dû demander à tous les porteurs légitimes l'autorisation d'utiliser leur nom. La jurisprudence décide même que si l'autorisation n'a été donnée que par certains porteurs légitimes du nom, les autres peuvent agir (TGI Paris, 3 janvier 1986, aff. Rothschild, *D.* 1987, p. 115, note Burst).

Quant au préjudice, il s'analyse en un risque de confusion entre le demandeur et le personnage de l'œuvre de fiction ou le produit commercialisé. Ainsi, lorsque l'auteur d'une œuvre de fiction utilise le nom d'une personne qui existe réellement, sa responsabilité ne se trouve engagée que si le personnage fictif est présenté sous un jour désavantageux, et s'il y a un risque de confusion avec le personnage véritable (Paris, 28 décembre 1968, aff. Daninos, *D.* 1968, p. 437, confirmé par Cass. civ. 2 juillet 1969, *RTD civ.* 1969, p. 161, obs. Nerson).

Reste le lien de causalité. Il impose au demandeur d'établir que le préjudice dont il réclame réparation est bien consécutif à la faute, intentionnelle ou d'imprudence, commise par l'agent.

Données doctrinales et jurisprudentielles

Une question préalable, qui n'est toujours pas tranchée en totalité, consiste à savoir quel est le fondement de la protection du nom. La réponse a, dans un premier temps, été recherchée dans le droit de propriété. Ainsi certains auteurs et certains arrêts anciens affirmaient-ils que le nom est, sinon la propriété exclusive de celui qui le porte, du moins la propriété collective de la famille (ne parle-t-on pas du nom de famille ?), ce qui avait au moins le mérite d'expliquer que tous les membres de la famille puissent agir en défense du nom, même s'ils ne le portent plus. Pour autant, cette analyse n'est pas convaincante et elle est unanimement rejetée aujourd'hui. En effet, la propriété ne se conçoit que sur les choses. En outre, le concept de propriété rend mal compte des droits dont les individus disposent sur leur nom (il est impossible de vendre ou de louer son nom, même s'il y a quelques dérogations en matière commerciale, mais s'agit-il encore d'un nom ?).

Pour autant, il ne suffit pas d'écarter un fondement. Encore faut-il en proposer un autre. Sur ce point, la doctrine quasiment unanime admet aujourd'hui que le nom est étroitement attaché à l'individu parce qu'il est, comme le disait Planiol, le signe fondamental de son identité. On s'accorde donc pour voir dans le nom un attribut de la personnalité (*V. ce mot*).

Mais cet individualisme du nom ne lui retire pas toute dimension collective. Ainsi, peuvent agir en défense du nom non seulement ceux qui portent eux-mêmes le nom usurpé ou utilisé sans autorisation par autrui, mais encore la femme mariée — pour les atteintes à son propre patronyme —, bien qu'elle use du nom de son mari. Allant plus loin, la jurisprudence reconnaît même que les descendants par les femmes conservent le droit d'agir en défense du nom de leur aïeul, alors qu'ils ne l'ont eux-mêmes jamais porté.

Bibliographie sommaire : P. KAYSER, « La protection du nom de famille d'après la jurisprudence civile et d'après la jurisprudence administrative », RTD civ. 1959, p. 10 ; E. AGOSTINI, « La protection du nom patronymique et la nature du droit au nom », D. 1973, chr., p. 313.

Obligation alimentaire

Définition

L'obligation alimentaire est le devoir, légal ou conventionnel, d'assurer la subsistance d'autrui. La dette alimentaire n'est pas limitée à la nourriture du créancier. Elle inclut aussi les dépenses de logement, d'habillement et les frais médicaux, notamment.

Régime juridique

◆ L'existence de l'obligation alimentaire

Elle est subordonnée à trois conditions :

◇ *La nécessité d'un lien de famille* tient au fait que l'obligation alimentaire est un devoir de solidarité entre parents et alliés. Ainsi, l'obligation alimentaire existe entre parents en ligne directe, sans limitation de degré et quelle que soit la nature de la parenté (légitime, naturelle, adoptive en forme plénière). Dans l'adoption simple, l'obligation alimentaire n'existe que dans les rapports de l'adoptant avec l'adopté (et les descendants de celui-ci). Elle subsiste dans la famille par le sang de l'adopté, mais l'adopté doit d'abord solliciter l'adoptant. Aucune obligation alimentaire n'existe en ligne collatérale. Tout au plus peut-on y voir une obligation naturelle, un devoir de conscience.

Entre alliés, l'obligation alimentaire existe seulement entre le gendre ou la belle-fille et les beaux-parents. Le gendre ou la belle-fille ne doivent rien aux grands-parents de leur conjoint. L'obligation entre alliés disparaît en cas de divorce, et aussi en cas de décès du gendre ou de la belle-fille — vis-à-vis de la famille de l'autre —, sauf s'il existe des enfants communs vivants (art. 206 C. civ.).

◇ *L'état de besoin du créancier* est une condition nécessaire. Une personne ne peut demander d'aliments à ses proches que si elle est elle-même dans l'incapacité de subvenir à ses besoins. Pour autant l'obligation alimentaire ne doit pas être une incitation à la paresse ou à l'attentisme. Ainsi, lorsque le créancier est en mesure de travailler, il ne peut faire appel à ses obligés alimentaires. De même, lorsqu'il possède des biens dont il peut tirer des revenus, il doit en faire une gestion productive, sans pouvoir rien réclamer à ses proches.

◇ *La solvabilité du débiteur* est la dernière condition de l'obligation alimentaire. Celui auquel on demande des aliments doit être en mesure de les fournir. Pour déterminer les ressources du débiteur, il faut tenir compte de ses revenus et de ses charges, étant précisé que l'appauvrissement volontaire est généralement ignoré par la jurisprudence (pour une démission, V. Versailles, 16 mars 1988, *D.* 1988, p. 467, note C. Philippe).

◆ Les caractères de l'obligation alimentaire

◇ *L'obligation alimentaire est réciproque,* sauf lorsque le créancier, qui réclame des aliments, a manqué gravement à ses obligations envers celui auquel il les réclame (art. 207 al. 2 C. civ.). Il y a là une règle de moralisation.

◇ *L'obligation alimentaire s'exécute en argent,* elle prend la forme d'une pension alimentaire, mise à la charge du débiteur au profit du créancier. Le créancier peut proposer au débiteur une exécution en nature sous la forme d'un hébergement et d'un entretien dans son propre domicile. Mais cette forme d'exécution, qui porte atteinte à l'indépendance du créancier, n'est permise que dans de rares cas (art. 210 et 211 C. civ.) et elle est soumise à l'appréciation souveraine du juge.

◆ La mise en œuvre de l'obligation alimentaire

En l'absence d'exécution spontanée, le créancier doit saisir le juge aux affaires familiales et rapporter la preuve que les conditions d'existence de l'obligation alimentaire sont remplies. La Cour de cassation a posé le principe de l'absence de hiérarchie des débiteurs d'aliments. Il en résulte que le créancier peut agir contre n'importe lequel de ses débiteurs d'aliments, et lui réclamer le paiement de la totalité de ce dont il a besoin, à charge pour le débiteur actionné de se retourner ensuite contre les autres débiteurs.

En cas de non paiement, notre droit organise plusieurs voies de recouvrement forcé des aliments (saisie-arrêt, procédure de paiement direct, procédure de recouvrement public ou avance par les Caisses d'allocations familiales).

Données doctrinales et jurisprudentielles

Contrairement à ce que semble indiquer le Code civil, qui traite de l'obligation alimentaire dans un chapitre consacré aux obligations qui naissent du mariage, celle-ci ne résulte pas du mariage, mais elle naît de la parenté et de l'alliance. C'est ce qui explique que l'obligation alimentaire soit identique dans la famille légitime et dans la famille naturelle.

L'absence d'obligation alimentaire entre collatéraux doit être nuancée par le fait que la jurisprudence admet que l'exécution spontanée — ou la simple promesse d'exécution — de l'obligation naturelle de fournir des aliments à son frère dans le besoin entraîne novation de cette obligation naturelle en une obligation civile, juridiquement obligatoire.

L'absence de hiérarchie des débiteurs d'aliments doit, elle aussi, être nuancée. En effet, la jurisprudence considère que le devoir de secours (*V. Mariage, effets*) et l'obligation d'entretien priment l'obligation alimentaire familiale. L'obligation d'entretien est le devoir, pour les parents légitimes, naturels ou adoptifs, de subvenir aux besoins de leurs enfants mineurs (art. 203 C. civ.). L'obligation d'entretien n'est pas réciproque, et son contenu est plus large qu'une simple obligation alimentaire. En effet, outre la nourriture, le logement, l'habillement et les frais médicaux, l'obligation d'entretien inclut les dépenses d'éducation, le cas échéant au-delà de la majorité.

Droit comparé

V. l'ouvrage d'A. Bénabent et O. Roy, *L'obligation alimentaire en droit comparé*, éd. CNRS, 1985.

Bibliographie sommaire : A. Bénabent, Droit civil, La famille, 11e éd., Litec, 2003, n° 645 et s. ; M.-J. Gebler, « Le paiement direct des pensions alimentaires », D. 1973, chr., p. 107 ; J. Vincent et J. Prévault, « La procédure de recouvrement public des pensions alimentaires et ses premières applications », D. 1976, chr., p. 237 ; M.-J. Gebler, « L'obligation d'entretien des parents à l'égard de leurs enfants majeurs qui poursuivent des études », D. 1976, chr., p. 131 ; J. Hauser, « L'obligation civile d'entretien du jeune majeur », in L'enfant, la famille et l'argent, LGDJ 1991, p. 166.

Renvois : *Action à fins de subsides, Divorce-effets, Famille, Filiation, Mariage-effets, Ordre public, Reconnaissance.*

Ordre public
(en droit des personnes et de la famille)

Notion

La définition de la notion d'ordre public est l'une des questions les plus controversées du droit. Comme le relève M. Malaurie dans sa thèse de doctorat : « *Nul n'a jamais pu en définir le sens, chacun en vante l'obscurité et tout le monde s'en sert* » (Ph. Malaurie, *L'ordre public et le contrat*, Préf. P. Esmein, 1953, p. 3). A la suite de Paul Esmein, on peut retenir que la notion d'ordre public désigne « *l'ensemble des restrictions mises par l'État à la liberté laissée aux particuliers d'aménager leurs rapports par des conventions* » (préface de la thèse de M. Malaurie, préc.). Dès lors apparaît bien le trait caractéristique de la notion d'ordre public. C'est une notion qualificative. Elle s'applique aux règles qui, dans un ordre juridique donné, ont une force contraignante particulière. Une règle d'ordre public est donc une règle impérative, à laquelle il est impossible de se soustraire ou de déroger sans encourir de sanction. Et, selon M. Malaurie, ce caractère impératif s'attache aux règles qui assurent « *le bon fonctionnement des institutions indispensables à la collectivité* » (thèse préc., p. 69).

Applications de la notion

Telle qu'elle a été définie, la notion d'ordre public poursuit, pour l'essentiel, une double finalité. Tantôt elle dirige, elle oriente l'activité humaine : c'est l'ordre public de direction ; tantôt elle préserve, elle protège : c'est l'ordre public de protection. Or, en droit des personnes et de la famille, il semble bien que l'on assiste à un recul de l'ordre public de direction et à un développement de l'ordre public de protection.

◆ Le recul de l'ordre public de direction en droit des personnes et de la famille

L'ordre public de direction semble connaître un recul important en droit des personnes et de la famille (en ce sens, Ph. Malaurie, *Rapport du synthèse du colloque d'Avignon sur l'ordre public à la fin du XXe siècle*, éd. Dalloz, Coll. Thèmes et commentaires, 1996). On peut en donner plusieurs exemples. Ainsi, alors qu'au sortir du Code civil le droit des personnes et de la famille contenait de nombreuses règles d'ordre public (indisponibilité de l'état des personnes, indissolubilité du mariage (du moins en 1816), hiérarchisation de la famille, puissance maritale, puissance paternelle, interdiction de l'action en recherche de paternité, interdiction de l'établissement des filiations adultérine et incestueuse, limitation des droits successoraux des enfants naturels simples...), on assiste depuis une trentaine d'années à un mouvement en sens inverse, qui se traduit pas un désengagement de l'État, et par une libéralisation du droit. La pression exercée sur la liberté des citoyens se relâche. Ainsi, toutes les règles d'ordre public que nous venons de signaler ont-elles disparu : la puissance paternelle a été abolie et l'incapacité de la femme mariée, supprimée. On peut reconnaître des enfants adultérins ; l'ordre public matrimonial ne fait plus obstacle au divorce. Quant à l'indisponibilité de l'état des personnes, le principe a été sensiblement ébranlé par la jurisprudence européenne relative au transsexualisme (*V. ce mot*).

Aussi, une question vient à l'esprit : que reste-t-il, en droit des personnes et de la famille, de l'ordre public de direction ?

La prohibition des unions homosexuelles ? Elle a été abrogée deux fois par la loi du 15 novembre 1999. La première fois, en instaurant le Pacte civil de solidarité (*V. ce mot)*, forme d'union qui vise au premier chef les homosexuels. La seconde, en ouvrant le concubinage aux partenaires de même sexe (art. 515-8 C. civ.).

L'interdiction de la polygamie ? Mais elle est assouplie depuis l'arrêt Rivière, par la théorie de l'effet atténué de l'ordre public (*V. empêchement à mariage*).

Le caractère impératif des effets du mariage ? Mais il est battu en brèche par certaines décisions de jurisprudence (*V. Mariage, effets)*.

L'interdiction d'agir en recherche de maternité en cas d'accouchement sous X (*V. ce mot)* ? Mais elle est contestée par certains praticiens et par une partie de la doctrine.

La limitation des droits successoraux de l'enfant adultérin ? Mais elle a été condamnée par la Cour européenne des droits de l'homme (Cour EDH, 1er février 2000, *Mazurek, D.* 2000, p. 332, note Thierry) et supprimée par le législateur de 2001 (L. 3 déc. 2001).

Et pourtant, au-delà de ces exemples plus ou moins discutés, on trouve encore des dispositions qui s'apparentent à l'ordre public de direction. Ainsi en est-il sans doute de l'interdiction, pour l'enfant incestueux d'accéder à une double filiation (art. 334-10 C. civ.). Et la Cour de cassation décide que la prohibition ne peut être contournée par le recours à l'adoption (Civ. 1re, 6 janvier 2004, *D.* 2004, p. 362, concl. Sainte-Rose et note Vigneau ; *JCP* 2004, II, 10064, note Labrusse-Riou ; *Dr. fam.* 2004, n° 16, obs. Fenouillet ; *Rép. Defrénois* 2004, p. 594, obs. Massip *RJPF* 2004, 3/34 et nos obs.). Un autre exemple peut également être recherché dans le droit d'avoir une filiation établie. En effet, la Cour de cassation a déclaré contraire à l'ordre public français en matière internationale l'application, à un enfant de nationalité française, d'une loi étrangère qui prohibait l'établissement de la filiation naturelle (Civ. 1re, 10 février 1993, *JCP* 1993, I, 3688, n° 10, obs. H. Fulchiron ; *D.* 1994, p. 66, note J. Massip). Toutefois, la Haute juridiction s'est contredite quelque temps après en acceptant l'application à un français mahorais d'une règle de droit musulman lui interdisant d'établir sa filiation naturelle (Civ. 1re, 25 février 1997, *JCP* 1997, II, 22968, note L.-A. Barrière et Th. Garé ; Rev. *Droit de la famille*, 1997, n° 70, obs. P. Murat). On peut citer encore les empêchements à mariage (*V. mariage-conditions)* ou à PACS (*V. Pacte civil de solidarité)*. Et le contrôle des répudiations musulmanes par la Cour de cassation (V. *divorce*).

Quant à la législation relative à la bioéthique, elle a ajouté à notre droit des personnes plusieurs dispositions d'ordre public : l'interdiction de l'eugénisme (art. 214-1 C. pén.), du clonage (art. 214-2 et 511-18-1 C. pén.), des conventions visant à donner une valeur patrimoniale au corps humain, à ses éléments ou à ses produits, l'interdiction de la gestation pour le compte d'autrui. Mais peut-être est-on déjà entré dans l'ordre public de protection : en protégeant le corps, on protège l'homme ; en interdisant la gestation pour autrui, on protège au moins autant la gestatrice que l'enfant à naître...

◆ Le développement de l'ordre public de protection en droit des personnes et de la famille

La société dirige moins. Il semble qu'elle protège plus. Ainsi la liberté du mariage est-elle généralement reconnue comme une liberté d'ordre public. Ainsi l'autorité parentale est-elle une fonction de protection d'ordre public. Ainsi l'obligation alimentaire est-elle un devoir d'ordre public. Et comment ne pas citer aussi la protection du corps humain ou le principe de dignité de la personne humaine — preuve que la jurisprudence peut dégager des principes généraux du droit... d'ordre public — (*V. corps*).

Pour conclure en un mot, nous dirions volontiers que l'individu est sans doute plus libre aujourd'hui dans sa famille qu'il ne l'était en 1804. Mais il serait abusif, et de surcroît contraire à la réalité, de prétendre que l'ordre public a totalement déserté le droit de la famille. Il n'en sera sans doute jamais ainsi. Même la société romaine, qui semblait avoir des mœurs assez libres, connaissait un ordre public familial fort. Car la famille est la pierre fondatrice de la société, laquelle ne peut survivre sans un minimum de règles d'ordre public.

Bibliographie sommaire : Th. REVET (dir.), L'ordre public à la fin du XXe siècle, Dalloz, Coll. Thèmes et commentaires, 1996, et notamment les articles des professeurs Beignier et Bénabent.

Renvois : *Autorité parentale, État des personnes, Filiation, Obligation alimentaire, Mariage, Procréations assistées, Transsexualisme.*

Pacte civil de solidarité (PACS)

Définition

D'après l'article 515-1 du Code civil, le PACS est « *un contrat conclu par deux personnes physiques majeures, de sexe différent ou de même sexe, pour organiser leur vie commune* ».

Contexte

Il y a actuellement en France environ 15 millions de couples, dont 12 millions sont mariés. Les autres sont des couples de concubins qui, dans leur grande majorité, ont choisi de ne pas se marier pour préserver leur liberté. Il y a peu de chances qu'ils renoncent à cette liberté pour conclure un PACS. Les destinataires principaux du PACS sont donc ceux qui sont restés en dehors du mariage contraints et forcés, parce que le mariage ne pouvait les accueillir : il s'agit des couples homosexuels.

Nature juridique

Elle est très clairement indiquée par l'article 515-1 du Code civil : le PACS est un contrat. Plus précisément, il s'agit d'un contrat consensuel (quoique soumis à un régime très lourd de publicité), synallagmatique, commutatif, à durée indéterminée. Destiné à organiser la vie commune des partenaires, le PACS est un contrat spécial d'un genre nouveau. Pour autant, nous constaterons que, sur bien des points, le PACS se rapproche du mariage. La qualification de contrat a, cependant, un double mérite. D'une part, elle permet de rattacher le PACS à une catégorie juridique connue et à la théorie générale des obligations. D'autre part, elle permet de distinguer le PACS du concubinage (*V. ce mot)* qui n'est, quant à lui, qu'une situation de pur fait.

Régime juridique

◆ Formation du pacte civil de solidarité

Comme tout contrat, le PACS est soumis aux conditions générales de validité des conventions, et notamment aux articles 1109 et s. du Code civil.

◇ *Consentement*

Le PACS prend la forme d'un acte sous seings privés et doit être dressé en double original. La loi impose en outre aux partenaires unis par un PACS une procédure de déclaration d'une lourdeur rarement égalée. Les partenaires doivent faire (de leur

PACS) une déclaration conjointe devant le greffier du tribunal d'instance du lieu de leur résidence (art. 515-3 C. civ.). Ils doivent remettre au greffier : un double exemplaire de la convention de PACS, les pièces d'état civil permettant de vérifier l'absence d'empêchement et un certificat du greffe du tribunal d'instance de leur lieu de naissance attestant qu'ils ne sont pas déjà liés par un PACS. Après avoir vérifié que les conditions de validité du contrat sont réunies et qu'aucune de ses dispositions n'est contraire à l'ordre public (*V. infra, Ordre public en matière de pacte civil de solidarité)*, le greffier mentionne la déclaration sur un registre spécial. Il la fait également mentionner sur le registre tenu au greffe du tribunal d'instance du lieu de naissance de chaque partenaire. Il vise et date les deux exemplaires de la convention et les restitue aux partenaires. L'inscription du PACS sur le registre du tribunal d'instance du lieu de résidence des partenaires donne au pacte date certaine, et le rend opposable aux tiers. Appliqué en la matière, le parallélisme des formes produit cette conséquence que toute modification ultérieure du pacte est soumise à la même procédure.

La lourdeur de cette procédure de déclaration au greffe — qui institue une sorte d'état civil parallèle — paraît bien inutile. En effet, s'agissant seulement de vérifier la validité du contrat, de lui donner date certaine et d'assurer sa publicité, le recours au notaire paraissait amplement suffisant.

◊ *Capacité*

Le PACS ne peut être conclu que par deux personnes physiques majeures (art. 515-1 C. civ.), à condition toutefois qu'elles ne soient pas placées sous le régime de la tutelle (art. 506-1 C. civ.). Il en résulte que les mineurs, même émancipés, ne peuvent conclure un PACS. Il s'agit pour eux d'une incapacité de jouissance (*V. incapacités)*. Quant aux majeurs en curatelle, ils peuvent, en théorie, conclure un PACS. Mais il semble que l'assistance du curateur soit nécessaire (en ce sens, J. Combret, *in Le PACS, Droit de la famille,* n° spécial, décembre 1999, p. 56).

L'incapacité, pour le majeur en tutelle de conclure un PACS s'harmonise mal avec la solution retenue en matière de mariage par l'article 506 du Code civil (le mariage du majeur en tutelle est possible, sous certaines conditions).

◊ *Objet*

L'objet du contrat de PACS est l'organisation de la vie commune des partenaires.

Pour ce qui est de *l'objet de l'obligation* de chaque partie, il s'agit de « *l'aide mutuelle et matérielle* » (*V. infra, Effets du PACS*), ce qui n'est pas d'une grande consistance juridique. A quand, en matière de PACS, une controverse jurisprudentielle sur le caractère déterminé, ou au moins déterminable, de l'objet ?

Une autre difficulté apparaît : les relations charnelles sont-elles de l'essence du PACS ? Le législateur ne le dit pas expressément. Pour autant, on sait bien que nombre de partisans du PACS y voient le moyen de concrétiser, juridiquement, une union homosexuelle. D'ailleurs, l'article 515-1 C. civ. conforte cette idée puisqu'il définit le PACS comme une union entre « *personnes physiques majeures, de sexe différent ou de même sexe, (...)* ». Cette précision légale n'a d'autre utilité que d'indiquer clairement que le PACS est un contrat ouvert aux homosexuel(le)s. Et le Conseil constitutionnel a interprété la notion de vie commune comme incluant des relations sexuelles. Verra-t-on, alors, se développer ici, comme on le voit en matière de mariage (*V. Mariage-conditions)*, des actions en nullité du PACS pour erreur sur l'aptitude du partenaire aux relations sexuelles ? *Quid* du devoir de fidélité entre partenaires ? Dans le silence de la loi, certains juges du fond ont affirmé l'existence d'un devoir de fidélité entre pacsés (TGI Lille, 5 juin 2002, *D.* 2003, p. 515, note Labbée, *RJPF* 2003, 3/38, obs. Valory). On mesure ici le caractère hybride du PACS, à la fois contrat — par précision légale — et forme d'union d'un genre particulier, dont le statut juridique ne peut être examiné sans référence au concubinage ou au mariage.

◊ *Cause*

La loi de 1999 est totalement muette sur la question de la cause. Il est vrai que, s'agissant d'une notion qui divise les civilistes depuis toujours, on comprend que ce législateur, plus politicien que juriste, ait soigneusement éludé la question (à moins qu'il ne l'ait pas aperçue !). Cependant, s'agissant d'un contrat, la question de la cause apparaîtra nécessairement un jour en jurisprudence. Tout étudiant en droit sait qu'il est de coutume de distinguer la cause du contrat et la cause de l'obligation.

La *cause du contrat* désigne la finalité recherchée par les contractants. En matière de PACS, il s'agit de l'organisation de leur vie commune. Reste que la théorie générale des contrats impose que la cause soit licite. De ce point de vue, le caractère homosexuel de l'union ne peut constituer une cause illicite, dans la mesure où la loi de 1999 l'autorise expressément. En revanche, serait illicite le PACS conclu en violation de certains empêchements (*V. infra, Ordre public en matière de pacte civil de solidarité)*.

Quant à la *cause de l'obligation,* elle résulte d'une analyse technique du contrat. Ainsi, on admet que dans les contrats synallagmatiques, dont le PACS fait partie, la cause de l'obligation de l'une des parties réside dans l'objet de l'obligation de l'autre. En d'autres termes, la cause est ici la contre-prestation. En l'espèce, la cause de l'obligation de Pierre de soutenir matériellement Jacques résidera dans le fait que Jacques le soutient aussi matériellement. Les obligations sont réciproques. Mais alors verra-t-on apparaître, en matière de PACS, des actions en exécution forcée auxquelles seront opposées des exceptions d'inexécution ? Et si un seul des partenaires pourvoit aux besoins de l'autre, *quid* de l'absence de cause des versements ? Si la contribution de l'un est symbolique (1 €), *quid* de l'annulation du PACS pour absence de cause ? Autant de questions que la loi nouvelle laisse sans réponse.

◊ *Publicité*

Le PACS ouvrant des droits opposables aux tiers et créant une solidarité des partenaires pour le paiement de certaines dettes (*V. infra, Effets du pacte civil de solidarité)*, il doit nécessairement faire l'objet d'une publicité (*V. supra, Consentement)* afin d'être accessible aux tiers. Or, toute publication du PACS ne constitue-t-elle pas une atteinte à la vie privée des partenaires, dont elle révèle les préférences sexuelles ?

◆ Effets du pacte civil de solidarité

◊ *Droit civil*

• Entre les parties

Sur le plan personnel, la loi se borne à prévoir que les partenaires « *s'apportent une aide mutuelle et matérielle* » (art. 515-4 C. civ.). Si l'on comprend bien cette formule maladroite, le PACS n'est donc, légalement, qu'une affaire d'argent : chaque partenaire est tenu d'apporter à l'autre une aide matérielle, c'est-à-dire financière ; une sorte de devoir de secours entre « pacsés ». Il n'existe, légalement, aucun devoir d'assistance, ni aucune obligation d'entraide morale entre partenaires, et la question du devoir de fidélité est discutée (*comp. Mariage-effets*). Bien que la loi ne l'évoque pas, il faut admettre que l'un des « pacsés » pourra assigner l'autre en exécution forcée du devoir d'aide matérielle. Mais la loi ne fixe ni la forme que prendra alors cette aide (pension alimentaire ?, versement en capital ?, contribution aux charges du PACS ?), ni sa durée, ni le juge qui sera compétent pour connaître de ce contentieux. Il va sans dire que ces lacunes ne manqueront pas d'engendrer d'importantes difficultés pratiques. Sur le terrain de la compétence juridictionnelle, la compétence du juge aux affaires familiales ne paraît pas certaine dans la mesure où le PACS est un contrat qui, du moins lorsqu'il est conclu entre homosexuels, est singulièrement éloigné de la matière familiale.

Sur le plan patrimonial, la loi présume indivis pour moitié les biens que les partenaires auront acquis après la signature du PACS, ou ceux dont la date d'acquisition ne pourra être établie (art. 515-5 C. civ.). Mais cette présomption d'indivision peut être écartée dans deux cas : pour les meubles meublants, à condition que le contrat de PACS précise que ces meubles ne tomberont pas en indivision ; et pour les autres biens, à condition que le contrat d'acquisition de ces biens précise qu'ils ne seront pas indivis.

Ce recours à l'indivision n'est pas opportun. D'une part, en ce qu'elle repose sur la règle de l'unanimité pour les actes d'administration et de disposition, la gestion de l'indivision est souvent très lourde. D'autre part, l'indivision est, en principe, provisoire, de sorte que tout indivisaire dispose, à tout moment, du droit de provoquer le partage (art. 815 al. 1 C. civ.). Enfin, la présomption d'indivision engendrera nécessairement de nombreux conflits lorsque les membres de la famille de l'un des partenaires tenteront de revendiquer leur part des biens acquis par celui-ci, en prétendant qu'il aura oublié de déclarer que le bien acheté devait être qualifié de personnel.

- A l'égard des tiers

L'article 515-4 al. 2 du Code civil dispose que les partenaires sont tenus solidairement à l'égard des tiers des dettes contractées pour les besoins de la vie courante, ou encore de celles qui concernent le logement commun. Cette disposition, destinée à assurer un certain crédit aux « pacsés », se rapproche de celle de l'article 220 du Code civil en matière de mariage, et l'on peut penser que les juges raisonneront par analogie.

◇ *Droit fiscal et droit social*

En matière fiscale, les partenaires liés par un PACS font l'objet d'une imposition commune au titre de l'impôt sur le revenu et des impôts locaux directs (art. 6-1 al. 3 CGI). Toutefois, l'imposition commune, qui est subordonnée à une condition de durée, ne s'applique qu'à compter du troisième anniversaire du PACS. En revanche, cette condition n'est pas exigée pour l'impôt de solidarité sur la fortune, pour lequel les personnes liées par un PACS font l'objet d'une imposition commune dès la première année de leur contrat (sur l'ensemble de ces questions, V. F. Douet, « Les apports du pacte civil de solidarité sur la situation fiscale des concubins, ou les charmes fiscaux discrets du pacte civil de solidarité », *Droit de la famille*, n° spécial, décembre 1999, p. 37 et s.).

En droit social, l'un des partenaires peut avoir la qualité d'ayant droit de l'autre pour les prestations de l'assurance maladie-maternité (art. L. 161-14 C. sécu. soc.). En outre, le capital-décès est attribué au partenaire par préférence aux descendants et ascendants (art. L. 361-4 C. sécu. soc.) du moins si aucune priorité n'est invoquée. Et pour ce qui est de la législation du travail, certaines dispositions sont étendues au PACS comme, par exemple, l'autorisation exceptionnelle d'absence pour le décès du partenaire (art. L. 226-1 al. 4 C. trav.). Sur l'ensemble de ces questions,

V. A. Benoît, *Les aspects sociaux du PACS, Droit de la famille,* n° spécial, décembre 1999, p. 42 et s.

On le voit, droit fiscal et droit social rapprochent très nettement le PACS du mariage.

◆ Rupture du pacte civil de solidarité

◇ *Causes*

La rupture du PACS peut intervenir de plusieurs façons :

– *par déclaration conjointe (mutuus dissensus)* : il s'agit nécessairement d'une déclaration écrite et signée par les deux partenaires. Elle est adressée au greffier du tribunal d'instance du lieu de résidence des partenaires. Celui-ci l'enregistre et fait mentionner la déclaration en marge de l'acte initial.

– *par décision unilatérale :* l'un des partenaires doit informer l'autre, par voie de signification, de sa décision de mettre fin au PACS. Il doit également adresser copie de la signification au greffier du tribunal d'instance qui a reçu le contrat de PACS initial. Le PACS prend fin trois mois après cette signification. Cette forme de rupture a été critiquée devant le Conseil constitutionnel comme s'apparentant à une répudiation. Le Conseil a rappelé que « *si le contrat est la loi commune des parties, la liberté qui découle de l'article 4 de la Déclaration des droits de l'homme et du citoyen de 1789 justifie qu'un contrat de droit privé à durée indéterminée puisse être rompu unilatéralement par l'un des contractants (...)* ». Pour autant, l'auteur de la rupture pourra être condamné à indemniser l'autre, en cas de faute dans la manière de rompre, et pour le préjudice que lui causera éventuellement cette faute. La rupture unilatérale n'est donc pas une répudiation. Le Conseil constitutionnel affirme, incidemment, que « *la faculté d'agir en responsabilité met en œuvre l'exigence constitutionnelle posée par l'article 4 de la Déclaration des droits de l'homme et du citoyen de 1789 [la liberté consiste à pouvoir faire tout ce qui ne nuit pas à autrui (...)] dont il résulte que tout fait quelconque de l'homme qui cause à autrui un dommage oblige celui par la faute duquel il est arrivé à le réparer* ». L'article 1382 du Code civil se trouve ainsi, de manière quelque peu inutile d'ailleurs, constitutionnalisé.

– *par mariage :* le mariage de l'un des partenaires (ou des deux, séparément ou ensemble, lorsque c'est possible !) entraîne la dissolution du PACS. Celui-ci prend fin à la date du mariage.

– *par décès :* le décès de l'un des partenaires, ou des deux, met fin au PACS. C'est la date du décès qui marque la fin du contrat.

Dans tous ces cas, le greffier qui reçoit la signification (de la décision conjointe, ou unilatérale, ou de la copie de l'acte de mariage ou de l'acte de décès) doit répercuter l'information auprès du greffier du tribunal d'instance du lieu de naissance des intéressés, aux fins de mention marginale. Il aurait été infiniment plus simple de centraliser l'ensemble des déclarations et significations au greffe du lieu de naissance, pour éviter un éparpillement des informations et un risque de déperdition en cas de déménagements multiples.

– *par mise sous tutelle :* lorsque l'un des partenaires est placé sous tutelle, le tuteur peut mettre fin au PACS, avec l'autorisation du conseil de famille. La décision peut aussi être prise par le juge des tutelles, à défaut de tuteur. La règle est étrange, qui n'a pas d'équivalent en matière de mariage. Peut-être s'agit-il d'une résurgence de la nature contractuelle du PACS, le tuteur et le conseil de famille pouvant décider du sort des contrats en cours lors de l'ouverture de la tutelle... Mais le PACS n'est pas qu'un contrat. Sa rupture est aussi la dissolution d'un couple. Et il est choquant que l'initiative d'une telle rupture puisse être prise par les organes de la tutelle, qui plus est sans le consentement du partenaire en tutelle (le PACS ne serait-il pas un contrat de caractère personnel marqué ?).

◊ *Effets*

La rupture du PACS a pour première conséquence la liquidation des intérêts patrimoniaux des partenaires. Le PACS étant organisé, on l'a vu, sur le schéma de l'indivision, il y aura donc lieu à la liquidation et au partage de cette indivision. Aux termes de l'article 515-7 *in fine* du Code civil, ce sont les partenaires qui procèdent, eux-mêmes, à la liquidation et au partage. La règle peut se comprendre — et encore — en cas de dissolution du PACS par volonté commune. En revanche, dans les autres cas, on peut, sans grand risque d'être démenti, prévoir l'apparition d'un nombre important de litiges. Le législateur en a eu conscience, puisque l'article 515-7 ajoute : « *A défaut d'accord, le juge statue sur les conséquences patrimoniales de la rupture (...)* ». Mais la loi n'indique pas quel sera le juge compétent (JAF ? ou, plus sûrement, TGI ou TI en fonction de la valeur de l'intérêt litigieux).

L'article 515-7 réserve la possibilité pour l'un des partenaires d'obtenir la réparation du préjudice subi. Cette formule est bien mystérieuse. S'agira-t-il du préjudice causé par une faute dans les circonstances de la rupture (mais quel en sera alors le fondement ? Délictuel, comme le suggère le Conseil constitutionnel ?) ou du préjudice qui résulte de l'inexécution, par l'un des partenaires, de ses obligations (la responsabilité serait alors contractuelle) ? Le législateur s'est montré avare de précisions (et sans doute aussi de prévisions...) ce qui ne manquera pas de susciter un contentieux délicat.

Données doctrinales et jurisprudentielles

◆ Nécessité de la réforme ?

Fallait-il instituer le PACS ?

Rarement une réforme aura suscité autant de réprobation de la part des juristes, en général, et des professeurs de droit, en particulier. Pourtant, l'idée même de donner à ceux qui ne peuvent se marier, parce qu'ils sont de même sexe, une structure d'accueil susceptible de recevoir leur union n'est pas *a priori* condamnable (encore que l'utilisation judicieuse du droit commun réduit sensiblement l'intérêt de la démarche).

Mais le résultat auquel est parvenu le législateur n'est pas loin d'être déplorable. Réforme emblématique de la majorité plurielle, le combat pour le PACS a été mené comme un combat politique, c'est-à-dire sans réelle réflexion juridique qui seule aurait permis de donner à la réforme son assise et surtout de fixer, comme le disait Portalis, des principes féconds en conséquences... Le texte, largement réécrit par le Conseil constitutionnel (mais avec quelle légitimité ?) se ressent cruellement de cette absence de réflexion juridique, qui ne manquera pas de susciter un important contentieux. Curieux résultat pour une chancellerie qui tente, par ailleurs, d'alléger la tâche des juridictions... Il est, néanmoins, un constat sur lequel tous les auteurs s'accordent : le PACS rend plus nécessaire encore une rénovation du droit du mariage, à laquelle il faudra bien s'attaquer un jour.

On peut se demander, enfin, ce qui différencie le PACS du concubinage. Tous deux sont susceptibles d'accueillir une union homosexuelle ou hétérosexuelle ; tous deux supposent une vie commune stable (condition légale pour le concubinage, condition imposée par le Conseil constitutionnel pour le PACS...) ; tous deux font acquérir des droits civils, sociaux et fiscaux... On ajoutera que les situations de fait sont finalement assez proches et que, plutôt que d'élaborer un statut inachevé du PACS, il eût sans doute été juridiquement plus opportun de proposer à tous les concubins (hétéro ou homosexuels) le statut unique du concubinage. Le législateur a choisi une autre voie, sans s'apercevoir d'ailleurs que la nouvelle définition du concubinage (art. 515-8 C. civ.) retire une grande part de son intérêt au PACS. Au plan personnel : pourquoi s'engager dans une union au formalisme lourd et à l'ordre public pesant (*V. infra, ordre public en matière de pacte civil de solidarité)* lorsque le concubinage offre sensiblement les mêmes avantages tout en préservant la liberté ? Et au plan patrimonial, pourquoi s'enfermer dans une indivision lorsque le droit commun des contrats (*V. concubinage*) permet aux concubins de mettre en place des solutions infiniment plus souples ?

◆ Ordre public en matière de pacte civil de solidarité

L'intégration du PACS dans notre législation modifie inévitablement notre conception de l'ordre public en droit des personnes et de la famille. Cette question des rapports du PACS avec l'ordre public a déjà été abordée (*V. supra, Ordre public*). Mais il existe, aussi, au sein du PACS, des dispositions d'ordre public, un ordre public du PACS lui-même, qu'il convient d'envisager ici.

Bien que le PACS soit un contrat, l'autonomie de la volonté des partenaires est limitée par l'existence d'un grand nombre de dispositions d'ordre public. Il en est ainsi, par exemple, de l'article 515-1 C. civ. qui, tout en définissant le PACS, le limite à deux partenaires majeurs. Il en est de même de l'article 515-2 qui énumère les empêchements en matière de PACS. La conclusion du PACS est interdite entre ascendants et descendants en ligne directe, entre alliés en ligne directe et entre collatéraux jusqu'au troisième degré inclusivement (art. 515-2 al. 1 C. civ.). On retrouve ici l'interdit de l'inceste. Mais la loi de 1999 contient aussi des empêchements se ralliant au principe monogamique. Ainsi la conclusion d'un PACS est-elle interdite lorsque l'un au moins des partenaires est marié (PACS sur mariage ne vaut) ou lorsque l'un des partenaires est déjà engagé dans un PACS (PACS sur PACS ne vaut). Si le PACS peut être une union homosexuelle, il doit impérativement être une union monogamique. Toute bigamie en la matière est rigoureusement proscrite. On peut observer d'ailleurs que, contrairement au droit du mariage (*V. mariage-conditions*), les empêchements prévus par la loi en matière de PACS ne sont pas susceptibles de dispense. Il s'agit d'empêchements dirimants, dont la violation sera sanctionnée par la nullité absolue.

La force et la multiplicité de ces empêchements, jointe à l'existence de relations sexuelles et à la vraisemblance d'un devoir de fidélité (*V. supra, objet*), scellent un net rapprochement entre le PACS et le mariage. Le PACS n'est donc pas qu'un contrat, il est aussi une union qui imite, sur certains points, le mariage.

Sont également d'ordre public les dispositions relatives à la publicité du PACS (art. 515-3 C. civ.), celles qui concernent l'aide mutuelle et matérielle (selon le Conseil constitutionnel, les partenaires peuvent librement définir le montant de cette aide, mais ils ne peuvent pas en remettre en cause le principe) ou celles qui concernent la vie commune.

Quant à l'article 515-5, il est d'une rédaction fort étrange. Les partenaires peuvent prévoir, dans leur contrat de PACS, que les meubles meublants qu'ils acquerront postérieurement au PACS tomberont en indivision. A défaut d'une telle stipulation, « ces meubles sont présumés indivis par moitié ». Autrement dit, les partenaires ont le choix, pour les meubles meublants, entre l'indivision et... l'indivision, ce qui semble rendre celle-ci d'ordre public.

Droit comparé

V. l'article de F. Granet, « L'enregistrement des couples non mariés en Europe », *in Le PACS, Droit de la famille,* n° spécial, décembre 1999, p. 58 et s. *Adde* J. Pousson-Petit, « Chronique de droit néerlandais et luxembourgeois », *Dr. fam.* 2004, n° 2.

Bibliographie sommaire : J. HAUSER, « Aujourd'hui et demain, le PACS », RJPF 1999, n° 8 et 9 ; « Le PACS », Droit de la famille, n° spécial, décembre 1999 ; N. MOLFESSIS, « La réécriture de la loi relative au PACS par le Conseil constitutionnel », JCP éd. G 2000, I, n° 210 ; Th. REVET, « Commentaire de la loi du 15 novembre 1999 », RTD civ. 2000, n° 1, p. 173 et s. ; C. MÉCARY et F. LEROY-FORGEAT, Le PACS, Que sais-je ? PUF, n° 3566.

Renvois : *Concubinage, Mariage.*

Patrimoine

Définition

Le patrimoine est l'ensemble des droits et des obligations évaluables en argent dont une personne est titulaire. Il constitue une universalité — c'est-à-dire un tout — dont l'actif et le passif ne sont pas séparables.

Régime juridique

Le patrimoine est lié à la personnalité. Selon la théorie classique élaborée par Aubry et Rau, toute personne a un patrimoine, chaque personne n'a qu'un patrimoine, et tout patrimoine appartient à une personne.

◆ Toute personne a un patrimoine

Même si elle n'a aucun bien, ou même si le passif est supérieur à l'actif, toute personne a un patrimoine. En effet, le patrimoine est le pendant, dans le domaine des biens, de la personnalité juridique (*V. ce mot*). Toute personne étant apte — il s'agit d'une virtualité — à être titulaire de droits et débitrice d'obligations, le patrimoine est le sac qui recueille les droits et les obligations évaluables en argent dont la personne se rendra, éventuellement, titulaire.

◆ Chaque personne n'a qu'un patrimoine

La règle est déduite du lien avec la personnalité. Celle-ci étant une aptitude, l'individu ne peut avoir qu'un seul patrimoine, comme il n'a qu'une seule personnalité juridique. Sous ce rapport, le patrimoine présente plusieurs caractères.

Il est incessible : on peut céder certains éléments du patrimoine, voire tous les éléments qu'il contient, mais on ne peut pas céder le patrimoine — le sac — en lui-même. Cela reviendrait, en effet, à admettre que l'individu renonce à être titulaire de droits et d'obligations... une renonciation à la personnalité en somme. Ce que la loi ne permet pas.

Il est indivisible : on ne peut créer de compartiments au sein du patrimoine. Ainsi le commerçant n'a pas un patrimoine civil, qui serait réservé aux créanciers civils, et un patrimoine commercial, réservé aux créanciers commerciaux. S'il veut limiter le droit de poursuite de ces créanciers, il doit créer une personne morale (*V. ce mot)* à laquelle il apportera ses biens professionnels.

◆ Tout patrimoine appartient à une personne

Notre droit tente, par cette règle, de combattre le caractère anti-économique de l'existence de biens vacants ou sans maître. C'est pourquoi l'on admet que le patrimoine est nécessairement rattaché à la personnalité juridique d'un individu. Et au décès de la personne, son patrimoine n'est pas vacant. Il est partagé entre ses héritiers. Si le défunt n'a aucun héritier ou si la succession n'est pas réclamée par les héritiers du défunt, elle est attribuée à l'État.

Données historiques

V. A.-M. Patault, *Introduction historique au droit des biens,* PUF, Coll. droit fondamental, 1989, n° 85.

Données doctrinales et jurisprudentielles

La théorie du patrimoine, élaborée par Aubry et Rau, a été abondamment critiquée. Pour des raisons essentiellement économiques — limitation du gage des créanciers commerciaux, industriels ou artisanaux — on discute à la fois l'indivisibilité et l'unicité du patrimoine. Certains auteurs, qui se réfèrent à la théorie allemande du patrimoine d'affectation, proposent d'admettre qu'une même personne peut avoir plusieurs patrimoines. A côté de son patrimoine personnel, l'individu aurait donc un ou plusieurs patrimoines professionnels, qui seraient composés des biens affectés par lui à l'exercice de ces activités professionnelles. Pour être séduisante, cette théorie ne va pas sans susciter des difficultés pratiques importantes. Ainsi, la multiplication des patrimoines s'accompagnera le plus souvent d'une diminution de la valeur de chacun d'eux, ce qui rendra plus difficile l'obtention de crédits ou de concours financiers.

On peut aussi discuter l'idée selon laquelle le patrimoine se limite aux seuls droits patrimoniaux. Après tout, si le patrimoine est un sac, s'il est la conséquence de la personnalité, il doit inclure tous les droits dont la personne peut être titulaire, sans distinction. Dans cette analyse, les droits dits extra-patrimoniaux (droit au respect de la vie privée, de l'image, de l'honneur : *V. ces mots*) devraient être intégrés dans le patrimoine.

Bibliographie sommaire : P. CATALA, « La transformation du patrimoine dans le droit civil moderne », RTD civ. 1966, p. 185 et s.

Renvois : *Absence, Actes juridiques patrimoniaux, Administration légale, Conseil de famille, Jouissance légale, Mineur, Personnalité juridique, Personne morale.*

Personnalité juridique

Définition

La personnalité juridique est l'aptitude à être titulaire de droits ou débiteur d'obligations. L'attribution de la personnalité témoigne de la reconnaissance, par la société et par le droit, de l'existence de la personne.

Régime juridique

En vertu du principe d'égalité (*V. ce mot)*, la personnalité est attribuée à toutes les personnes physiques dès leur naissance, parfois même avant celle-ci (*V. existence de la personne*). Elle est aussi attribuée aux personnes morales (*V. ce mot)* à compter de leur immatriculation au registre du commerce et des sociétés. Les personnes physiques et les personnes morales sont des sujets de droits. En revanche, les animaux (*V. ce mot*) et les choses n'ont pas la personnalité juridique. Ils sont objets de droits.

Données historiques

La personnalité juridique n'a pas toujours été reconnue à tous les êtres humains. **A Rome**, l'esclave est considéré juridiquement comme une chose, il est objet de droits. Mais sa nature humaine n'est pas totalement ignorée. Ainsi, sous l'Empereur Claude, le meurtre d'un esclave innocent était-il sanctionné. **L'Ancien droit** français connaissait lui aussi l'esclavage, notamment à l'époque franque. Mais, sous l'influence de l'Eglise catholique, celui-ci disparaît peu à peu pour faire place au servage. Sans doute le serf n'est-il pas libre, mais il est juridiquement devenu une personne. Ainsi, dès le XIIIe siècle, bien qu'il soit soumis à d'importantes incapacités, le serf possède un patrimoine, il a le droit de se marier et d'ester en justice. Au XVIe siècle, le servage a quasiment disparu en France au point que Loysel pouvait écrire, dans les *Institutes coutumières* : « *Toutes personnes sont franches en ce roïaume, et si tost qu'un esclave a atteint les marches d'icelui, se faisant baptiser, est affranchi* ». L'expansion coloniale s'accompagnera d'un retour de l'esclavage dans les colonies d'Amérique (Code noir : édit du 16 mars 1685). Mais cet esclavage n'était pas admis en métropole : « *si quelque habitant de nos colonies amène en France avec lui quelqu'un de ses esclaves, il doit faire déclaration à l'amirauté qu'il ne l'amène point pour rester en France et qu'il entend le renvoyer dans un certain temps à la colonie ; faute de quoi l'esclave acquerroit de plein droit la liberté par son séjour en France* » affirmait le Roi dans une déclaration du 9 août 1777.

Bonaparte maintiendra le Code noir, et l'esclavage ne sera définitivement aboli en France que par le décret du 27 avril 1848.

Bibliographie sommaire : J. CARBONNIER, « Sur les traces du non-sujet de droit », Archives de philosophie du droit, 1989, p. 197 et s. ; D. BOURG, « Sujet, personne, individu », Revue Droits, 1991, n° 13, p. 87.

Renvois : *Absence, Animal, Disparition, Existence de la personne, Naissance, Personne morale.*

Personne morale

Définition

La personne morale est un groupement — de personnes ou de biens — auquel est reconnue, sous certaines conditions, la personnalité juridique (*V. ce mot*). En tant que sujet de droits, ce groupement peut être titulaire de droits et débiteur d'obligations. Il a un patrimoine (*V. ce mot)* et peut ester en justice.

Le terme personne morale s'oppose à celui de personne physique qui désigne les êtres humains.

Nature juridique

La question de la nature juridique des personnes morales a été âprement discutée en doctrine. Les auteurs du XIXe siècle voyaient dans la personnalité morale une fiction, un concept contraire à la nature des choses, inventé dans un but strictement utilitaire, afin de permettre l'exercice de certaines activités en commun. A la différence des personnes physiques dont l'existence est perceptible par les sens, ils soutenaient que les personnes morales sont des êtres purement abstraits. Il en résulte que seule la loi pouvait créer une personne morale ou préciser les conditions requises pour l'attribution de la personnalité à un groupement.

Une autre théorie, proche de celle de la fiction, considère que la personnalité morale n'est qu'un mode de propriété collective. Le droit de propriété de l'article 544 du Code civil pourrait donc connaître deux modalités : la propriété individuelle traditionnelle et la propriété collective, dont la personnalité morale constituerait une illustration. Ainsi Planiol écrivait-il : « *la persistance jusqu'à nos jours de la propriété collective est pour ainsi dire cachée aux yeux par l'existence d'êtres fictifs auxquels on prête, au moins dans une certaine mesure, les attributs de la personnalité, qui sont réputés propriétaires, créanciers ou débiteurs, qui font des contrats et soutiennent des procès comme de vraies personnes : ce sont les personnes fictives* » (M. Planiol et G. Ripert, *Traité élémentaire de droit civil,* tome 1, LGDJ, 10ᵉ éd. 1925, n° 3007).

Ces théories ont été combattues par plusieurs thèses qui soutiennent que la personne morale est une réalité. Selon les partisans de la réalité, les personnes morales constituent des entités dont l'activité économique et sociale est certaine. Il convient donc de leur reconnaître une existence juridique autonome, qui leur permettra d'accomplir leur mission. Cette analyse, dite de la réalité technique, est largement dominante de nos jours. Elle a même été reprise par les auteurs qui sont favorables à la reconnaissance de la personnalité juridique aux animaux (*V. Animal).*

Critères d'identification

Ils sont au nombre de trois :

– l'existence d'intérêts collectifs distincts des intérêts individuels des membres du groupe ;

– l'existence d'une organisation spécifique à la personne morale, qui doit comprendre des organes délibératifs et des organes exécutifs ;

– la possibilité d'expression d'une volonté collective. Celle-ci se prendra corps lors des votes émis par les organes délibérants de la personne morale.

Lorsque ces trois éléments cumulatifs sont constatés, le groupement doit se voir reconnaître la personnalité morale sans que la moindre intervention du législateur soit nécessaire. Telle est la solution retenue par la jurisprudence depuis un arrêt de la Cour de cassation du 28 janvier 1954 (*D.* 1954, p. 217, note Levasseur, *JCP* 1954, II, 7978, note Lemoine).

Données historiques

L'histoire des personnes morales débute à la période romaine. Pour être associées à l'Empire romain, certaines villes se voient reconnaître une existence juridique autonome, et des droits identiques à ceux dont disposent les personnes physiques. En dépit d'une réticence certaine de l'Ancien Régime, le système de la personnalité morale s'est maintenu dans l'ancien droit. Mais la Révolution portera aux personnes morales de droit privé un coup sévère, pour des raisons essentiellement politiques, qui tiennent à la dissolution des corporations et des congrégations. Le Code civil, dont l'article 1832 définit le contrat de société, redonnera, quant à lui, vigueur à la personnalité morale qui ne cessera de trouver de nouvelles applications jusqu'à nos jours.

Données doctrinales et jurisprudentielles

Les personnes morales sont très diverses, aussi bien dans leurs buts, dans leurs formes, que dans leur consistance. La notion de personne morale suppose, en effet, que le groupe ait une existence et une personnalité autonomes, distinctes de celles de ses membres. Or l'épaisseur de cette personnalité diffère selon les types de personnes morales. Alors que, dans certaines formes de groupements (par exemple les sociétés anonymes), la personnalité du groupe fait écran à la personnalité des membres qui le composent, dans d'autres formes (comme la société en nom collectif), la personnalité morale n'est qu'un mince voile, qui ne parvient pas à masquer véritablement la personnalité des membres.

Bibliographie sommaire : J. PAILLUSSEAU, « Le droit moderne de la personnalité morale », RTD civ. 1993, p. 705 ; A.-M. PATAULT, « La personne morale d'une nationalisation à l'autre, naissance et mort d'une théorie », Revue Droits, n° 17, PUF, 1993, p. 79.

Renvois : *Attributs de la personnalité, Patrimoine, Personnalité juridique.*

Possession d'état

Définition

La possession d'état est l'apparence d'un état déterminé. Cette apparence résulte le plus souvent du fait qu'une personne se comporte comme si elle avait un état qui ne lui est pourtant pas officiellement reconnu.

Selon l'art 311-1 al. 1 du Code civil, la possession d'état nécessite « une réunion suffisante de faits qui indiquent le rapport de filiation et de parenté entre un individu et la famille à laquelle il est dit appartenir ». La possession d'état est donc un ensemble de faits, un faisceau d'indices concordants, qui rendent le lien de filiation probable.

Les composantes de la possession d'état

◆ *Nomen*

L'élément *nomen* (en latin : nom) désigne le port du nom de famille. A se dit issu de B or il a effectivement toujours porté le nom de B. Le nom est ici un indice du rapport de filiation.

◆ *Tractatus*

En latin : traitement. A a toujours traité B comme son père, et B a toujours traité A comme son enfant. Ce traitement doit être réciproque. Il constitue un aveu tacite du lien filiation. Encore faut-il que ce *tractatus* soit donné en qualité de père ou de mère. Ainsi, il n'y a pas de possession d'état pour la personne qui s'occupe de l'enfant par charité, ou parce qu'on le lui a confié (parents nourriciers, placement en famille d'accueil).

◆ *Fama*

En latin : réputation. Aux yeux des tiers, de la société, de l'entourage, A est considéré comme l'enfant de B, qui est lui-même considéré comme le père ou la mère de A. La *fama* est en quelque sorte l'image sociale du rapport de filiation.

Ces trois éléments (*nomen, tractatus, fama)* sont expressément mentionnés par l'article 311-2 du Code civil. Mais l'énumération que contient ce texte n'est ni limitative, ni impérative. Il en résulte deux règles.

D'une part, les juges peuvent tenir compte d'autres éléments non visés par le texte (V. TGI Paris, 24 avril 1984, *D.* 1984, p. 572, 2e esp., note Huet-Weiller qui retient des attestations de la vie commune de X. avec les enfants, une attestation du *tractatus* délivrée par une jeune fille au pair, des lettres écrites par X. au bas desquelles il écrit « papa », des lettres écrites par les enfants débutant par « chers parents », ou « cher papa », et enfin de nombreuses photographies « démontrant que X. était étroitement lié à la vie familiale de la mère »).

D'autre part, on considère qu'il n'est pas nécessaire que les trois éléments que mentionne l'article 311-2 soient réunis. Ainsi, la possession d'état peut-elle fort bien se constituer en l'absence de l'élément *nomen*. Ceci est parfaitement logique. Imaginons que des enfants naturels reconnus par leur mère, mais pas par leur père, invoquent la possession d'état envers celui-ci. Exiger l'élément *nomen* conduirait nécessairement à rejeter leur demande puisque, par hypothèse, ils ne portent que le nom de la mère (*V. Nom de famille-attribution*).

Régime juridique

◆ Les caractères de la possession d'état

◇ Pour constituer véritablement un indice du lien de filiation, la possession d'état doit être continue et d'une certaine durée. Des faits épisodiques ou isolés ne peuvent être considérés comme des indices sérieux du rapport de filiation entre l'adulte et l'enfant. Mais le Code ne fixe pas la durée de la possession d'état. Faut-il cinq ans, dix ans, quinze ans ? La question relève de l'appréciation souveraine du juge. Il ne faut pas, cependant, se contenter d'une durée trop brève. En effet, la possession d'état sera d'autant plus probante qu'elle aura duré longtemps. Et le risque d'erreur dans la filiation de l'enfant s'en trouvera considérablement réduit.

◇ La possession d'état ne suppose pas nécessairement la communauté de vie. Dans le cas de parents séparés, il est possible que se constitue une possession d'état même si l'adulte et l'enfant ne cohabitent pas, dès lors qu'il existe entre eux des échanges réguliers (correspondances, visites, hébergement...).

◇ Le Code ne précise pas non plus si la possession d'état doit être originaire (c'est-à-dire remonter à la naissance) ou s'il suffit qu'elle soit simplement actuelle (c'est-à-dire qu'elle existe au jour où la demande est formée). Tout dépend, en réalité, du rôle qu'on entend faire jouer à la possession d'état. Quand on l'invoque pour prouver la filiation, ce qui est le plus souvent le cas de nos jours, il est logique d'exiger qu'elle soit originaire, quand bien même elle ne serait plus actuelle (Versailles, 12 avril 1983, *D.* 1983, p. 554, note Huet-Weiller).

◇ La possession d'état ne doit pas être viciée. On entend par là d'une part qu'elle ne doit pas être entachée d'une voie de fait, et d'autre part qu'elle ne doit pas être équivoque.

La possession d'état ne doit pas être entachée d'une voie de fait. Il en est ainsi, par exemple, lorsqu'une femme mariée quitte son mari avec les enfants communs, qu'elle s'installe avec son amant, et fait obstacle à toute relation de son mari avec les enfants. Si l'amant s'occupe des enfants, une possession d'état d'enfant naturel se constituera à son égard. Mais cette possession d'état est viciée car elle se fonde sur une voie de fait : le fait que le mari est empêché de voir les enfants. Une telle possession d'état ne pourra pas être considérée comme valable (Paris, 15 février 1976, *D.* 1976, p. 573, note Paire).

La possession d'état ne doit pas, non plus, être équivoque, c'est-à-dire qu'elle ne doit pas pouvoir s'expliquer autrement que par l'existence d'un lien de filiation. Cela rejoint l'exigence selon laquelle la possession d'état doit être donnée en qualité de père. De son côté, la jurisprudence a tendance à considérer la possession d'état comme équivoque lorsqu'il s'en crée, par la suite, une seconde qui la contredit. Prenons le cas d'une mère qui vit avec son mari pendant quinze ans. Par la suite, elle le quitte, emmenant avec elle les enfants communs, pour rejoindre son amant. La possession d'état d'enfant légitime est équivoque, car il s'y est substitué une autre possession d'état, à l'égard de l'amant de la mère (TGI Paris, 9 octobre 1984, *D.* 1986, IR, p. 58, 2e esp., obs. Huet-Weiller).

◆ La preuve de la possession d'état

La possession d'état est un fait juridique. Elle se prouve donc librement (art. 311-3 al. 2 C. civ.). Ainsi, peut-on utiliser en justice des témoignages de la famille ou de l'entourage, des lettres, un testament en faveur de l'enfant... De plus, en dehors de tout procès, il est possible de faire constater la possession d'état par le juge des tutelles qui dresse, sur les déclarations de trois témoins, un acte de notoriété. Cet acte ne fait foi de la possession d'état que jusqu'à preuve contraire, de sorte qu'il peut toujours être contesté devant le Tribunal de grande instance (V. Bourges, 10 janvier 1995, *JCP* 1995, II, 22535, note G. Yamba).

Rôle de la possession d'état

A l'origine, la possession d'état n'avait qu'un rôle accessoire, comme mode de preuve de la filiation légitime. Aujourd'hui, son rôle s'est considérablement accru, principalement pour trois raisons. D'une part, la loi de 1972 a étendu cette fonction probatoire à la filiation naturelle. D'autre part, la loi du 25 juin 1982 a fait de la possession d'état un mode d'établissement (c'est-à-dire de création) de la filiation naturelle (art 334-8 C. civ.). Enfin, la jurisprudence, par plusieurs interprétations *a contrario* (*V. ce mot*), considère que, lorsque l'acte de naissance d'un enfant légitime n'est pas corroboré par la possession d'état, la filiation de cet enfant peut être contestée par tout intéressé, pendant trente ans. La possession d'état a donc, désormais, un rôle de consolidation du titre de naissance.

Données historiques

La notion de possession d'état n'était pas inconnue du droit romain, mais on doit sa systématisation au droit canonique. Avant l'existence de l'état civil, elle constituait le mode de preuve par excellence de l'état des personnes. Mais, lors de la création des registres paroissiaux (V. *actes de l'état civil*), elle perdit de son importance, à ceci près, toutefois, qu'elle permettait de corriger les erreurs éventuelles lors de la rédaction des actes de baptême. Après la Révocation de l'Edit de Nantes, elle fut utilisée pour prouver la filiation légitime des enfants nés de protestants mariés « au Désert ».

Données doctrinales et jurisprudentielles

La possession d'état est la plus spontanée des preuves de la filiation. Mais de quelle filiation ? La filiation biologique ou la filiation affective ? Tout dépend de la conception que l'on retient de la vérité de la filiation (*V. ce mot*). Reste que la possession d'état a un rôle le plus souvent utile (V. le bilan des avantages et des inconvénients dans Ph. Malaurie, *La famille,* 5e éd. Cujas, 1995, n° 496), non seulement parce qu'elle constitue une présomption de la réalité biologique, mais encore parce que, même si elle ne correspond pas à la vérité du sang, elle traduit une sorte de reconnaissance, un engagement tacite mais véritable, de se comporter comme père ou comme mère.

Bibliographie sommaire : M. Rémond-Gouilloud, « La possession d'état d'enfant », RTD civ. 1975, p. 459 et s. ; J. Vidal, « Observations sur le rôle et la notion de possession d'état dans le droit de la filiation », Mélanges Hébraud, 1981, p. 887 et s. ; D. Huet-Weiller, « L'établissement de la filiation naturelle par la possession d'état », D. 1982, chr., p. 185 ; M.-T. Meulders-Klein, « Réflexions sur la destinée de la possession d'état d'enfant », Mélanges Huet-Weiller, LGDJ, 1994, p. 319 et s.

Renvois : *Action en recherche, État des personnes, Interprétation a contrario, Légitimation, Présomption de paternité, Reconnaissance, Vérité de la filiation.*

Prénom

Définition

Le prénom est un vocable placé avant le nom — *prae :* avant, *nomen :* le nom — qui sert à distinguer les membres d'une même famille, ou les personnes qui portent le même nom de famille.

Régime juridique

◆ Le choix du prénom

Le choix du ou des prénoms incombe aux père et mère. Jusqu'à la loi du 8 janvier 1993, ils devaient exercer leur choix parmi les prénoms figurant sur les différents calendriers (calendrier grégorien et calendrier révolutionnaire) ou parmi les prénoms des personnages de l'histoire ancienne. La loi du 8 janvier 1993 a supprimé toute référence aux calendriers. La liberté de choix des parents est donc désormais totale. Mais lorsque les prénoms choisis lui paraissent contraires à l'intérêt de l'enfant, l'officier d'état civil peut avertir le procureur de la République qui pourra à son tour, s'il l'estime utile, saisir le juge aux affaires familiales pour faire interdire l'usage du prénom litigieux.

◆ Les changements de prénom

D'après l'article 60 du Code civil, toute personne peut demander à changer de prénom, dès lors qu'elle peut rapporter la preuve d'un intérêt légitime. Il en est ainsi lorsque le prénom est ridicule (V. Paris, 29 juin 1962, *JCP* 1963, II, 13011), lorsqu'il s'agit d'un prénom étranger qui gêne l'intégration de celui qui le porte dans la communauté française (TGI Montluçon 12 avril 1974, *D.* 1974, p. 639), ou lorsque le prénom fait obstacle à la pratique d'une religion (Civ. 1re, 5 mars 1990, *D.* 1990, p. 477, note Massip ; Paris, 26 septembre 1996, *D.* 1996, IR, p. 241). En revanche, la demande est rejetée lorsqu'elle procède d'une simple convenance personnelle (TGI Agen, 19 juin 1992, *D.* 1994, p. 86, note Nicoleau). Le transsexualisme (*V. ce mot*) constitue également un motif légitime au changement de prénom (Paris, 24 février 1978, *JCP* 1979, II, 19202, note Penneau).

Données doctrinales et jurisprudentielles

L'usage prolongé d'un prénom différent de ceux mentionnés sur l'acte de naissance constitue-t-il un intérêt légitime au changement ? La jurisprudence l'admet (Versailles, 9 janvier 1989, *D.* 1989, IR, p. 69) à condition toutefois que l'usage prolongé n'ait pas été instauré par le demandeur lui-même. Mais la jurisprudence n'est pas très exigeante quant à cette preuve (Paris, 21 novembre 1995, *D.* 1996, p. 355, et nos obs.).

Bibliographie sommaire : P. Nepveu, « Du changement de prénom », JCP 1962, I, 1713 ; H. Petit, « Le choix des prénoms », Gaz. Pal. 1984, I, doct., p. 107 ; I. Corpart-Oulerich, « Transsexualisme et prénom », Les Petites Affiches, 28 juillet 1993, p. 45.

Renvois : *Individualisation de la personne, Intérêt de l'enfant, Nom de famille-attribution, Transsexualisme.*

Présomption de paternité

Définition

Une présomption est un mode de raisonnement qui consiste à induire d'un fait connu, un fait antérieur que l'on ignore. Ainsi, la présomption de paternité permet-elle, à partir d'un fait connu : l'accouchement d'une femme mariée, d'induire un fait antérieur inconnu : la paternité du mari de cette femme. *Pater is est quem nuptiae demonstrant* : le père est celui que désignent les noces.

Fondement

Les auteurs classiques fondaient la présomption de paternité sur le devoir de cohabitation, qui impose aux époux d'avoir des relations sexuelles (*V. mariage, effets)* et le devoir de fidélité, qui leur interdit d'avoir des relations sexuelles avec d'autres personnes que le conjoint. La présomption de paternité se rattache donc aux effets du mariage. Cette explication détient incontestablement une part de vérité. En effet, si les devoirs de cohabitation et de fidélité sont respectés, l'enfant ne peut être issu que du mari de sa mère. Mais cette analyse ne correspond pas pleinement au droit positif. En particulier, elle ne permet pas de comprendre pourquoi l'enfant né dans les cent-soixante-dix-neuf premiers jours du mariage est considéré comme légitime, et est réputé l'avoir été dès sa conception, alors précisément qu'à l'époque de sa conception, il n'existait ni mariage, ni devoir de cohabitation, ni devoir de fidélité entre les parents.

Il semble donc que la présomption de paternité se fonde essentiellement sur le *plerumque fit*, c'est-à-dire sur le cas général. Le plus souvent, l'enfant qui naît d'une femme mariée a effectivement pour père le mari. Il est donc plus simple de le présumer, ce qui évite de nombreuses difficultés de preuve.

Toutefois, un autre fondement a été proposé. Dans un article à la *Revue trimestrielle de droit civil* de 1902 (p. 257 et s.), Ambroise Colin a proposé de fonder la présomption de paternité sur un engagement tacite que souscrirait implicitement le mari au moment du mariage. Il s'engagerait à accueillir comme légitimes tous les enfants à naître de sa femme. Il s'agit donc d'un fondement volontariste de la présomption de paternité. Cette conception a été critiquée (notamment par Planiol et Ripert) comme constituant une exagération discutable de la théorie de l'autonomie de la volonté. Mais elle correspond assez bien à certaines règles du droit positif. La présomption de paternité serait un aveu implicite de paternité dont le désaveu est l'antidote. Elle marquerait la volonté du mari d'accueillir l'enfant comme le sien, même s'il n'est pas de lui. Une idée de pardon qui s'incarne assez bien dans la possession d'état.

Domaine de la présomption de paternité

◆ Cas d'application de la présomption de paternité

Ainsi qu'on l'a déjà signalé (*V. filiation*), la présomption de paternité s'applique lorsque la conception et la naissance ont lieu pendant le mariage. Mais il existe deux extensions.

On applique la présomption de paternité à l'enfant né pendant le mariage, même s'il a été conçu avant. Tel est le cas de l'enfant né dans les cent-soixante-dix-neuf premiers jours du mariage (art. 314 C. civ.).

La présomption de paternité s'applique également lorsque l'enfant a été conçu avant le mariage et qu'il est né après le mariage. La gestation pendant le mariage suffit, par faveur pour l'enfant, à lui conférer la légitimité (arrêt *Dewalle* : Cass. civ. 2 juillet 1936, *DP* 1936, I, p. 118, note E. Gaudin de Lagrange).

◆ Cas d'éviction de la présomption de paternité

La présomption de paternité ne s'applique pas à l'enfant né plus de trois cents jours après la dissolution du mariage ou, en cas d'absence déclarée du mari, plus de trois cents jours après les dernières nouvelles (art. 315 C. civ.).

Elle ne s'applique pas non plus à l'enfant conçu en période de séparation légale des époux, à une époque où ceux-ci étaient dispensés, par une décision de justice, du devoir de cohabitation. Sans doute les époux en instance de divorce sont-ils encore tenus du devoir de fidélité (*V. Mariage-effets)*, mais la paternité du mari est douteuse. C'est pourquoi le Code (art. 313 al. 1) préfère écarter la présomption de paternité, dès lors que certaines conditions sont remplies :

– existence d'une instance en divorce ou en séparation de corps ;

– naissance de l'enfant plus de trois cents jours après l'ordonnance de non conciliation qui a autorisé les époux à ne plus cohabiter, ou moins de cent quatre-vingt jours après le rejet de la demande ou la réconciliation.

Enfin, la présomption de paternité ne s'applique pas à l'enfant conçu en période de séparation de fait des époux. L'article 313-1 du Code civil impose la réunion de deux conditions cumulatives. L'enfant doit avoir été inscrit à l'état civil sans indication du nom du mari — c'est un indice de la non paternité de celui-ci — et il doit n'avoir de possession d'état qu'à l'égard de sa mère — c'est un indice de la séparation de fait —.

Il faut toutefois formuler deux réserves :

– l'article 313-1 ne peut être appliqué lorsque l'absence de possession d'état résulte d'une voie de fait de la mère (*V. possession d'état*) ;

– le Code prévoit des modes de rétablissement de la présomption de paternité (art. 313 al. 2 et art. 313-2 al. 2).

Élimination de la présomption de paternité

◆ Les modes légaux d'élimination de la présomption de paternité

◇ *Le désaveu (art. 312 et s. C. civ.)*

Le désaveu est un procès fait par le mari à l'enfant ou à son représentant légal. Il est soumis à des conditions strictes, pour ne pas exposer l'état de l'enfant à une trop longue incertitude. Le mari doit rapporter la preuve de sa non paternité. L'action n'appartient qu'au mari ou à ses héritiers, et elle ne peut être engagée que dans les six mois qui suivent la naissance ou la découverte de celle-ci, si le mari n'était pas sur les lieux.

Lorsque l'action en désaveu aboutit, la présomption de paternité disparaît. L'enfant n'a plus de filiation paternelle établie. En conséquence, tous les effets que produisait cette filiation sont effacés. L'enfant perd le nom du mari de sa mère, il n'a plus de vocation successorale à son égard, il n'est plus soumis à l'autorité parentale du mari, n'a plus droit à des aliments... Le désaveu crée un vide de filiation paternelle. Quant à la filiation maternelle, elle demeure mais devient une filiation naturelle puisqu'il est désormais établi que l'enfant n'est pas né de deux personnes mariées ensemble (*V. filiation*).

◇ *La contestation de la présomption de paternité par la mère aux fins de légitimation (art. 318 et s. C. civ.).*

Il s'agit d'une innovation de la loi de 1972, destinée à lutter contre les légitimités de rancune — cas dans lequel le mari refusait de désavouer non pas par volonté d'accueillir l'enfant, mais pour faire échec aux projets de la mère de divorcer, puis de se remarier avec le véritable père, et de légitimer l'enfant par ce second mariage —. La loi de 1972 a donc permis à la mère de contester la présomption de paternité. Mais, là encore, les conditions de l'action sont relativement strictes.

Quant au fond, l'action suppose la dissolution du premier mariage et le remariage de la mère, avec le véritable père de l'enfant — il faut donc rapporter la preuve de la non paternité du premier mari et de la paternité du second —. Elle suppose aussi la reconnaissance de l'enfant par le second mari, car l'action de l'article 318 n'est permise qu'aux fins de légitimation (*V. ce mot*).

Quant à la procédure, l'action n'appartient qu'à la mère et à son nouveau mari, conjointement. Elle ne peut être engagée que dans les six mois du remariage de la mère, et avant que l'enfant ait atteint l'âge de sept ans. Ce délai est beaucoup trop long lorsque l'enfant a une possession d'état à l'égard du mari de la mère ; il n'est pas très utile dans le cas inverse.

Lorsque l'action aboutit, la présomption de paternité disparaît. Mais il n'y a pas de vide de filiation paternelle car l'enfant est rattaché au second mari de sa mère. Il dispose d'une autre filiation paternelle légitime (il s'agit d'une légitimité acquise par légitimation *post nuptias*).

De ce qui précède, il résulte que les modes légaux d'élimination de la présomption de paternité, organisés par la loi de 1972, correspondent à des actions strictement encadrées, afin de ne pas faire peser une trop longue incertitude sur l'état de l'enfant. Mais la Cour de cassation a pris des libertés avec la volonté du législateur de 1972, en admettant l'existence d'autres actions non prévues par les textes.

◆ Les modes jurisprudentiels d'élimination de la présomption de paternité

Ils résultent de l'interprétation *a contrario* de deux textes du Code civil : l'art. 334-9 et l'art. 322 al. 2 du Code civil (*V. Interprétation a contrario*).

Droit comparé

V. L'article de M. Pratte et E. Fortis-Monjal, « Présomption de paternité et vérité biologique en droit français et québécois », *D.* 1988, chr., p. 31.

Bibliographie sommaire : P. Salvage-Gerest, « Le domaine de la présomption pater is est dans la loi du 3 janvier 1972 », RTD civ. 1976, p. 233. V. aussi les références citées V° « Interprétation a contrario ».

Renvois : *Adultère, Filiation, Procréations assistées, Vérité de la filiation.*

Prestation compensatoire

Définition

La prestation compensatoire est la valeur que l'un des époux doit fournir à l'autre au moment du divorce pour supprimer la disparité que la rupture du mariage crée dans les conditions respectives de vie des époux.

Fondement

Soucieux d'éviter le contentieux lancinant auquel donnait lieu l'ancienne pension alimentaire, le législateur de 1975 a donné à la prestation compensatoire un fondement indemnitaire. Elle répare le préjudice qui résulte de la perte de train de vie que subit l'époux qui a les ressources les plus faibles. Cette perte de train de vie trouve son origine dans la disparition du devoir de secours et du devoir de contribution aux charges du mariage.

Régime juridique

◆ Créancier

Puisqu'il faut compenser la perte de train de vie, la prestation compensatoire ne peut être versée qu'à l'époux qui a les ressources les plus faibles. Pendant le mariage, cet époux profitait indirectement des ressources de son conjoint par le biais du devoir de secours et de la contribution aux charges du mariage. La disparition de ces devoirs l'oblige à ne plus compter que sur ses seuls revenus. Il faut compenser une dernière fois. Toutefois, l'époux aux torts exclusifs duquel le divorce a été prononcé peut se voir refuser par le juge le versement d'une prestation compensatoire (art. 270 al. 2 C. civ.). De même, si les époux ont sensiblement les mêmes ressources, il n'y aura pas lieu à prestation compensatoire, la rupture du mariage ne créant pas véritablement de disparité entre eux.

◆ Détermination du montant

Le montant de la prestation compensatoire est déterminé en référence aux éléments visés par l'article 271 du Code. Le juge doit aussi tenir compte des ressources du débiteur et des besoins du créancier (art. 271 C. civ.). Cette règle, conçue pour le cas dans lequel la prestation compensatoire est versée sous forme de rente, s'accorde mal avec le fondement indemnitaire de la prestation. Afin d'informer le juge, les parties doivent produire, outre leur avis d'imposition, une déclaration certifiant sur l'honneur l'état de leur patrimoine, tant en capital qu'en revenus (art. 272 C. civ.). Mais la loi n'indique pas quelle sanction s'attache à l'omission de la déclaration sur l'honneur.

◆ Modalités de versement

La prestation compensatoire est, en principe, versée sous la forme d'un capital (art. 270 C. civ.) avec possibilité d'abandon de certains biens en nature (art. 274 C. civ.), ou de paiement fractionné du capital sur huit années maximum (art. 275 C. civ.). En pratique, le versement sous forme de rente a longtemps été dominant, c'est pourquoi les lois du 30 juin 2000 et 26 mai 2004 ont réaffirmé le caractère exceptionnel du versement sous forme de rente viagère (art. 276 C. civ.). Le second de ces textes autorise même, désormais, le paiement de la rente pour partie en capital (par exemple, abandon à l'époux créancier du logement commun) et pour partie en rente (art. 275-1 C. civ.). Lorsqu'elle est versée sous forme de rente, la prestation compensatoire est indexée (art. 276-1).

◆ Modalités de révision

En principe, la prestation compensatoire est forfaitaire (art. 270 C. civ.). C'est la logique indemnitaire. Admettre la révision reviendrait à accorder une prestation compensatoire dont le montant serait supérieur au préjudice subi. Mais la prestation peut être révisée dans trois séries de cas :

– en cas de divorce par consentement mutuel, par une nouvelle convention également soumise à homologation (art. 279 al. 2 C. civ.) ;

– en cas de divorce par consentement mutuel, lorsque les époux ont prévu dans leur convention la possibilité d'une révision (art. 279 al. 3 C. civ.) ;

– dans tous les types de divorce, en cas de changement important dans les ressources ou les besoins de l'une ou l'autre des parties (art. 276-3 al. 1).

◆ Sort en cas de remariage ou de concubinage du créancier

Contrairement à ce qui était prévu pour l'ancienne pension alimentaire avant 1975, la prestation compensatoire subsiste. C'est, une fois encore, une application de la logique indemnitaire de la prestation compensatoire : le remariage ou le concubinage ne diminuent pas le préjudice. D'ailleurs, si la prestation compensatoire avait été versée en capital, le créancier n'en aurait pas restitué une partie lors de son remariage. Il est logique que la rente, qui n'est que le paiement fractionné du capital, continue d'être due.

◆ Sort en cas de décès du débiteur

Dans cette hypothèse, la loi du 11 juillet 1975 prévoyait que la charge de la rente était transmise aux héritiers (art. 276-2 C. civ.), comme pour toute dette de responsabilité civile. Cette disposition était cependant contestée par plusieurs groupes de pression qui, en cas de décès de leur père divorcé, ne voulaient plus répondre de la dette de prestation compensatoire. La loi du 26 mai 2004 leur a donné satisfaction puisque nouvel article 280 du Code civil prévoit qu'à la mort du débiteur « *le paiement de la prestation compensatoire, quelle que soit sa forme, est prélevé sur la succession* ». Autrement dit, les héritiers ne sont tenus que dans la limite de l'actif successoral. Lorsque la prestation prend la forme d'une rente viagère est-elle remplacée par « *un capital immédiatement exigible* », qui devra être prélevé sur l'actif successoral. Il en est de même lorsque la prestation prend la forme d'un capital échelonné : le solde de ce capital devient, lui aussi, immédiatement exigible. Tout ceci s'accorde assez mal avec le fondement indemnitaire que la loi continue d'assigner à la prestation (les dettes indemnitaires sont toujours transmises aux héritiers, sauf s'ils refusent la succession de leur auteur).

Données doctrinales et jurisprudentielles

◆ Dommages-intérêts

La prestation compensatoire répare le préjudice qui résulte ordinairement du prononcé du divorce (perte de train de vie). Mais l'indemnisation des préjudices plus importants peut être demandée soit sur le fondement du droit commun de la responsabilité civile (art. 1382 C. civ.), soit sur le fondement de l'article 266 du Code. S'agissant de l'article 1382 du Code civil, la jurisprudence considère qu'il permet à l'un des époux d'obtenir des dommages et intérêts en réparation du préjudice que lui a causé la faute de son conjoint (Paris, 25 avril 1978, *D.* 1979, p. 35, note Massip ; *JCP* 1979, II, 19187, note Lindon).

D'après l'article 266 du Code civil, lorsque le divorce est prononcé pour altération définitive du lien conjugal ou pour faute aux torts exclusifs de l'un des conjoints, l'autre peut obtenir des dommages et intérêts en réparation du préjudice que lui cause la dissolution du mariage. Mais puisque la prestation compensatoire répare déjà le préjudice financier lié à la perte de train de vie, la jurisprudence exige qu'il s'agisse d'un préjudice différent S'agissant des préjudices matériels, on peut citer le fait pour l'épouse d'avoir été contrainte de quitter le domicile conjugal pour aller vivre en HLM (CA Aix-en-Provence, 14 octobre 2003, inédit, RG n° 01/09286) ou pour s'installer chez ses propres enfants (Cass. 2e civ., 30 novembre 2000, *RJPF* 2001, 3/25). Constitue également un préjudice matériel réparable sur le fondement de l'article 266 le fait pour l'épouse de perdre l'emploi qu'elle occupait au sein de l'entreprise familiale (Cass. 2e civ., 20 juin 2002, *RJPF* 2002, 10/25) ou d'être désormais obligée de travailler alors que, durant la vie commune, les conjoints avaient décidé d'un commun accord que l'épouse, dépourvue de qualification professionnelle, se consacrerait à l'entretien du ménage et à l'éducation des enfants (CA Bourges, 31 mars 2003, inédit, RG n° 01549). Jugé encore que peut être réparé sur le fondement de l'article 266 le fait que le mari ait laissé totalement dépérir l'entreprise familiale occasionnant ainsi une importante perte financière pour l'épouse (CA Poitiers, 19 mars 2002, inédit, RG n° 00/01782) ou le fait que la femme soit, pour une longue durée, seule à assumer financièrement la charge des enfants en raison de l'incarcération du père (CA Dijon, 27 novembre 2003, inédit, RG n° 03/00368). S'agissant des préjudices moraux, on peut citer le fait, pour une femme, après une longue vie commune, d'être abandonnée au profit d'une autre femme plus jeune (Civ. 2e, 5 juin 1984, *JCP* 1984, IV, 260 ; Civ. 2e, 23 janvier 2003, *RJPF* 2003, 4/27) ou encore le préjudice résultant pour l'épouse du caractère public de la liaison de son mari (Cass. 2e civ., 20 juin 2002, *RJPF* 2002, 10/25), celui causé par des violences physiques (CA Aix-en-Provence, 14 octobre 2003, inédit, RG n° 01/09286), ou par l'interdiction faite à la femme d'accéder au domicile conjugal (CA Dijon, 20 avril 2003, inédit, RG n° 02/01339). L'article 266 a même conduit la cour d'Orléans à indemniser le mari pour le préjudice que lui a causé l'alcoolisme de son épouse (CA Orléans, 4 fév. 2003, inédit, RG n° 178/2002 : dommages-intérêts accordés : 0,15 € ...).

◆ Prestation compensatoire et héritiers

Les groupes de pression existent encore ! Depuis le temps qu'ils appelaient de leurs vœux la suppression de la transmission de la prestation aux héritiers, ils ont (enfin) obtenu gain de cause. Outre que la règle nouvelle est difficilement compatible avec le fondement indemnitaire, la suppression de la transmissibilité passive est révélatrice d'une société où l'on n'aime pas les devoirs, encore moins ceux des autres... Ceci dit, le droit antérieur permettait déjà à l'héritier d'échapper au paiement de la prestation compensatoire : il lui suffisait de refuser la succession. Une histoire de beurre et d'argent du beurre...

On signalera que l'article 280-1 nouveau prévoit que « *les héritiers peuvent décider ensemble de maintenir les formes et modalités de règlement de la prestation compensatoire [...] en s'obligeant personnellement au paiement de la prestation* ». En d'autres termes, la transmission aux héritiers, abolie par l'effet de la loi, peut ressurgir du fait de la volonté. Ceci dit, la loi de 2004 a oublié de préciser si l'accord des héritiers doit être unanime. Tout dépend du sens que l'on attribue à l'expression « *décider ensemble* ». Au premier abord, il semble que cette expression impose l'unanimité des héritiers, ce qui réduira considérablement le domaine d'application du texte. Mais *quid* si deux des trois héritiers décident ensemble de maintenir la prestation compensatoire ? Le premier conjoint n'aura-t-il d'action que contre eux — il est logique qu'il n'en ait pas contre le troisième, qui n'a pas consenti — ou l'opération sera-t-elle sans effet pour le tout faute d'unanimité ?

Bibliographie sommaire : M.-E. ROUJOU DE BOUBÉE, « Une institution qui se veut nouvelle : la prestation compensatoire après divorce », Mélanges Marty, 1979, p. 977 et s. ; A. BÉNABENT, « Assainir l'après-divorce », Mélanges Huet-Weiller, LGDJ, 1994, p. 19 et s. ; A. SÉRIAUX, « La nature juridique de la prestation compensatoire ou les mystères de Paris », RTD civ. 1997, p. 53 et s. ; J.-J. LEMOULAND, « La loi du 26 mai 2004 relative au divorce », D. 2004, chr., p. 1825 ; Th. GARÉ, « La réforme du divorce, entre innovations et droit constant », RJPF 2004-6/12 et 7•8/12.

Renvois : *Divorce-effets, Pension alimentaire.*

Procréations assistées

Définition

Par procréations assistées, on entend l'ensemble des techniques médicales qui sont destinées à aider les couples infertiles à avoir des enfants (insémination artificielle, fécondation *in vitro,* don d'embryons).

Régime juridique

◆ Le recours aux techniques de procréation médicalement assistée

Le recours aux techniques de procréation médicalement assistée a été réglementé par la loi du 29 juillet 1994. Cette loi a interdit le recours aux mères porteuses (art. 16-7 C. civ.). Quant à la mise en œuvre d'autres méthodes de procréation, la loi a posé plusieurs limitations :

– le recours à une méthode de procréation assistée n'est autorisé que pour remédier à une infertilité pathologique ou pour éviter la transmission d'une maladie grave ;

– la procréation assistée n'est possible qu'au sein d'un couple dont les deux membres sont vivants. La procréation *post mortem* est donc désormais interdite ;

– le couple doit être ou bien un couple marié ou bien un couple de concubins vivant ensemble depuis au moins deux ans. Cette condition risque toutefois de rester lettre morte car elle n'est assortie d'aucune procédure de contrôle, ni d'aucune sanction ;

– les deux membres du couple doivent être en âge de procréer. Cette condition vise à éviter les maternités trop tardives ;

– les intéressés doivent enfin exprimer un consentement au recours à une méthode de procréation médicalement assistée. Ce consentement est précédé d'entretiens et de la remise d'informations précises. Les candidats doivent également respecter un délai de réflexion d'un mois (art. L. 152-10 C. santé publ.).

◆ La filiation de l'enfant né d'une technique de procréation médicalement assistée

Les règles diffèrent selon que la procréation médicalement assistée a été réalisée de manière endogène, c'est-à-dire avec les gamètes du couple ou, au contraire, que l'on a fait appel aux gamètes de donneurs extérieurs au couple. On est alors en présence d'une procréation exogène.

◇ *Procréation médicalement assistée endogène et filiation*

L'insémination artificielle avec le sperme du conjoint n'altère pas les règles du droit de la filiation. Né pendant le mariage, l'enfant sera légitime. Lorsque l'insémination endogène est pratiquée entre concubins, là encore on applique le droit commun en la matière : chaque concubin devra reconnaître l'enfant afin d'établir son lien de filiation à son égard. En cas de **fécondation *in vitro*** suivie d'une réimplantation de l'embryon dans l'utérus de la femme dont l'ovule a été utilisé, là encore on applique les règles du droit commun de la filiation. Au sein d'un couple marié, l'enfant naîtra d'une femme mariée et aura pour père le mari de sa mère. Au sein d'un couple de concubins, l'enfant devra être reconnu par ses deux parents.

◇ *Procréation médicalement assistée exogène et filiation*

Les procréations médicalement assistées exogènes font appel à des éléments extérieurs au couple. Il en est ainsi en cas de don de sperme, de don d'ovule, ou de don d'embryon.

L'insémination artificielle avec donneur au sein d'un couple marié a pour conséquence que l'enfant a pour père le mari de la mère. Or, certaines juridictions avaient admis que le mari pouvait parfaitement désavouer l'enfant né dans ces conditions parce qu'il pouvait toujours démontrer qu'il n'était pas le père de l'enfant (art. 312 al. 2 C. civ., *V. Présomption de paternité*). Il s'agissait d'une manière assez inélégante pour le mari de reprendre le consentement qu'il avait donné à l'insémination. Aussi la loi du 29 juillet 1994 a-t-elle interdit le désaveu ou la contestation « *à moins qu'il ne soit soutenu que l'enfant n'est pas né de la procréation médicalement assistée* » (art. 311-20 al. 2 C. civ.). On serait alors en présence d'un adultère. Au sein d'un couple de concubins, l'enfant né par insémination avec donneur devra être reconnu par ses deux parents, et toute contestation de reconnaissance est interdite (art. 311-20 al. 2 C. civ.). En outre, si le concubin s'abstenait, après avoir consenti à l'insémination, de reconnaître l'enfant, il engagerait sa responsabilité civile envers la mère et envers l'enfant (art. 311-20 al. 4 C. civ.). En outre, sa paternité pourrait être judiciairement déclarée (art. 311-20 al. 5 C. civ.). Ces dispositions ne concernent que les hommes. Faut-il en déduire qu'une femme pourrait fort bien soit décider d'accoucher sous X soit, plus simplement, s'abstenir de toute reconnaissance ? La solution, si on l'admet, n'est guère conforme à l'égalité.

Sur le plan de l'établissement de la filiation, les règles sont identiques en matière de **fécondation *in vitro*** avec des gamètes extérieurs au couple, ou en cas de **transfert d'embryon**. Mais, dans ce dernier cas, l'accueil de l'embryon doit être autorisé par l'autorité judiciaire (art. L. 2141-5 C. santé publ.). Enfin, quelle que soit la technique utilisée, la procréation exogène repose sur la règle de la gratuité du don et de l'anonymat du donneur : aucun lien de filiation ne peut être établi entre l'auteur du don et l'enfant (art. 311-19 C. civ.).

Données doctrinales et jurisprudentielles

Un délicat problème, d'ailleurs commun aux procréations médicalement assistées endogènes et exogènes, n'a pas reçu en 1994 une solution exempte de critiques : c'est celui du sort des embryons surnuméraires. D'après l'article L. 2141-3 du Code de la santé publique, ces embryons peuvent être conservés pendant une durée de cinq ans en vue de nouvelles procréations au sein du couple. L'article 2141-4 du même Code prévoit également que les auteurs de l'embryon peuvent consentir à son « accueil » par un autre couple.

Mais que décider lorsque les auteurs de l'embryon ne veulent ni tenter de nouvelle procréation, ni consentir à l'accueil par un autre couple ? Plus simplement encore, que décider à l'expiration du délai de conservation de cinq ans ? La loi de 1994 n'est pas très claire sur la question. En effet, d'un côté l'article L. 2141-8 du Code de la santé publique interdit toute expérimentation sur l'embryon. Mais de l'autre, l'alinéa 3 de ce texte ajoute qu'« *à titre exceptionnel, l'homme et la femme formant le couple peuvent accepter* » que leurs embryons fassent l'objet d'expérimentations. Peut-être les recherches sur les embryons humains sont-elles scientifiquement utiles.

Il ne nous appartient pas d'en juger. Reste que, sur le plan du droit, cette disposition semble bien dénier à l'embryon toute dimension humaine (V. déjà C. Constit., 27 juillet 1994, *D.* 1995, p. 237, note B. Mathieu).

La jurisprudence administrative semble admettre, enfin, que les dommages causés à l'embryon dans le cadre d'une PMA (en l'espèce, fuite d'azote liquide dans le caisson qui contenait les embryons congelés) constituent, pour les auteurs de l'embryon un préjudice réparable (TA Amiens, 9 mars 2004, RJPF 2004-7•8/13, note Egéa).

Bibliographie sommaire : P. Raynaud, « L'enfant peut-il être objet de droit ? », D. 1988, chr., p. 109 ; G. Mémeteau, « L'embryon législatif », D. 1994, chr., p. 355 et s. ; D. Vigneau, « Dessine-moi un embryon », Les Petites Affiches, numéro spécial bioéthique, 14 décembre 1994, p. 62 et s. ; D. Vigneau, « Les imperfections des lois du 29 juillet 1994 en matière de filiation », Annales de l'Université des sciences sociales de Toulouse, tome XLIV, 1996, p. 63 et s. ; J.-J. Lemouland, « Filiation et PMA », Dictionnaire permanent de bioéthique, p. 973 et s. ; C. Neirinck, « Les filiations électives à l'épreuve du droit », JCP 1997, I, 4067.

Renvois : *Filiation, Naissance, Ordre public, Présomption de paternité.*

Reconnaissance de filiation naturelle

Définition

La reconnaissance est une déclaration de volonté par laquelle une personne affirme être l'auteur d'un enfant et prend l'engagement d'assumer les charges découlant de ce lien de filiation. La reconnaissance est un mode d'établissement de la filiation naturelle.

Régime juridique

◆ Conditions de la reconnaissance

La reconnaissance est un acte juridique personnel. Comme tout acte juridique, elle suppose que son auteur ait bénéficié d'une volonté libre et consciente. En tant qu'acte personnel, elle ne peut être effectuée que par celui qui déclare son lien de filiation. Il en résulte qu'un incapable (mineur ou majeur protégé) peut reconnaître un enfant sans l'assistance de son représentant légal.

La reconnaissance peut être effectuée à tout moment. Elle peut intervenir dès la naissance, de nombreuses années après celle-ci ou après le décès de l'enfant. Il est même possible de reconnaître un enfant avant sa naissance. L'intérêt est de donner à cet enfant une filiation établie pour le cas où l'un des parents — le plus souvent il s'agit du père — décéderait avant sa naissance. Bien sûr, cette reconnaissance prénatale ne produit ses effets que si l'enfant naît ensuite vivant et viable.

D'après l'article 335 du Code civil, la reconnaissance doit être faite par acte authentique. Elle peut être faite devant l'officier d'état civil, devant un notaire ou même en justice. En tout état de cause, il est impossible de reconnaître un enfant incestueux dont l'un des liens de filiation est déjà établi (334-10 C. civ.). De même, la reconnaissance est impossible lorsqu'elle concerne un enfant légitime dont l'acte de naissance est corroboré par la possession d'état (art. 334-9 et 322 al. 2 C. civ.), ou lorsqu'elle concerne un enfant naturel déjà doté d'une filiation que la reconnaissance contredirait (art. 338 C. civ.). En revanche, il est possible de reconnaître un enfant légitime dont le titre de naissance n'est pas corroboré par la possession d'état (art. 334-9 *a contrario, V. interprétation a contrario*)

◆ Effets de la reconnaissance

La reconnaissance a un effet déclaratif. Elle ne fait que constater un lien de filiation préexistant, dont les effets remontent à la naissance de l'enfant reconnu (changement de nom, attribution de l'autorité parentale, acquisition d'une vocation successorale et d'une obligation alimentaire...). Mais il faut préciser :

– que la reconnaissance étant un acte personnel, elle ne produit d'effet qu'à l'égard de son auteur. On ne peut donc déduire la paternité de la maternité. La filiation naturelle est divisible ;

– qu'elle ne fait preuve de la filiation que jusqu'à preuve contraire, car elle n'est soumise à aucun contrôle de véracité *a priori ;*

– que lorsqu'elle est mensongère, la reconnaissance peut être contestée en justice, y compris par l'auteur de la reconnaissance lui-même (art. 339 C. civ.).

Données historiques

Historiquement l'établissement de la filiation maternelle procède le plus souvent de l'adage *Mater semper certa est...* (la mère est toujours certaine). Ainsi, à Rome, la maternité résulte-t-elle directement de l'accouchement. Il en est de même au Moyen Age. L'établissement de la paternité soulève, quant à lui, de plus amples difficultés. Le droit romain le plus ancien permettait au père d'agréer l'enfant en le soulevant dans ses bras ou, au contraire, de le repousser. La règle était identique au Moyen Age où l'usage était largement répandu de faire porter l'enfant au domicile du père prétendu quelques jours après la naissance afin qu'il avoue l'enfant en le prenant dans ses bras. En cas de refus, la pratique permettait généralement à la mère d'attribuer au père l'enfant que celui-ci refusait d'avouer. Cette pratique fut combattue par les canonistes. Dans le Code de 1804, la filiation suppose l'existence d'une reconnaissance volontaire, y compris pour la mère. A défaut, une action en recherche de maternité est possible (*V. action en recherche*). En revanche, la recherche de paternité est interdite, sauf en cas d'enlèvement de la mère au moment de la conception (art. 340 C. Nap.).

Données doctrinales et jurisprudentielles

En dépit des controverses qui ont partagé les auteurs, on peut admettre que la reconnaissance s'analyse en un aveu de paternité ou de maternité. Elle a donc un caractère à la fois discrétionnaire et personnel. Du caractère discrétionnaire, on déduit que le père ou la mère ne sont jamais tenus de reconnaître leur enfant naturel, et qu'ils sont les seuls juges de l'opportunité de cette reconnaissance. Pour autant, s'il existe des présomptions ou des indices du lien de filiation, une action en recherche de paternité ou de maternité pourra être engagée (*V. action en recherche)*. Du caractère personnel, on déduit que la reconnaissance en qualité de grand-parent n'a que des effets limités. L'hypothèse est la suivante : l'auteur de la reconnaissance affirme sa paternité sur les enfants d'une personne à l'égard de laquelle cet auteur n'a aucun lien de filiation établi. La jurisprudence considère que la reconnaissance des petits-enfants vaut, implicitement mais nécessairement, reconnaissance de leur père ou de leur mère. En revanche, la reconnaissance est privée d'effet lorsqu'elle est souscrite par le grand-parent afin de contraindre son propre enfant à reconnaître ses enfants non reconnus. En effet, dans cette hypothèse, la reconnaissance par le grand-parent viole le caractère personnel de la reconnaissance.

Droit comparé

Sur la reconnaissance de parenté en droit musulman, V. Y. Linant de Bellefonds, *Traité de droit musulman comparé,* vol. III, éd. Mouton, 1973, n° 1158 et s.

Bibliographie sommaire : M. VÉRON, « Volonté du père et reconnaissance d'enfant », RTD civ. 1967, p. 521 et s. ; F. DEKEUWER-DÉFOSSEZ, Les droits de l'enfant, PUF, Que sais-je ?, n° 852, 3e éd. 1996.

Renvois : *Acte de l'état civil, Action d'état, Autorité parentale, Égalité des filiations, État civil, Existence de la personne, Filiation, Interprétation a contrario, Légitimation, naissance, Nom de famille-attribution, Possession d'état, Présomption de paternité, Procréations assistées, Vérité de la filiation.*

Répertoire civil

Définition

Le répertoire civil est un registre tenu par le greffier du tribunal de grande instance, sur lequel sont mentionnés les jugements ou les actes qui limitent la capacité de certaines personnes (majeurs incapables et présumés absents : *V. absence).* Le répertoire civil mentionne également certaines décisions relatives aux régimes matrimoniaux (changement de régime matrimonial, séparation de biens, retrait de pouvoirs entre époux...). Il sert à l'information des tiers.

Régime juridique

Lorsqu'un acte ou un jugement est mentionné au répertoire, la mention *répertoire civil* est portée en marge de l'acte de naissance de l'intéressé. Le cocontractant de l'incapable qui aura pris le soin de lui demander un extrait de son acte de naissance pourra ainsi interroger le répertoire civil, qui lui communiquera alors les décisions limitant la capacité ou le pouvoir de son co-contractant. Toutefois, la sauvegarde de justice (*V. ce mot*) n'est pas mentionnée au répertoire civil, ce qui n'est pas surprenant dans la mesure où il s'agit d'un régime de capacité.

Données doctrinales et jurisprudentielles

Les actes de l'état civil ne mentionnant généralement pas les événements qui entraînent l'incapacité d'une personne physique, cette incapacité était fort difficile à connaître. C'est pourquoi le répertoire civil a été créé par le décret n° 68-856 du 2 octobre 1968, afin d'assurer la publicité des décisions relatives aux incapables majeurs et d'éviter tout préjudice pour les tiers.

Bibliographie sommaire : P. Malaurie et L. Aynès, Les personnes, les incapacités, par P. Malaurie, Defrénois, 2003, n° 259 ; E. Du Rusquec, J.-Cl. civil, art. 40 à 46, fasc. n° 20.

Renvois : *Curatelle, Incapacités, Tutelle.*

Sauvegarde de justice

Définition

La sauvegarde de justice est le plus léger des régimes de protection des majeurs. Le majeur sous sauvegarde de justice conserve sa capacité juridique et l'exercice de ses droits, mais il dispose d'actions spécifiques pour anéantir les actes qui tournent à son désavantage.

Régime juridique

La mise sous sauvegarde de justice est décidée par le Procureur de la République soit à la demande d'un médecin spécialiste, soit à la demande du juge des tutelles, dans l'attente de la mise en place d'une protection plus complète.

Le majeur sous sauvegarde de justice n'est pas privé de l'exercice de ses droits. Il peut donc accomplir librement les actes conservatoires, les actes d'administration et les actes de disposition (*V. actes juridiques patrimoniaux*). Mais, pour tenir compte du risque de trouble passager de ses facultés mentales, la loi lui ouvre deux actions en justice.

◆ **L'action en rescision pour lésion** permet au majeur qui a conclu un contrat désavantageux d'obtenir la rescision, c'est-à-dire l'anéantissement, de celui-ci. A la différence du droit commun, la lésion peut être invoquée quelle que soit la nature de l'acte. Elle est appréciée en tenant compte de la fortune de la personne protégée, de la mauvaise foi du cocontractant, et de l'utilité de l'opération pour l'incapable. La rescision ayant un effet rétroactif, les prestations déjà fournies devront être restituées.

◆ **L'action en réduction pour excès** permet, quant à elle, de remettre en cause un acte déraisonnable, quand bien même il ne serait pas lésionnaire. Il y a excès lorsque l'acte accompli par le majeur est inutile, ou lorsqu'il n'est pas en proportion avec ses possibilités financières. Si l'action aboutit, l'acte n'est pas annulé. Il y a seulement lieu à des restitutions partielles pour ramener l'acte à de plus équitables proportions.

Données doctrinales et jurisprudentielles

La sauvegarde de justice est un régime de capacité. Il ne s'agit ni d'un régime d'assistance comme la curatelle (*V. ce mot*), ni d'un régime de représentation comme la tutelle (*V. ce mot*). La sauvegarde de justice concerne des personnes qui souffrent de troubles mentaux légers ou passagers. Elle peut aussi être utilisée pour protéger des malades mentaux guéris en cours de réinsertion.

Bibliographie sommaire : G. RAYMOND, « Le droit des incapables majeurs après la réforme du 3 janvier 1968 », RTD sanit. et soc. 1968, p. 261.

Renvois : *Curatelle, Logement de l'incapable, Majeurs protégés, Malade mental non protégé, Répertoire civil.*

Séparation de corps

Définition

La séparation de corps est un relâchement du lien conjugal qui résulte de la suppression du devoir de cohabitation que le mariage imposait aux époux.

Régime juridique

La séparation de corps résulte d'une décision judiciaire. Elle peut être demandée pour les mêmes causes que le divorce (*V. divorce, cas*). A vrai dire, les deux institutions ne se séparent vraiment qu'au plan de leurs effets.

◆ Les effets de la séparation de corps

Sur le plan personnel, la séparation de corps fait disparaître le devoir de cohabitation : les époux ne sont plus légalement tenus d'habiter ensemble. Le juge doit donc statuer sur la résidence de chacun des époux. S'il y a des enfants mineurs, le juge statuera sur l'exercice de l'autorité parentale, la résidence des enfants, le droit de visite et la pension alimentaire que devra verser le parent auquel les enfants n'ont pas été confiés. Pour le reste, tous les autres effets personnels du mariage subsistent. Il en est ainsi notamment du devoir de fidélité et du devoir d'assistance. Et tout manquement à ces devoirs constitue une faute qui peut servir de fondement à une demande en divorce indépendant.

Sur le plan patrimonial, la séparation de corps entraîne automatiquement le changement du régime matrimonial des époux au profit de la séparation de biens. Le devoir de secours et le devoir de contribuer aux charges du mariage ne sont pas effacés. La contribution aux charges du mariage prend la forme d'une pension alimentaire dont le montant sera fixé par le juge. Enfin, la séparation de corps ne fait pas disparaître la vocation successorale réciproque des époux. Mais l'époux aux torts exclusifs duquel la séparation de corps a été prononcée perd cette vocation successorale.

◆ La fin de la séparation de corps

Si l'on excepte la mort et la réconciliation (art. 305 C. civ.), qui est une cause relativement rare, la séparation de corps prend fin soit par le prononcé d'un divorce indépendant, soit par la conversion de la séparation de corps en divorce. Par divorce indépendant, on entend le divorce qui sanctionne la violation de celles des obligations du mariage que la séparation de corps n'avait pas effacées. Ce divorce pour faute ne présente pas de spécificité. Il est régi par les règles habituelles en la matière.

Nettement plus spécifique est la conversion de la séparation de corps en divorce. Après deux ans de séparation de corps, la conversion en divorce est de droit (art. 306 C. civ.). De droit ne veut pas dire automatique : la conversion n'est pas prononcée si personne ne la demande. En revanche, dès lors qu'une demande de conversion est faite au bout des deux années, le Tribunal est obligé de prononcer le divorce ; il n'a aucun pouvoir d'appréciation. En cas de conversion, le divorce est prononcé pour la même cause que celle qui avait justifié la séparation de corps, et il produit les effets de cette cause de divorce. Ainsi, lorsqu'une séparation de corps est prononcée aux torts exclusifs de l'un des époux et lorsque, deux années plus tard, la conversion est demandée, le divorce sera prononcé aux torts exclusifs, et l'époux fautif risquera de perdre tout droit à prestation compensatoire alors même que la contribution aux charges du mariage cesse d'être due, en raison du prononcé du divorce. Depuis la loi du 26 mai 2004, la séparation peut être convertie en divorce par consentement mutuel, quelle que soit la cause qui avait justifié le prononcé de la séparation de corps (art. 307 C. civ.).

Données historiques

L'histoire de la séparation de corps est étroitement et inversement liée à l'histoire du divorce, dont elle constitue un succédané pour les époux attachés à l'indissolubilité du mariage. D'ailleurs, la séparation de corps fut longtemps appelée « divorce des catholiques ». Au Moyen Age, la séparation de corps est admise dans trois cas : l'adultère, la « *fornication spirituelle* » — hérésie ou apostasie — et les sévices graves qui peuvent faire craindre pour la vie du conjoint. Le Moyen Age admettait même la séparation d'habitation, qui était une sorte de séparation de corps en réduction. En effet, elle engendrait les mêmes effets qu'une séparation de corps à l'exception du devoir conjugal qui n'était pas supprimé. Situation bien étrange que celle de ces époux dispensés du devoir d'habiter ensemble, mais qui restaient tenus d'accomplir le devoir conjugal ! La séparation de corps sera supprimée à la Révolution par la loi du 20 septembre 1792 qui rétablit le divorce, et rétablie par le

Code de 1804. Elle sera conservée en 1816 ainsi que par la loi Naquet (1884).

Données doctrinales et jurisprudentielles

En droit canonique, la séparation de corps était semble-t-il conçue « *comme un simple intermède dans la vie conjugale, un remède provisoire, un temps d'apaisement ménagé aux époux par le juge* » (en ce sens, Ph. Malaurie, *La famille*, 5e éd. Cujas, 1995, n° 402). Peu à peu, notamment sous l'influence de la jurisprudence des parlements d'Ancien Régime, la séparation de corps est devenue à durée indéterminée. En effet, chaque conjoint pouvait refuser de reprendre la vie commune. Lorsque fut admise sa conversion en divorce, la séparation de corps changea encore de sens pour devenir en quelque sorte l'antichambre du divorce.

En droit positif, la séparation de corps peut toujours remplir ces trois fonctions. Elle peut n'être qu'un temps d'apaisement lorsque les époux décident par la suite de reprendre la vie commune. Elle peut être un mode de séparation sans dissolution du mariage lorsque les époux décident de s'en tenir là. Elle peut être la préparation du divorce lorsque les époux — ou l'un d'eux — ne l'envisagent que comme une étape vers la dissolution du mariage.

Bibliographie sommaire : P. MALAURIE et L. AYNÈS, La famille, par P. MALAURIE, Defrénois, n° 750 et s.

Renvois : *Adultère, Divorce-cas, Intérêt de l'enfant, Présomption de paternité.*

Séparation de fait

Définition

La séparation de fait est la situation de deux époux qui ne vivent plus ensemble sans y avoir été judiciairement autorisés. La séparation de fait suppose la réunion de deux éléments : un élément matériel — la séparation des habitations — et un élément psychologique, l'intention de ne plus vivre ensemble.

Régime juridique

En tant que situation de fait, la séparation de fait n'est pas, en principe, organisée par le droit. Il en résulte que tous les effets que la loi impose aux époux demeurent. Et que l'un des époux peut assigner son conjoint en cas de manquement à l'un des devoirs du mariage — par hypothèse, il y a toujours au minimum un manquement au devoir de cohabitation.

Toutefois, la séparation de fait peut faire l'objet d'une organisation judiciaire en cas de rejet d'une demande en divorce (art. 258 C. civ.). Il appartient alors au juge de régler les conséquences de la séparation. Il doit statuer notamment sur la résidence des époux, sur celle des enfants mineurs, sur l'exercice de l'autorité parentale, sur le droit de visite, et sur les pensions alimentaires : pension pour les enfants au titre de l'obligation d'entretien et pension pour l'époux qui a les ressources les plus faibles, au titre de la contribution aux charges du mariage. La jurisprudence décide que cette séparation judiciaire est une mesure provisoire, qui ne dispense pas les époux de reprendre la vie commune (Civ. 2e, 25 novembre 1992, *Bull.*, II, n° 273). Mais on peut penser que cette obligation de reprise de la vie commune restera lettre morte. En effet, l'article 258 ne prévoit aucune péremption des mesures prétendument provisoires qu'il permet au juge d'organiser. Le provisoire peut donc devenir définitif si, du moins, tel est le souhait des époux. La séparation de fait n'est pas à proprement parler convertible en divorce (comp. séparation de corps). Mais après six années de séparation de fait — même judiciairement organisée — l'un des époux peut demander le divorce pour rupture de la vie commune.

Données historiques

Le droit canonique interdisait la séparation de fait des époux, au nom du devoir de cohabitation. Les époux séparés de fait pouvaient donc être poursuivis par la justice ecclésiastique. Mais les tribunaux admettaient en pratique la séparation d'habitation qui laissait subsister le mariage et le devoir de cohabitation (*V. séparation de corps*).

Données doctrinales et jurisprudentielles

La séparation de fait décidée d'un commun accord a vraisemblablement toujours existé. Alors que l'Ancien droit annulait les pactes de séparation amiable, le Code de 1804 a gardé le silence sur cette prohibition. La jurisprudence a pourtant confirmé le principe de la nullité de ces pactes, car les effets du mariage, qui sont d'ordre public, échappent à la volonté des époux (*V. mariage-effets*). Mais la solution est nuancée en doctrine (V. J. Hauser et D. Huet-Weiller, *Traité de droit civil, La famille*, vol. 1, *Fondation et vie de la famille*, 2e éd. LGDJ, 1993, n° 1101 et les références citées).

Bibliographie sommaire : A. Brunet, « Les incidences de la réforme du divorce sur la séparation de fait entre époux », D. 1977, chr., p. 191. ; E. Abitbol, « Essai sur la nouvelle séparation de fait instituée par l'article 258 du Code civil », RTD civ. 1981, p. 37 ; M.-F. NICOLAS, La séparation de fait entre époux, thèse, 1972 ; R. TENDLER, « Les pactes de séparation amiable », D. 1979, chr., p. 264 ; L. LEVENEUR, Situations de fait et droit privé, Préf. M. Gobert, LGDJ, 1990, spéc. n° 317 et s.

Renvois : *Divorce-cas, Mariage, Présomption de paternité, Ordre public.*

Transsexualisme

Notion

Le transsexualisme est une maladie qui se traduit par la conviction, pour une personne, d'appartenir au sexe opposé. Cette conviction aboutit, chez certains transsexuels, à une évolution spontanée de l'anatomie (régression des organes sexuels originaires notamment).

Régime juridique

La question centrale est celle de savoir si le transsexuel opéré peut obtenir la rectification de la mention concernant le sexe dans son acte de naissance. Cette demande de rectification de l'acte de naissance se double d'une action d'état (*V. ce mot*), puisque l'individu ne demande pas seulement la réparation d'une erreur de rédaction de son acte de naissance. Il souhaite que lui soit reconnu un état différent de celui qui lui avait été attribué auparavant. Cette demande est, de surcroît, souvent accompagnée d'une demande de changement de prénom (*V. ce mot*). De telles demandes sont-elles compatibles avec le principe de l'indisponibilité de l'état des personnes (*V. ce mot*) ?

Après avoir beaucoup hésité (sur les détails, V. G. Cornu, *Droit civil, Introduction, les personnes, les biens,* Précis Domat, 11e éd. Montchrestien, 2003, n° 564 bis), la jurisprudence admet aujourd'hui que la rectification de l'acte de naissance peut être obtenue lorsque l'on est en présence d'un cas de transsexualisme vrai, c'est-à-dire caractérisé par une évolution spontanée de l'anatomie du sujet. Dans cette hypothèse, en effet, le principe de l'indisponibilité de l'état des personnes n'est pas violé : l'individu n'a pas décidé de changer son état. Ce changement est apparu spontanément, de manière en quelque sorte involontaire. Et les interventions chirurgicales n'ont été pratiquées que pour parachever cette évolution spontanée. En revanche, la jurisprudence refuse de rectifier l'acte de naissance de ceux qui ont décidé de subir une opération de conversion sexuelle en l'absence de toute évolution spontanée de leur anatomie. On considère qu'ils ont délibérément choisi de changer d'état, ce que la règle de l'indisponibilité interdit.

Données doctrinales et jurisprudentielles

La loi ne définit pas le sexe. On considère aujourd'hui que celui-ci se compose de trois éléments :

◇ un élément anatomique : la conformation organique ;

◇ un élément génétique : les chromosomes (YX ou XX) ;

◇ un élément psychologique : le sentiment qu'a l'individu d'appartenir au sexe que lui donne son anatomie et ses gènes ; le sentiment d'être un homme ou une femme. C'est la concordance de ces trois composantes qui donne à l'individu son identité sexuelle. En cas de transsexualisme, la composante psychologique est en désaccord avec les autres.

La position française actuelle résulte d'un revirement de jurisprudence (Ass. plén., 11 décembre 1992, 2 esp., *JCP* 1993, II, 21991, concl. Jéol, note Mémeteau) provoqué par la condamnation de la France par la Cour européenne des droits de l'homme (Cour EDH, 25 mars 1992, *JCP* 1992, II, 21955, et nos obs.). Il n'est pas sûr, au demeurant, que ce revirement de jurisprudence mette définitivement la France à l'abri d'une nouvelle condamnation par la Cour de Strasbourg (V. nos obs. précitées).

Transsexualisme et mariage : la question revêt au moins deux aspects : les transsexuels peuvent-ils se marier ? Et quelle est la conséquence du transsexualisme d'une personne déjà mariée ? Sur le premier point, la doctrine est partagée (V. nos obs. précitées au *JCP* 1992, II, 21955) mais la Cour EDH, dans l'arrêt Goodwin c/ Royaume-Uni (Cour EDH, 11 juillet 2002, *RJPF* 2002, 11/20, obs. A. Leborgne, *JCP* 2003, I, 109, obs. Sudre) a décidé qu'un transsexuel opéré ne peut être privé du droit de se marier sous peine de porter atteinte à l'article 8 de la Convention (droit au respect de la vie privée et familiale). Cette position est aussi celle de la Cour de justice des communautés européennes (CJCE, 7 janvier 2004, *D.* 2004, p. 979, note Icard, RTD civ. 2004, p. 266, obs. Hauser et 373, obs. Raynard). Sur le second point, certains juges du fond ont considéré que le transsexualisme de l'un des époux justifiait le prononcé du divorce pour faute aux torts exclusifs du transsexuel (CA Nîmes, 7 juin 2000, *Dr. fam.* 2001, n° 4, note Lécuyer). La solution est sévère, du moins en cas de transsexualisme vrai puisque, dans cette hypothèse, il semble que la volonté de l'intéressé n'y soit pour rien. Comment, dès lors, y voir une faute qui lui serait imputable (TGI Caen, 28 mai 2001, *D.* 2002, p. 124, note

Mauger-Vielpeau, *Dr. fam.* 2002, n° 42, note Lécuyer, *RTD civ.* 2002, p. 274, obs. Hauser) ?

Bibliographie sommaire : M. GOBERT, « Le transsexualisme, fin ou commencement ? », JCP 1988, 3361 ; M. GOBERT, « Le transsexualisme ou de la difficulté d'existeR, » JCP 1990, 3475 ; C. LOMBOIS, « Le transsexualisme devant la Cour européenne des droits de l'homme », D. 1992, chr., p. 323 ; F, Que sais-je ?, n° 2677, 1992 E. CADOU, « Transsexualisme et droit de la filiation », D. 2003, p. 1529.

Renvois : *Actes de l'état civil, Mariage, Prénom.*

Tutelle

Définition

La tutelle est un régime de protection des incapables qui utilise la technique de la représentation. Le majeur ou le mineur en tutelle ne peut accomplir aucun acte juridique. Il est soumis à une incapacité d'exercice générale. C'est son représentant qui agit à sa place.

Régime juridique

◆ L'ouverture de la tutelle

◇ *Pour les enfants mineurs,* la tutelle est ouverte dans trois cas :

– lorsque les père et mère sont tous deux décédés ou dans l'impossibilité de manifester leur volonté ;

– lorsque l'enfant à protéger est un enfant naturel sans filiation établie, ou lorsque sa filiation a été établie autrement que par reconnaissance volontaire ;

– lorsque le juge des tutelles décide, en cours d'administration légale d'ouvrir une tutelle (art. 391 C. civ.).

◇ *Pour les majeurs,* la tutelle peut être ouverte pour toute personne qui, en raison de l'altération de ses facultés mentales, a besoin d'être représentée dans les actes de la vie civile (art. 492 C. civ.).

◆ Le fonctionnement de la tutelle

La tutelle concerne aussi bien la personne que les biens. Les décisions en matière personnelle (choix de la résidence, conditions de vie et d'entretien de l'incapable...) sont de la compétence du conseil de famille.

Sur le plan patrimonial le tuteur peut accomplir seul les actes conservatoires, et les actes d'administration. En revanche, il ne peut accomplir les actes de disposition ou les actes d'administration graves (*V. actes juridiques patrimoniaux*), qu'avec l'autorisation du conseil de famille.

◆ La sanction des règles de pouvoir

◊ *Pour les mineurs,* le Code prévoit trois types de sanction. La rescision pour lésion (*V. sauvegarde de justice*), concerne les actes conservatoires et les actes d'administration passés par le mineur seul. L'annulation concerne les actes de disposition qui ont été accomplis sans l'autorisation du conseil de famille par le mineur ou par le tuteur. Enfin, l'inopposabilité concerne essentiellement les baux consentis pour plus de neuf ans sans autorisation du conseil de famille (art. 1718 et 595 C. civ.). Si le tuteur consent un bail à un tiers sans autorisation du conseil de famille, ce bail est pleinement valable, mais son opposabilité au mineur est limitée.

◊ *Pour les majeurs,* l'incapacité totale du majeur en tutelle conduit à retenir la nullité de tous les actes accomplis par le majeur seul après l'ouverture de la tutelle. D'après l'article 502 du Code civil, ces actes sont nuls « de droit », c'est-à-dire que le juge ne dispose d'aucun pouvoir d'appréciation : dès lors qu'il est établi que l'acte a été accompli par le majeur, seul, après l'ouverture de la tutelle, il doit en prononcer l'annulation. En outre, l'article 503 permet de faire annuler plus facilement qu'en droit commun (*V. malade mental non protégé*) les actes accomplis par le majeur avant l'ouverture de la tutelle.

◆ Les limites à l'incapacité

On admet que le mineur et le majeur protégé peuvent effectuer seuls les actes de la vie courante (*V. ce mot*).

En outre, s'agissant du majeur en tutelle, l'article 501 du Code civil permet au juge des tutelles, soit dans la décision qui ouvre la tutelle, soit dans un jugement postérieur, de prévoir qu'il pourra continuer de faire lui même certains actes juridiques. Il s'agit de restituer au majeur en tutelle une capacité partielle à la mesure de sa lucidité.

Données historiques

La tutelle est une institution très importante à Rome. Elle s'applique non seulement aux enfants mineurs, mais aussi aux femmes. Lorsqu'elle n'est plus soumise à la *patria potestas,* la femme célibataire, mariée ou veuve est, au moins en très ancien droit romain, considérée comme incapable. Beaucoup plus que par une prétendue faiblesse du sexe féminin, la règle semblait justifiée par le souci de conserver les biens dans la famille (en ce sens, A. Lefebvre-Teillard, *Introduction historique au droit des personnes et de la famille*, PUF, Droit fondamental, 1996, n° 359).

Bibliographie sommaire : Droit positif : M. BAUER et Th. FOSSIER, Les tutelles : protection juridique et sociale des enfants et des adultes, 2e éd. ESF, 1996, préf. J. Hauser ; Th. FOSSIER, « Vingt-cinq ans de protection des majeurs », JCP éd. N. 1993, doct., p. 164 ; C. GEFFROY, « La protection tutélaire des majeurs en matière personnelle », JCP 1993, I, 3724.

Renvois : *Administration légale, Conseil de famille, Curatelle, Domicile, Logement de l'incapable, Majeurs protégés, Malade mental non protégé, Mineur.*

Vérité (de la filiation)

Notion

La question de la vérité de la filiation ouvre un vaste débat. Le lien de filiation que la loi consacre entre un adulte et un enfant doit-il reposer sur la vérité biologique ou sur la vérité des sentiments ?

Régime juridique

En droit positif, il existe deux tendances parfaitement contradictoires.

La première, qui apparaît dans un grand nombre de textes du Code civil, privilégie la vérité biologique. Ainsi la loi de 1972 a-t-elle choisi d'exclure la présomption de paternité lorsque la paternité du mari paraît douteuse (art. 315, 313 al. 1, 313-1 : *V. Présomption de paternité*). De même, le législateur (art. 318) et, plus encore, la jurisprudence (art. 334-9 et 322 al. 2 interprétés *a contrario*), ont-ils permis plus souvent que par le passé l'élimination de la paternité du mari de la mère lorsqu'elle ne se double pas de la possession d'état correspondante (*V. Interprétation a contrario*). La possession d'état est ici conçue comme un indice de la vérité biologique. On pourrait citer encore l'article 339 du Code civil qui permet de contester les reconnaissances mensongères, ou l'article 318 qui autorise la mère à contester la paternité de son mari à condition de divorcer puis de se remarier « *avec le véritable père de l'enfant* ».

Pour autant, la vérité ne réside pas seulement dans les gènes. A côté, plus importante sans doute, existe la vérité affective, celle qui vient du cœur. Et la recherche systématique de la vérité biologique s'est souvent faite au détriment de la vérité affective. Un des exemples les plus cruels est sans doute la possibilité de contester, sur le fondement de l'article 318 du Code, la paternité du mari, alors même qu'il y a une possession d'état d'enfant légitime — ce qui veut dire que, pour n'être pas le père biologique, le mari s'occupe de l'enfant — jusqu'aux sept ans de l'enfant. En d'autres termes, au bout de sept ans moins un jour de possession d'état avec le mari de sa mère — qu'il considère sans doute comme son véritable père —, l'enfant peut être appelé à changer de père, parce que la mère et son nouveau mari auront obtenu gain de cause dans leur action en contestation de la présomption de paternité. La jurisprudence considère même que les sept ans sont calculés au jour du dépôt de la demande. Il est donc possible, surtout si des voies de recours ont été exercées, que l'action soit définitivement jugée lorsque l'enfant aura neuf ou dix ans... On touche ici, incontestablement, aux limites de la recherche de la vérité biologique.

La seconde tendance consiste, à l'inverse, à occulter totalement le lien biologique. Il en est ainsi en matière d'adoption ; et le cas de l'adoption plénière est particulièrement significatif puisque l'enfant perd ses liens avec sa famille d'origine (*V. adoption*). Il en est ainsi également en cas de procréation médicalement assistée (*V. ce mot*), lorsqu'il est fait appel à un tiers donneur. En effet, la loi a posé en principe non seulement la règle de l'anonymat du donneur, mais aussi l'irrecevabilité de toutes les actions en justice qui auraient pour but d'établir un lien de filiation entre le donneur et l'enfant (art. 311-19 C. civ.). On peut citer, enfin, la loi du 25 juin 1982 qui a fait de la possession d'état, c'est-à-dire de la filiation vécue, même non biologique, un mode autonome d'établissement de la filiation naturelle (*V. possession d'état*).

Notre droit accueille donc les deux acceptions du terme vérité. Pour autant la conciliation n'est pas aisée à établir entre deux tendances aussi opposées. Tant qu'elles se manifestent chacune dans un domaine qui lui est propre, on peut espérer une coexistence à peu près pacifique. Mais cet espoir ne peut qu'être déçu lorsque ces deux logiques s'affrontent à propos d'un même enfant. Dès lors, plutôt que de conclure, comme l'article 311-12 al. 1 — encore un texte de vérité — que faute d'autre élément de preuve, les conflits de filiation sont réglés au profit de la filiation la plus vraisemblable, il serait peut-être préférable d'ériger en principe — ce qui ne figure qu'à l'alinéa second de ce texte — que les conflits de filiation doivent être réglés en donnant la préférence à la filiation vécue.

Données historiques

L'Ancien droit accordait semble-t-il peu de considération à la vérité de la filiation. Il y avait sans doute à cela trois raisons. La première est assurément d'ordre médical : la science ne disposait pas, à l'époque, de techniques et de connaissances qui lui permettaient de découvrir la vérité de la filiation. D'où l'importance des présomptions dans le Code de 1804. Quant à la seconde, elle touche à la politique législative. La sauvegarde du mariage et la protection de la paix des familles imposaient la protection de la légitimité des enfants. Dès lors, les contestations étaient moins largement ouvertes qu'aujourd'hui, et la présomption de paternité avait un domaine plus étendu, pour faire entrer le plus grand nombre possible d'enfants sous le manteau de la légitimité. La troisième raison tient, enfin, à l'idée que le lien juridique de filiation ne résulte pas exclusivement du lien de sang, et que l'épanouissement de l'enfant impose la stabilité de son état et de ses repères familiaux : la preuve biologique ne permet pas de combler le vide affectif.

Données doctrinales et jurisprudentielles

Depuis un arrêt très remarqué du 28 mars 2000 (Cass. 1re civ., 28 mars 2000, *JCP* 2000, II, 10409, concl. Petit, note Montsallier-Saint-Mieux ; *RJPF* 2000, n° 5, p. 23, note Hauser ; *RTDciv.* 2000, p. 304, obs. Hauser ; *Dr. fam.* 2000, 72, obs. Murat ; *D.* 2000, p. 731 et nos obs.), la Cour de cassation a posé en principe que « *l'expertise biologique est de droit en matière de filiation sauf s'il existe un motif légitime de ne pas y procéder* ». Cette affirmation, qui marque le primat du biologique sur les sentiments, conduit, à un renversement de la charge de la preuve en droit de la filiation : désormais, le demandeur peut parfaitement oublier qu'il supporte la charge de la preuve et demander au juge d'ordonner une expertise biologique qui apportera les preuves à sa place... La Cour de cassation ne trouve rien à redire à ce renversement de la charge de la preuve pourtant contraire aux textes. Au contraire, elle casse avec application les arrêts d'appel qui avaient rejeté la demande d'expertise en se fondant sur l'article 146 al. 2 du Nouveau Code qui dispose « *En aucun cas une mesure d'instruction ne peut être ordonnée en vue de suppléer la carence d'une partie dans l'administration de la preuve* ». Le résultat est plus qu'étrange : la Cour de cassation, gardienne du droit, casse les arrêts d'appel qui appliquent la loi (V. par ex. Civ. 1re, 17 fév. 2004, *RJPF* 2004, 5/30 et les références citées) !

S'agissant du motif légitime qui permet de ne pas ordonner l'expertise, la jurisprudence est encore peu fournie. Dans un arrêt du 12 juin 2001, la Cour de cassation a décidé qu'il n'y avait pas lieu d'ordonner une nouvelle expertise lorsqu'une précédente expertise suffisait à éclairer le juge (Civ. 1re, 12 juin 2001, *RJPF*

2001-10/35 ; *Rép. Defrénois* 2001, p. 1355, note Massip ; *Dr. fam.* 2002, n° 2, obs. P. Murat). De même, il y a un motif légitime à ne pas recourir à l'expertise lorsqu'il existe suffisamment d'éléments de fait démontrant le lien de filiation (Cass. 1re civ., 5 fév. 2002, *RJPF* 2002-5/38, et nos obs. ; Cass. 1re civ., 24 septembre 2002, *D.* 2003 ; p. 1793, note Cocteau-Senn). On signalera enfin qu'un arrêt inédit a jugé que « *le souci de protéger la stabilité d'un lien de filiation établie par la possession d'état* » constitue un motif légitime à ne pas procéder à l'expertise (CA Nîmes, 22 novembre 2001, inédit). On ne peut qu'approuver cette solution, et espérer qu'elle sera, un jour prochain, consacrée par la Cour de cassation.

Quid, enfin, du refus de se prêter à l'expertise sanguine ? La Cour de cassation décide que ce refus autorise les juges du fond à déclarer la paternité de l'auteur du refus (Civ. 1re, 1er juillet 2003, *RJPF* 2003, 12/32 et nos obs.).

Droit comparé

V. L'article de M. Pratte et E. Fortis-Monjal, « Présomption de paternité et vérité biologique en droit français et québécois », *D.* 1988, chr., p. 31.

Bibliographie sommaire : M.-J. GEBLER, Le droit français de la filiation et la vérité biologique, thèse Nancy, 1970 ; J. VIDAL, « La place de la vérité biologique dans le droit de la filiation », Mélanges Marty, 1978, p. 1113 ; J. VIDAL, « La place de la vérité sociologique dans le droit de la filiation, » Mélanges Hébraud, 1981, p. 887 ; R. THÉRY, « Véritable père et paternité vraie », JCP 1979, I, 2927 ; J.-P. GRIDEL, « Vérité biologique et droit positif de la filiation », D. 1993, chr., p. 191 ; C. NEIRINCK, « Les filiations électives à l'épreuve du droit », JCP 1997, I, 4067.

Renvois : *Action en recherche, Action à fins de subsides, Possession d'état, Présomption de paternité, Reconnaissance.*

Vie familiale (droit au respect de la –)

Notion

L'article 8 § 1 de la Convention européenne des droits de l'homme (Conv. EDH) dispose que toute personne a droit au respect de sa vie privée et familiale. La technique du « *droit au respect* » est utilisée par notre droit interne en matière de protection de la vie privée (*V. ce mot*). Elle est donc familière au juriste français. C'est pourquoi il suffit de rappeler qu'un droit au respect permet à celui qui en est titulaire d'exclure les tiers, de les tenir en lisière du domaine qui fait l'objet du droit. Le droit au respect de la vie privée est le droit de tenir les tiers à distance de la vie privée du titulaire. De la même manière, le droit au respect de la vie familiale est le droit de tenir les tiers à distance de la vie familiale de l'intéressé.

Encore faut-il savoir ce que recouvre la vie familiale. L'article 8 § 1 n'en donne aucune définition. Il faut donc se reporter à la jurisprudence de la Cour européenne des droits de l'homme (Cour EDH). La Cour a donné, tout d'abord, certaines précisions négatives :

◊ la vie familiale n'est pas liée au mariage. Il en résulte qu'elle peut fort bien exister dans une famille naturelle. Elle ne dépend donc pas de la nature juridique du lien familial ;

◊ la vie familiale peut exister malgré le divorce. Elle peut donc se développer en l'absence de cohabitation, dès lors qu'il existe des échanges affectifs entre les membres de la famille dissociée (visites, hébergement, correspondance...).

Ces précisions négatives nous donnent un premier enseignement : la vie familiale n'est pas liée à une qualification juridique statique (mariage, divorce, couple non marié). Il s'agit, au contraire, d'une notion dynamique à propos de laquelle la Cour EDH a apporté des précisions positives.

◊ La vie familiale suppose l'existence de relations de famille suffisamment étroites et effectives, qui doivent en outre préexister à l'atteinte invoquée par le requérant. Ainsi dans l'arrêt Marckx (13 juin 1979, Série A, n° 31), la Cour EDH a considéré que la législation belge — qui reproduisait les dispositions du Code Napoléon et ne permettait pas à la filiation naturelle de produire des effets au-delà du premier degré — violait le droit pour la petite-fille d'entrer dans la famille de son auteur et de voir respectées les relations que la petite-fille entretenait avec sa grand-mère ;

◊ la vie familiale ne se limite pas aux échanges affectifs, aux relations personnelles. Elle s'étend aussi aux relations patrimoniales (arrêt Marckx, préc.), à la « vie privée sociale » (jugé que la confiscation du « passeport interne » d'une femme, qui l'empêchait ainsi de prouver son identité et donc d'obtenir l'installation d'une ligne de téléphone, porte atteinte à l'art. 8 : arrêt Smirnova c/ Russie, 24 juillet 2003, *JCP* 2004, I, 107, obs. Sudre) et inclut même le droit à un environnement sain (arrêt Guerra, 19 fév. 1998, *Grands arrêts de la Cour EDH*, n° 46).

Dès lors, l'hypothèse se confirme selon laquelle la vie familiale ne correspond pas à une catégorie juridique figée, mais est au contraire une notion vivante. Ainsi, il semble que le droit à la vie familiale soit le droit d'être ensemble (Eriksson, Cour EDH, 22 juin

1989, Série A, n° 156), d'avoir des contacts et de vivre des relations familiales normales, tant personnelles que patrimoniales.

Portée

D'après la doctrine, l'article 8 de la Convention EDH a pour finalité de protéger la vie familiale de l'individu contre les ingérences de l'État ou contre celles des simples particuliers. La Cour a même précisé que ce texte engendre pour les États parties à la Convention des obligations positives : ces États doivent adopter des mesures permettant le respect effectif de la vie privée et familiale de l'individu (X et Y c. Pays Bas, Cour EDH, 26 mars 1985, Série A, n° 91) en favorisant la réunion de la famille (Andersson, Cour EDH, 25 février 1992, Série A, n° 226) ou en permettant aux transsexuels l'accès au mariage (Goodwin c/ Royaume-Uni, Cour EDH, 11 juillet 2002, *RJPF* 2002, 11/20, obs. A. Leborgne). Il semble toutefois qu'il ne s'agisse que d'une obligation de moyens (en ce sens, F. Sudre, *Droit international et européen des droits de l'homme,* PUF, Droit fondamental, 6e éd., 2003, n° 151 bis, p. 214). En effet, les ingérences étatiques dans la vie familiale de l'individu ne sont pas interdites. Mais elles doivent être justifiées par un motif légitime, comme la protection de la santé ou de la morale, ou encore la protection des droits et libertés d'autrui. Ainsi des ingérences sont-elles permises en matière pénale ou en matière de procédure pénale. Reste que de manière sans doute discutable, la Cour EDH a décidé que le droit au respect de la vie familiale interdit l'expulsion d'un étranger en situation irrégulière lorsque la famille de celui-ci vit dans le pays qui prononce l'expulsion (Berrehab c. Pays Bas, Cour EDH, 21 juin 1988, Série A, n° 138).

Données doctrinales et jurisprudentielles

Joint au principe de non discrimination (art. 14 de la Conv. EDH), le droit au respect de la vie familiale, qui inclut les relations patrimoniales au sein de la famille, semble conduire à admettre que tous les enfants doivent avoir des droits successoraux égaux (arrêt Marckx, préc.). D'ailleurs, lorsque la réduction des droits successoraux de l'enfant adultérin existait encore, la France (*V. égalité des filiations*), avait été condamnée par la Cour EDH sur un fondement d'ailleurs un peu différent du droit au respect de la vie familiale (Cour EDH, 1er février 2000, Mazurek, *D.* 2000, p. 332, note Thierry).

Reste qu'une telle jurisprudence risque de nous conduire bien loin. S'il faut donner à tous les enfants les mêmes droits successoraux, ne faut-il pas revenir sur l'interdiction faite à l'enfant incestueux d'avoir une double filiation établie ? Mais il risque d'en souffrir socialement. Ne faut-il pas imposer aux parents de l'enfant naturel de le reconnaître, afin qu'il soit placé dans la même situation successorale qu'un enfant légitime ? Mais que devient la liberté des père et mère ? Ne faut-il pas interdire au père légitime de désavouer son enfant ? Mais l'enfant a-t-il vraiment intérêt à être rattaché à un homme qui ne veut pas de lui ? Ces exemples montrent que, quelle que soit la générosité des principes posés par le droit international ou le droit européen, ceux-ci ne peuvent pas toujours être intégralement transposés dans le droit interne des États parties.

Bibliographie sommaire : F. SUDRE, Droit international et européen des droits de l'homme, PUF, Droit fondamental, 6e éd., 2003, n° 151 bis ; C. RUSSO, Commentaire de l'art. 8 § 1, in La Convention européenne des droits de l'homme, Commentaire article par article, éd. Economica, 1995, p. 316 et s.

Renvois : *Attributs de la personnalité, Égalité des filiations.*

Vie privée (protection de la –)

Présentation

La protection de la vie privée est l'une des composantes de la protection de la personnalité. D'après l'article 9 du Code civil, « *chacun a droit au respect de sa vie privée* ». En conséquence, toute personne peut s'opposer à la divulgation d'éléments de sa vie privée.

Régime juridique

◆ Les titulaires du droit au respect de la vie privée

L'article 9 du Code civil évoque « *toute personne* », ce qui procède sans doute du principe d'égalité civile (*V. ce mot*) et reflète parfaitement l'idée selon laquelle la protection de la vie privée est un attribut de la personnalité (*V. ce mot*).

L'article 9 semble cependant ne pouvoir être appliqué qu'aux personnes vivantes. En effet, après la mort (*V. ce mot*), la personnalité juridique (*V. ce mot*) a disparu. Il est donc difficile de reconnaître au défunt un droit de la personnalité. La jurisprudence l'a parfois admis, évoquant au besoin la vie privée des morts (Crim. 21 octobre 1980, aff. Jean Gabin, *D.* 1981, p. 72, 1re esp. note Lindon ; TGI Paris, 13 janvier 1997, aff. François Mitterrand, *D.* 1997, p. 255, note Beignier, *JCP* 1997, II, 22845, note Serna). Mais elle semble revenir aujourd'hui à une interprétation plus exacte

(Paris 24 février 1998, aff. C. Erignac, *D.* 1998, p. 225, note Beignier ; Civ. 1re, 14 décembre 1999, *JCP* 2000, II, 10241, concl. Petit). Soutenant, en sens contraire, l'hypothèse des droits subjectifs du mort, V. l'article de J.-P. Gridel, « L'individu juridiquement mort », cité *infra.*

◆ Le contenu du droit au respect de la vie privée

Il s'agit d'un « *droit au respect* », c'est-à-dire de l'un de ces droits qui n'emportent pas directement de prérogative concrète, mais semblent faire partie des « *droits défensifs* » mis en lumière par le Doyen Nerson. Le droit au respect procure à l'individu une protection contre l'action et la connaissance d'autrui. C'est le droit d'être laissé tranquille. La personne a la faculté d'exclure les tiers ou, pour reprendre l'expression du Doyen Cornu, de les tenir en lisière de sa vie privée. Encore faut-il savoir ce qu'englobe la notion de vie privée.

La vie privée n'est pas définie par le Code. C'est donc la jurisprudence qui, au fil des espèces, a donné ses contours à la notion. Font partie de la vie privée l'identité et l'adresse (Paris 15 mai 1970, aff. J. Ferrat, *D.* 1970, p. 466) — à moins que l'intéressé ne poursuive le but illégitime de faire échec aux droits de ses créanciers (Civ. 1re, 19 mars 1991, *D.* 1991, p. 568, note Velardocchio) —, la nudité (Paris, 14 mai 1975, aff. Catherine Deneuve, *D.* 1976, p. 291) — mais ne serait-ce pas plutôt une atteinte à l'image ? —, la santé (Paris, 9 juillet 1980, aff. Jacques Brel, *D.* 1981, p. 72, 2e esp., note Lindon) ou encore la vie sentimentale (TGI Paris, 24 janvier 1997, aff. Depardieu et Carole Bouquet, *Les Petites Affiches,* n° 37, du 26 mars 1997, p. 22, note Serna). Dans une affaire concernant l'actrice Isabelle Adjani, la Cour de Paris a même souligné « *que la vie privée des particuliers ne se réduit pas à l'intimité du foyer [...] mais peut aussi bien se dérouler dans des endroits publics, la notion de vie privée recouvrant les activités étrangères à la vie publique qui sont poursuivies aussi bien dans un lieu public que dans un lieu privé* » (Paris, 26 février 1981, *D.* 1981, p. 457, note Lindon). Voilà une définition très extensive de la notion de vie privée. Pourtant, la Cour de cassation a jugé que la publication de renseignements d'ordre purement patrimonial ne porte pas atteinte à la vie privée (Civ. 1re, 4 octobre 1989, *Bull.,* I, n° 307 ; Civ. 1re, 28 mai 1991, *D.* 1992, p. 213, note Kayser ; *JCP* 1993, II, 21845, note Rigel ; Civ. 1re, 20 oct. 1993, *D.* 1994, p. 594, note Picod). A propos de la publication d'un bulletin de paye, elle a toutefois admis l'existence d'une atteinte à la vie privée car figuraient sur ledit bulletin les coordonnées bancaires de l'intéressé et son numéro de sécurité sociale (Civ. 1re, 9 déc. 2003, *Bull.,* I, n° 254 ; *RTD civ.* 2004, p. 264, obs. Hauser).

◆ La sanction des atteintes à la vie privée

V. Droits de la personnalité.

Données historiques

V. Droits de la personnalité.

Le droit au respect de la vie privée a été consacré par la loi du 17 juillet 1970. Mais cette loi n'a fait, pour l'essentiel, que reprendre les solutions dégagées antérieurement par la jurisprudence.

Données doctrinales et jurisprudentielles

La protection de la vie privée serait-elle en forme d'accordéon ? Alors que certaines juridictions étendent très loin le domaine protégé par la vie privée, d'autres ont une approche plus restrictive. Tendance extensive : la chambre sociale de la Cour de cassation, dans son célèbre arrêt *Nikon*, a considéré que l'employeur ne peut prendre connaissance des e-mails personnels émis ou reçus par ses salariés pendant la durée du travail, alors même qu'il aurait interdit toute utilisation non professionnelle des ordinateurs. Une telle interception porte atteinte à la vie privée et au respect de la correspondance du salarié, qui continue d'être protégé au temps et au lieu du travail (Cass. soc., 2 oct. 2001, *D.* 2001, p. 3148, note P.-Y. Gautier). Tendance régressive : la Cour de cassation décide qu'il n'y a aucune atteinte à la vie privée lorsque les informations révélées sont déjà publiques (Cass. 2e civ., 3 juin 2004, Juris-Data n° 2004-023913) ou lorsqu'elles présentent un caractère anodin (Civ. 1re, 3 avr. 2002, *D.* 2002, p. 3164, note Bigot ; *Dr. et patrimoine* 2003, n° 111, p. 115, obs. G. Loiseau). Sur le plan européen, les choses semblent évoluer en sens inverse puisque, dans l'affaire évoquée plus haut du « Grand secret », la Cour EDH a condamné la France à indemniser l'éditeur pour atteinte à la liberté d'expression (Cour EDH, 18 mai 2004, *D.* 2004, p. 1838, note Guedj).

Adde Droits de la personnalité.

Bibliographie sommaire : A. Decocq, « Le secret de la vie privée en droit français », Travaux de l'association Henri Capitant, tome XXV, Dalloz, 1974, p. 467 et s. ; M. Contamine-Raynaud, « Le secret de la vie privée », in L'information en droit privé, LGDJ 1978, p. 401 et s. ; G. Levasseur, « La protection pénale de la vie privée », Mélanges Kayser, 1979, tome II, p. 107 ; P. Kayser, La protection de la vie privée par le droit, préf. H. Mazeaud, 3e éd., Economica, 1995 ; M. Dupuis, « La vie privée à l'épreuve de l'Internet », RJPF 2001-12/10. Sur les droits au respect des morts, V. J.-P. Gridel, « L'individu juridiquement mort », D. 2000, n° spéc. 20 avril 2000, p. 266-6 et s.

Renvois : *Adultère, Attributs de la personnalité, Droits de la personnalité, Patrimoine, Vie familiale.*

Bibliographie générale

Ces ouvrages, lorsqu'ils sont cités, le sont par le seul nom des auteurs

I. DROIT DES PERSONNES

G. GOUBEAUX, *Traité de droit civil, Les personnes*, LGDJ, 1989.

Ph. MALAURIE et L. AYNÈS, *Les personnes, les incapacités*, par Ph. MALAURIE, éd. Defrénois 2004.

J. CARBONNIER, *Droit civil, Les personnes*, PUF, coll. Thémis, 21e éd. 2000.

F. TERRÉ et D. FENOUILLET, *Droit civil, Les personnes, la famille, les incapacités*, Précis Dalloz, 6e éd. 1996.

G. CORNU, *Droit civil, Introduction, les personnes, les biens*, Précis Domat, 11e éd., Montchrestien, 2003.

H. L. et J. MAZEAUD, F. CHABAS, *Leçons de droit civil, Les personnes, les incapacités*, par F. LAROCHE-GISSEROT, 8e éd., Montchrestien, 1997.

A. SÉRIAUX, *Les personnes*, PUF, Que sais-je, n° 2680, 2e éd. 1997.

B. TEYSSIÉ, *Droit civil, Les personnes*, 8e éd., Litec, 2003.

II. DROIT DE LA FAMILLE

J. HAUSER et D. HUET-WEILLER, *Traité de droit civil, La famille*, vol. 1, *Fondation et vie de la famille*, 2e éd., LGDJ, 1993 ; vol. 2, *Dissolution*, 1re éd. LGDJ, 1991.

P. MALAURIE et L. AYNÈS, *La famille*, par P. MALAURIE, 6e éd., Cujas, 1998.

H. L. et J. MAZEAUD, F. CHABAS, *Leçons de droit civil, La famille*, par L. LEVENEUR, 7e éd., Montchrestien, 1995.

F. TERRÉ et D. FENOUILLET, *Droit civil, Les personnes, la famille, les incapacités*, Précis Dalloz, 6e éd., 1996.

G. CORNU, *Droit civil, La famille*, Précis Domat, 8e éd., Montchrestien, 2003.

A. BÉNABENT, *Droit civil, La famille*, 11e éd., Litec, 2003.

J. CARBONNIER, *Droit civil,* Tome 2, *La famille,* PUF, coll. Thémis, 21e éd., 2002.

III. HISTOIRE DU DROIT DES PERSONNES ET DE LA FAMILLE

P. OURLIAC et J. DE MALAFOSSE, *Histoire du droit privé,* PUF, coll. Thémis, tome III, *Le droit familial,* 1968.

P. PETOT, *Histoire du droit privé français, La famille,* éd. Loysel, 1992.

R. SZRAMKIEWICZ, *Histoire du droit français de la famille,* Dalloz, Connaissance du droit, 1995.

A. LEFEBVRE-TEILLARD, *Introduction historique au droit des personnes et de la famille,* PUF, Droit fondamental, éd. 1996.

Index

(Les numéros renvoient aux pages)*

* *Les mots en caractères gras correspondent aux notions étudiées dans l'ouvrage. Les mots en caractères maigres n'ont pas fait l'objet d'une étude autonome.*

E

F

G

H

I

J

L

M

N

Editions Montchrestien, E.J.A.
N° d'éditeur : 1734

Imprimé en France

Composé et imprimé par JOUVE – 11, bd de Sébastopol, 75001 Paris
N° 357658v. Dépôt légal : Octobre 2004